# Jornada do
# whisky

Jornada do

# whisky

Rodrigo Wu

Editora Senac Rio – Rio de Janeiro – 2025

**Senac RJ**

**Presidente do Conselho Regional**
Antonio Florencio de Queiroz Junior

**Diretor Regional**
Sergio Arthur Ribeiro da Silva

**Diretora Administrativo-financeira**
Jussara Alvares Duarte

**Assessor de Inovação e Produtos**
Claudio Tangari

**Editora Senac Rio**
Rua Pompeu Loureiro, 45/11º andar
Copacabana – Rio de Janeiro
CEP: 22061-000 – RJ
comercial.editora@rj.senac.br
editora@rj.senac.br
www.rj.senac.br/editora

**Gerente/Publisher:** Daniele Paraiso
**Coordenação editorial:** Cláudia Amorim
**Prospecção:** Manuela Soares
**Coordenação administrativa:** Vinícius Soares
**Coordenação comercial:** Alexandre Martins

**Preparação de originais/copidesque/ revisão de texto:** Andréa Regina Almeida

**Projeto gráfico de capa, projeto adaptado de miolo e diagramação:** Vinícius Silva

**Projeto de miolo original e ilustrações:** Estil Creative Company

**Impressão:** Imos Gráfica e Editora Ltda.
**1ª edição:** agosto de 2025

**CIP-BRASIL. CATALOGAÇÃO NA PUBLICAÇÃO**
**SINDICATO NACIONAL DOS EDITORES DE LIVROS, RJ**

W95j

Wu, Rodrigo
Jornada do whisky / Rodrigo Wu. - 1. ed. - Rio de Janeiro : Ed. SENAC Rio, 2025.
320 p. ; 21 cm.

ISBN 978-85-7756-551-1

1. Uísque - Degustação. 2. Uísque - Manuais, guias, etc. I. Título.

25-99197.0 CDD: 641.252
CDU: 641.87:(663.551.5:663.43)

Meri Gleice Rodrigues de Souza - Bibliotecária - CRB-7/6439

*A Miriã, Barbosa, Artur, Mei Yau e Kai Ling.*
*Sem vocês, eu não estaria aqui.*

# Sumário

# Prefácio

Político nacionalista, intelectual e jornalista cubano, José Julián Martí Pérez disse em algum momento de sua vida: "Plantar uma árvore, ter um filho e escrever um livro. Três coisas que cada pessoa deve fazer durante sua vida." Isso me fez refletir sobre o motivo de Rodrigo escrever um livro a respeito de whisky. Conforme o dito popular, conscientemente ou não, ele foi pai em dezembro de 2023 e agora lança este livro; fico a pensar que falta apenas o plantio da árvore. Isso daria um reels e tanto.

Com *Jornada do whisky*, Rodrigo entra para o clube seleto dos poucos brasileiros que ousaram falar e escrever sobre uma paixão, dividir conhecimentos e experiências. Ao me convidar para prefaciar seu primeiro livro, ele me confidenciou que, em 2020, quando iniciou a página Jornada do Whisky, fui o primeiro a incentivá-lo e acolhê-lo. Eu não tinha a mínima ideia disso. Devo confessar que, para mim, aquele jovem influencer estava deslumbrado, tudo era novidade e descoberta; as possibilidades e as opções o deixavam embriagado sem beber uma gota de álcool. No fundo, eu queria mais um amigo no Rio de Janeiro para degustar um bom whisky durante uma resenha sobre o tema.

Como foi a Jornada do Whisky nesses últimos anos? Gosto de dizer que a internet é uma selva, onde a beleza e a liberdade escondem perigos e predadores; não é fácil viver com esse receio. Por isso, é impossível não falar sobre o jargão lançado pela página: "Limpe sua taça." Simples e objetivo, parece-me óbvio até, mas quando Rodrigo limpa a taça com o próprio whisky e, em seguida, joga fora a bebida, relembrando os movimentos do famoso Richard Paterson, pronto! Temos a polêmica que alimenta os predadores. Sinceramente, nunca comentei sobre o assunto nas redes – tenho preguiça para polêmicas –, mas acho importante dizer que foi uma sacada genial, até porque nunca vi ninguém polemizar sobre esse movimento quando feito pelo The Nose, apelido dado a Richard Paterson, um dos maiores master blenders da indústria de whisky escocês. Em vez disso, achavam engraçado, embora seja uma técnica muito utilizada na degustação em copo único, mais conhecida no Velho Mundo.

Não sei exatamente quando surgiu a expressão "seu whisky, suas regras". Faz mais sentido ter surgido depois do "Limpe sua taça"; afinal, pragmaticamente se eu jogo whisky fora, o problema é meu. "Seu whisky, suas regras", porém, é bem mais que uma resposta, trata-se de um método. Apesar de não estar totalmente de acordo com a expressão – sou bem tradicionalista quando se fala em degustar whisky –, vejo nela modernidade e alinhamento, grande desafio da indústria atualmente. Em 2017, quando fui ao Whisky Show Londres, evento exclusivo da renomada loja The Whisky Exchange, na palestra de Dave Broom foi apresentada uma mistura de Lagavulin 16 com Coca-Cola – heresia para alguns; para a indústria, o futuro. O importante é beber whisky de qualquer jeito, afinal "seu whisky, suas regras".

Mas o que é expert, especialista ou sommelier de whisky? No Brasil, qualquer pessoa pode se autodeclarar especialista em whisky, pois não existe formação, parâmetro ou definições para a função, o que não ocorre no universo do vinho, da cerveja e da cachaça. Hoje, no Brasil, podemos dizer que o "tempo de copo" ou a quantidade de seguidores nas redes sociais, principalmente, é o que habilita uma pessoa a se autodeclarar especialista em whisky. Nunca vou esquecer o que um de meus professores brasileiros no mundo do whisky disse certa vez: "Provavelmente o vigia de qualquer destilaria da Escócia sabe mais de whisky que eu." Vindo de quem veio, fiquei em choque na época, mas hoje penso igual a ele. Por isso, a iniciativa de um livro sob a perspectiva de um apreciador e entusiasta brasileiro é muito bem recebida por todos nós.

*Jornada do whisky* está muito gostoso de ler. De modo singular, Rodrigo conta sua trajetória no mundo do whisky. Afinal, o fato de uma ou mais pessoas percorrerem o mesmo caminho não significa que terão as mesmas impressões, a mesma perspectiva e as mesmas experiências. Muito bem escrita, a parte técnica do livro pode ser um guia para aqueles que desejam conhecer as definições e as técnicas de fabricação do whisky. Sobre a parte subjetiva, é importante destacar que se trata das impressões do autor. Quando falamos de percepção sensorial, não existe verdade absoluta, mas, sim, uma trilha fundamentada nos sabores básicos percebidos pelo paladar associados aos aromas específicos percebidos pelo olfato, tudo processado na memória gustativa. Fatores como sensibilidade, vivência e treino influenciam demais a percepção do que comemos e degustamos.

Finalizo aqui meus comentários, agradecendo o honroso convite feito pelo autor e desejando sucesso e muitos *drams* nesta Jornada que nunca termina.

Alexandre Tito Costa Rego
Colecionador e entusiasta de whisky

# Agradecimentos

À Editora Senac Rio, por acreditar neste projeto e aceitar publicar um livro sobre whisky no Brasil, em português e em um formato diferente do que estamos acostumados a ver na linha editorial sobre o tema.

Ao time da Estil Creative Company, pelo projeto gráfico e por conseguir materializar as ideias abstratas que saíram da minha cabeça.

Registro também meu reconhecimento pelo apoio, pelos materiais e pelas entrevistas gentilmente cedidos por profissionais das marcas de whisky que colaboraram com informações e conteúdos. Ao time da Brown-Forman Brasil, com Jack Daniel's e Woodford Reserve; ao time da Diageo, com as marcas Johnnie Walker, Buchanan's, Old Parr, Talisker, Singleton e White Horse; ao time da Suntory Global Spirits, com Yamazaki, Hakushu, Jim Beam e Laphroaig; e ao time da Pernod Ricard Brasil, com Chivas Regal, Ballantine's, Royal Salute, The Glenlivet, Aberlour e Jameson; ao grupo Bacardi, com a marca Dewar's; e à Aurora Brands, que representa a Buffalo Trace e a Eagle Rare no Brasil.

Por fim, agradeço a todos os amigos que caminham comigo nesta jornada pelas redes sociais. Os vídeos da Jornada do Whisky já ultrapassaram a marca de meio bilhão de visualizações em todas as plataformas – um número que jamais imaginei alcançar. Eu tento ler todos os comentários de todos os vídeos, porque cada palavra de apoio, cada dúvida e cada história compartilhada me lembram por que comecei. Foi graças a esse incentivo que algo nascido como um hobby se transformou em algo muito maior. Hoje, seguimos juntos – quase dois milhões de amigos somados em todas as redes – com o propósito de democratizar a cultura do whisky no Brasil.

# Apresentação

Bem-vindo a uma jornada improvável.

***Jornada do whisky*** é mais que um título: é o diário de minha caminhada na estrada do mundo do whisky.

*Limpe sua taça* quase foi o nome do livro, mas por motivos de marketing e branding decidi deixar o bordão para os vídeos das redes sociais.

"Seu whisky, suas regras" é o mínimo que você precisa saber para começar a se aventurar e se aprofundar no mundo do whisky. É um conceito simples de se lembrar, entender e repetir, mas muito fácil de se esquecer. Principalmente quando começamos a evoluir em um novo hobby.

Antes de começar, lembre-se mais uma vez:
*"seu whisky, suas regras."*

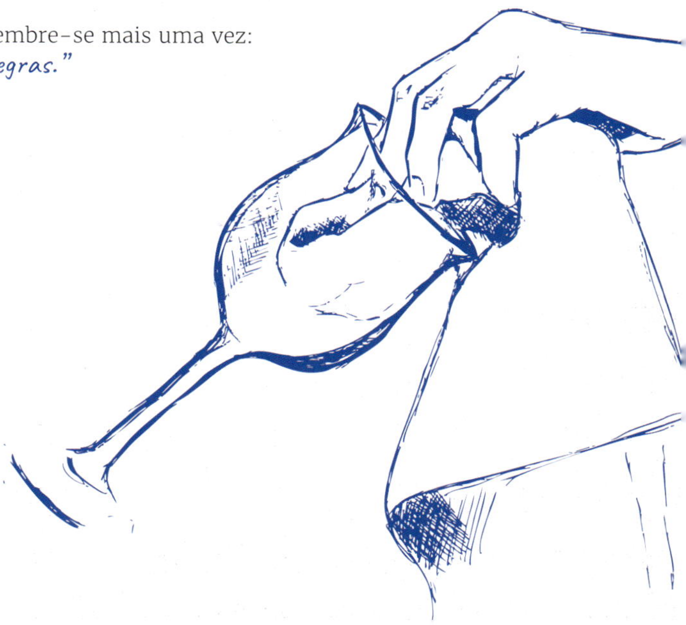

# Introito

whisky ou whiskey?

Vamos dar uma volta nos anos 1990, mas não se iluda: nada é como nos filmes da Sessão da Tarde. É a década em que as calças pareciam grandes o suficiente para abrigar famílias inteiras e os tênis elevavam os adolescentes a alturas estratosféricas – eu, pessoalmente, desfilava com um par de Reef que mais pareciam trampolins. E o cabelo? Raspadinho? Estilo Ronaldinho? Nada disso! O meu cabelo era uma entidade viva. Não era apenas uma massa de fios, ele tinha vida. Era um bicho selvagem que desafiava a gravidade.

Naqueles tempos, o ICQ era o mensageiro da vez. É o Tchan! dominava cada festa com uma energia vulcânica, em um looping quase ritualístico, e tudo – absolutamente tudo – tinha um persistente retrogosto de cerveja aguada.

Pode parecer uma visão cínica, um tanto sarcástica dessa época dourada; e você não estaria errado. Eu era um desses desajustados, constantemente "zoado", um estranho no ninho da cultura pop. Se a música, o filme, o livro ou a bebida eram de origem nacional, automaticamente eu achava ruim. Mas vamos deixar esse desabafo para a minha sessão de terapia e falar sobre algo menos íntimo.

Minha família... Ah, minha família é um *verdadeiro clã cervejeiro*. Minha mãe tem seis irmãos; meu pai, três. Cada tio e tia com sua legião de sobrinhos, todos unidos pelo amor à cerveja gelada. Em cada evento – seja aniversário, seja churrasco, batizado, velório, casamento, formatura, até mesmo um retiro espiritual – havia sempre aquela garrafa de cerveja esquecida fora do gelo, aquecendo ao sol, que alguém jurava estar perfeita para beber se colocada por 15 minutos no cooler com sal e gelo. Para mim, não havia diferença. Todo evento, celebração ou tragédia, era igualmente aguado.

Por anos, *provei todas as variantes de cerveja que você pode imaginar*, em todas as temperaturas possíveis, acompanhadas dos mais diversos tira-gostos. E, em cada gole, descobria um novo nível de arrependimento.

Até que um dia - não me pergunte quando, como, com quem, onde ou por quê - eu experimentei vodca.

*Finalmente!* Uma bebida que não tentava me enganar com copos gelados, biquínis, bolhas e promessas. Uma verdadeira bebida para quem sobreviveu ao Reef e às festas de É o Tchan!

Não me entenda mal. A vodca não era a melhor bebida do mundo, mas foi ela que abriu meus olhos para um mar de possibilidades que eu nunca havia explorado. Antes dela, eu estava encalhado na ilha da cerveja aguada, sem nem imaginar o que mais poderia existir.

Mas a verdadeira mudança veio quando passei a explorar além da vodca. Minha jornada pelos destilados me levou a descobertas incríveis. A tequila me fez entender o que era arder de paixão. A cachaça me deu habilidades sociais que eram inimagináveis para um ser diferente como eu. Conhaque com uma colher de mel me curava dos mais terríveis resfriados. *E o whisky? Bom, isso mudou minha vida para sempre.*

A noite em que meu caminho cruzou com o whisky pela primeira vez não está gravada em minha memória com detalhes precisos, mas foi um momento que marcou o início de uma era. Não recordo exatamente daquela noite aleatória, mas lembro claramente dos anos que se seguiram, quando eu e meu melhor amigo firmamos uma promessa: quando finalmente fôssemos morar sozinhos, nosso apartamento poderia ser modesto, poderíamos até dormir no chão, mas jamais faltaria um minibar com whisky.

Essa promessa se tornou realidade em meu primeiro loft de 19 m², que aluguei aos 24 anos para ficar mais perto do trabalho. Esse pequeno espaço transformou-se em meu santuário, equipado com poucas posses: um violão, meu PS4, algumas roupas e, claro, a minha primeira garrafa de whisky. O resto do mobiliário, que já fazia parte do loft, era supérfluo para mim.

meu primeiro loft

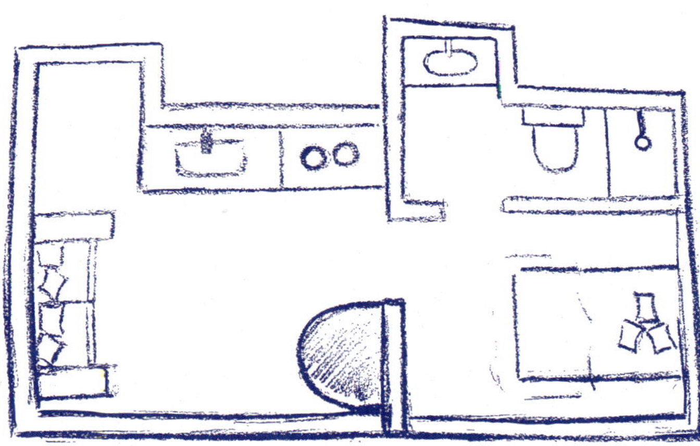

Para aqueles que me acompanham nas redes sociais, pode ser uma surpresa descobrir que *tudo começou com um Tennessee whiskey, o Jack Daniel's No. 7.* Tenho um carinho especial por esse Jack, apesar de seu aroma peculiar, que sempre me lembrou o cheiro de esmalte de unha – uma percepção que você pode não compartilhar e está tudo bem. Lembra de nossa regra? "Seu whisky, suas regras."

Naquela época, eu realmente não sabia nada sobre whisky. Nem mesmo como se escrevia corretamente:

*De onde vem? Afinal, não é tudo da Escócia?*

*Posso beber whisky com gelo?*

**whisky ou whiskey?**

*Deve ser sempre puro? Faz diferença?*

*De que é feito?*

*Como o Jack Daniel's, que vem dos Estados Unidos, também pode ser chamado whisky?*

*Como se faz um whisky?*

*Quando isso ocorreu?*

*É tão antigo quanto o vinho? E se for, por que Jesus não transformou a água em whisky?*

*Há quanto tempo o whisky existe?*

*E se não for tão antigo, quem inventou?*

*Será que eu poderia fazer o meu próprio whisky um dia?*

*Existe um sommelier de whisky como existe para o vinho?*

As perguntas não paravam de chegar.

Minha jornada mal havia começado e eu me sentia sobrecarregado de ignorância. Tudo que eu tinha para me ajudar era:

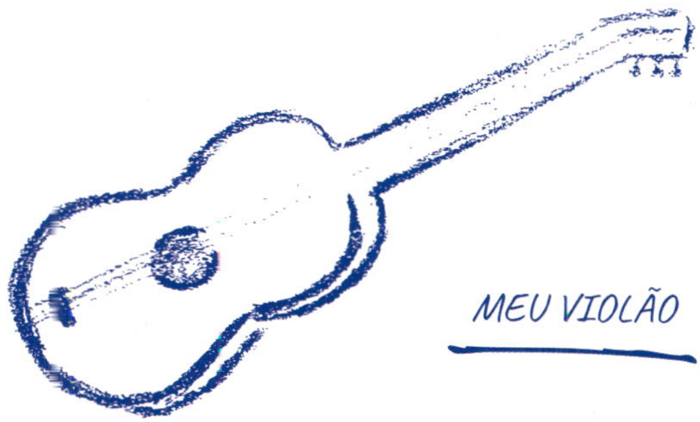

MEU VIOLÃO

UM PS4

JACK DANIEL'S No. 7

# Ato 1
## *Água da vida*

# Qual é o certo: whisky ou whiskey?

Ambas as formas estão corretas, tão certas quanto o sol que nasce no leste e se põe no oeste.

O que eu descobri foi que existem várias teorias sobre a origem da grafia irlandesa "whiskey", mas os registros históricos mostram que ambas as formas foram usadas ao longo dos séculos. Antes de 1900, o modo de escrever não tinha muita consistência – era uma bagunça de letras jogadas ao vento.

Na verdade, a palavra é o resultado de três séculos de erros ortográficos acumulados, como uma história contada ao redor de uma fogueira, que muda um pouco cada vez que é recontada.

Se você deseja realmente impressionar seus amigos com etimologia e fatos, recorra ao termo gaélico *uisge beatha* ou *uisce beatha*, que significa "água da vida". Com essa expressão, você não só "soará" como um conhecedor mas também invocará a rica história e tradição que essas palavras carregam.

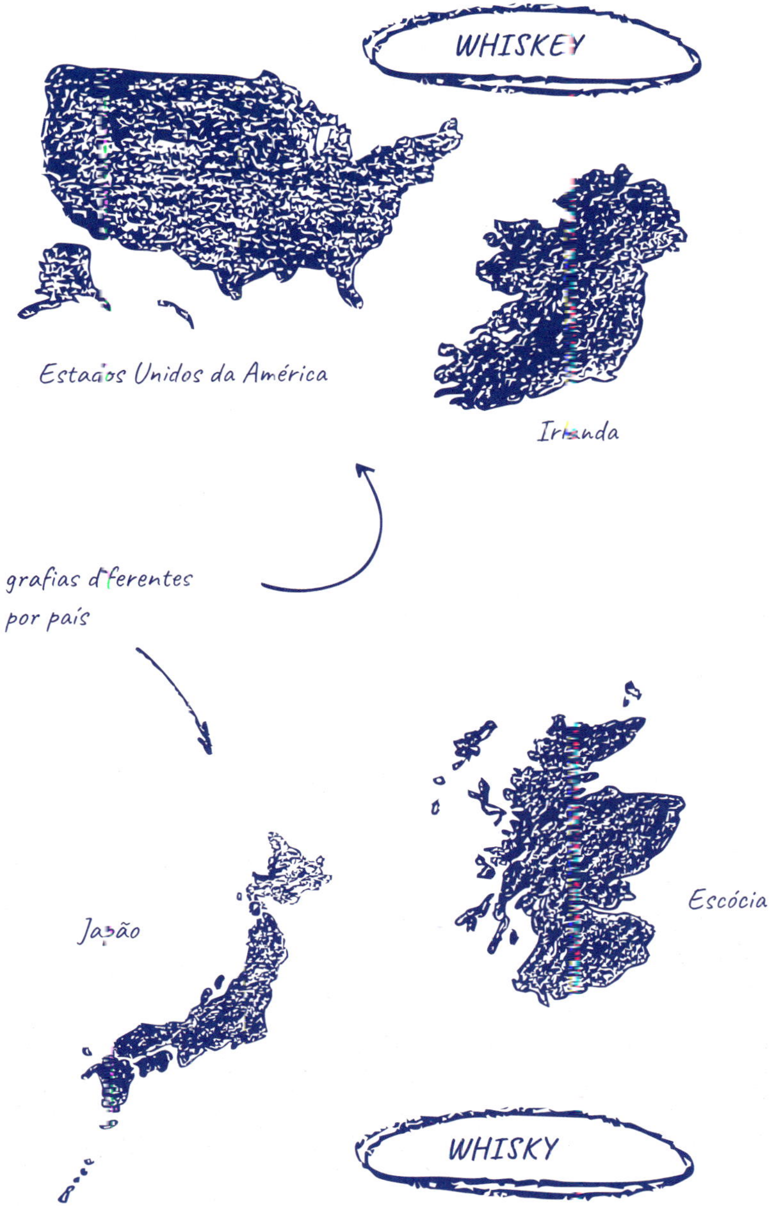
WHISKEY
Estados Unidos da América
Irlanda
grafias diferentes
por país
Japão
Escócia
WHISKY

## O que é whisky?

Conforme ensinado pela renomada Wine and Spirit Education Trust (WSET), whisky é uma bebida destilada feita de cereais fermentados, que podem incluir cevada, milho centeio ou trigo.

*Uma visão geral e processual da descrição da WSET seria:*

- *um líquido feito de cereais é fermentado.*
- *depois, destilado.*
- *e, finalmente, envelhecido em barris de madeira, em geral de carvalho, o que lhe confere sabor e cor distintos.*

## O que é um destilado?
## O que seria o ato de destilar?

Destilação é o ato de separar os elementos de um líquido por meio de um processo de aquecimento e resfriamento.

O líquido é aquecido até o ponto de ebulição. Ele então evapora, formando um vapor.

Diferentes compostos têm diferentes pontos de ebulição. Por isso, em muitos campos da ciência, o processo de destilação é utilizado para separar compostos em solução ou misturas de solutos.

De acordo com o que pesquisei e aprendi, não se sabe com exatidão como a técnica de destilação chegou à Europa. O que se sabe é que isso ocorreu depois dos séculos XI ou XII, levada pelos mouros ou por soldados que retornavam à Grã-Bretanha das Cruzadas.

Os irlandeses provavelmente foram os primeiros a destilar e a fazer algo parecido com whisky, mas foram os escoceses que conseguiram exportar em larga escala para o mundo e introduzir essa nova bebida no mercado mundial.

## O que são cereais?

Segundo o dicionário *Houaiss*, cereais são plantas, "especialmente aquelas da família das gramíneas e cujos grãos servem de base à alimentação, como trigo, arroz, milho, centeio, cevada". Essa família é composta de mais de 6 mil espécies.

Sorte máxima para nós, entusiastas de whisky, que não precisamos conhecer mais que 4 ou 5 dos 6 mil cereais para aprender sobre whisky. Ufa!

Com cevada, milho, centeio, trigo e ocasionalmente, aveia, podemos explorar a vasta e rica cultura do whisky.

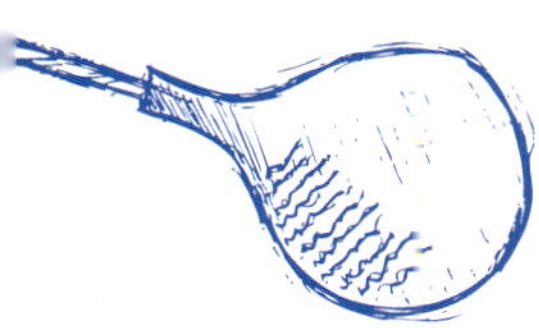

## O que é terroir?

Terroir refere-se ao conjunto de fatores ambientais que influenciam o caráter da bebida. O conceito de terroir, familiar aos amantes de vinho, aplica-se igualmente ao whisky. Terroir inclui o solo, o clima, a topografia e até mesmo as práticas culturais da região onde os ingredientes são cultivados e o whisky é produzido.

A verdade é que no universo do whisky não se comenta muito sobre esse conceito porque, em comparação com o vinho, o impacto e a importância do terroir são menores.

O que consigo destacar sobre whisky e terroir é:

- ***Solo:*** o tipo de solo onde a cevada é cultivada pode influenciar os minerais absorvidos pela planta, mas isso influencia muito pouco no sabor final do whisky. Tanto que a maioria das destilarias escocesas compram sua cevada da Inglaterra, do Canadá e da Austrália.

  Sempre haverá exceções – como The Macallan, na Escócia; Eastmoor, na Holanda; e Jameson, na Irlanda, que são particularmente exigentes com a cevada utilizada e, em sua maioria, usam cevada local.

- ***Clima:*** a temperatura e a umidade do local de envelhecimento afetam a interação do whisky com o barril, acelerando ou desacelerando o processo de maturação. Para mim, esse é o verdadeiro terroir do whisky.

  Comparado ao terroir do vinho, o do whisky parece simples, ou tem menos variáveis com que se preocupar.

  Alguns entusiastas mais emocionados do mundo do vinho chegam a dizer que não existe terroir no mundo do whisky. O que é um exagero e um erro.

  Ser mais ou menos complexo é diferente de existir e não existir.

- ***Topografia:*** altitudes diferentes podem influenciar a temperatura e a pressão, afetando o envelhecimento do whisky.

- *Práticas culturais:* métodos tradicionais e conhecimentos locais também contribuem para o caráter único de um whisky.

## Por que o whisky é feito apenas de destilado de cereais?

*É uma resposta regional.* Utiliza-se os grãos que se tem. Simples No México, por exemplo, destila-se a planta agave azul para dar origem à tequila.

Os cereais, em especial a cevada, são corações pulsantes nas terras onde o whisky foi cravado em sua história, especialmente na Escócia e na Irlanda.

Nos Estados Unidos e no Canadá, o centeio foi mais utilizado na produção dos primeiros whiskies.

Hoje nos Estados Unidos esse cenário mudou e temos maior utilização do milho. Essa mudança do grão usado para destilar whisky se deu pela escassez de centeio no mercado atualmente.

## O que é fermentação?

"Fermentação é um processo anaeróbio, no qual fungos e bactérias transformam matéria orgânica em outros produtos." *Ok, e daí?*

Essa frase me fez repensar, ao lê-la pela primeira vez, se era tão ruim assim voltar a beber cerveja quente e aguada nas reuniões de família.

O único jeito que encontrei para entender essa frase foi estudar palavra por palavra.

*Processo anaeróbio:* algo que ocorre sem a presença de oxigênio ($O_2$).

*Fungos/bactérias:* existem aproximadamente $5 \times 10^{30}$ bactérias na Terra e mais de 70 mil tipos de fungos, mas só nos interessa uma. *Sorte máxima!*

*O nome de nosso fungo verdadeiro é levedura (yeast, em inglês).*

A levedura é um organismo unicelular que se alimenta de açúcar, produzindo em troca álcool, dióxido de carbono, calor e compostos aromatizantes.

*Saccharomyces cerevisiae:* são espécies de levedura utilizadas na destilação. Normalmente, têm célula com 10 mícrons de diâmetro e 1.000.000.000 de células por grama.

*Transformação da matéria orgânica:* é uma maneira tecnocrata de dizer "comer"; como se chamássemos um simples piquenique de "sessão de ingestão gastronômica ao ar livre".

*Outros produtos:* é uma maneira polida e educada de dizer "dejetos"; como dizer que as cinzas de uma fogueira são "resíduos pós--combustão térmica".

Agora, com todo esse conhecimento acumulado, eu diria que a fermentação alcoólica é simplesmente uma levedura fazendo um lanche em um ambiente sem oxigênio. O que ela deixa para trás depois de sua refeição é exatamente o que acabamos bebendo: o álcool.

## Por que envelhecer em um barril de madeira?

Primeiro de tudo, cada lugar tem sua lei. Apesar de todas as leis e lugares dizerem que, para se chamar whisky, este precisa ser envelhecido em barril de madeira, existem algumas diferenças entre as leis e seus países.

*Escócia:* o destilado deve ser amadurecido em barris de carvalho durante três anos antes de poder ser chamado whisky escocês.

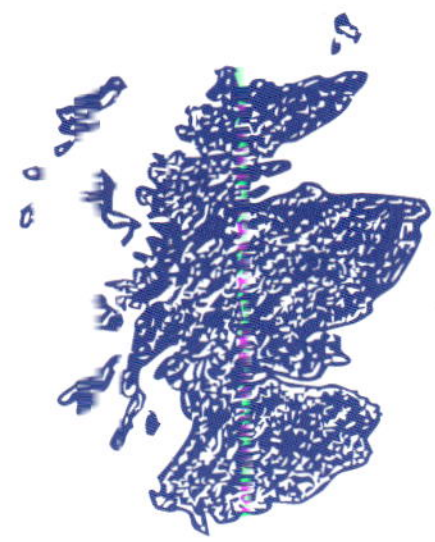

*Japão e Irlanda:* seguem as regras de envelhecimento da Escócia.

*Estados Unidos:* por lei, não existe tempo mínimo de maturação. Apesar de você precisar colocar o destilado dentro do barril de madeira, não é necessário que ele fique ali nem mais um minuto sequer. Em outras palavras, é praticamente como dar ao destilado um "banho" rápido no barril e, *voilà*, seu whisky está pronto.

**Brasil:** é diferente. Todas as possibilidades estão previstas no Decreto 6.871, de 4 de junho DE 2009.

§ 1º O uísque será denominado de:

I - uísque malte puro ou whisky puro malte ou pure malt whisky, quando a bebida for elaborada exclusivamente com destilado alcoólico simples de malte envelhecido ou Malt Whisky, com o coeficiente de congêneres não inferior a trezentos e cinqüenta miligramas por cem mililitros em álcool anidro; (Não fala de tempo de envelhecimento)

II - uísque cortado ou blended whisky, quando a bebida for obtida pela mistura de, no mínimo, trinta por cento de destilado alcoólico simples de malte envelhecido ou Malt Whisky, com destilados alcoólicos simples de cereais, álcool etílico potável de origem agrícola ou ambos, envelhecidos ou não, com o coeficiente de congêneres não inferior a cem miligramas por cem mililitros, em álcool anidro; (Não fala de tempo de envelhecimento)

III - uísque de cereais ou grain whisky, quando a bebida for obtida a partir de cereais reconhecidos internacionalmente na produção de uísque, sacrificados, total ou parcialmente, por diástases da cevada maltada, adicionada ou não de outras enzimas naturais e destilada em alambique ou coluna, envelhecido por período mínimo de dois anos, com o coeficiente de congêneres não inferior a cem miligramas por cem mililitros, em álcool anidro; (dois anos para grain whisky)

IV - bourbon whisky, bourbon whiskey, tennessee whisky ou tennessee whiskey, quando o uísque for produzido nos Estados Unidos da América de acordo com a sua legislação, sem prejuízo ao estabelecido no *caput*.

## Qual é a importância do barril?

Levei anos para entender realmente o quanto o barril de madeira é crucial para o whisky.

*Agora sei:* sem o barril, o whisky simplesmente não existe.

Essa compreensão surgiu de maneira inesperada alguns anos atrás, em uma palestra com um aficionado por whisky. Ele estava explicando a diferença entre o carvalho europeu e o americano no processo de envelhecimento do whisky.

Foi uma hora de palestra explicando as diferenças entre *Quercus alba* e *Quercus robur* – nomes científicos dos tipos de carvalho mais comuns utilizados na maturação de whisky.

O palestrante não trabalhava em uma marcenaria e tampouco era um lenhador. O fato de ele dominar um assunto tão específico despertou intensamente meu interesse. Eu precisava descobrir tudo sobre madeiras, barris e os misteriosos *quercus*.

Por ser robusto, flexível e poroso, o carvalho comporta o whisky perfeitamente, sem vazamentos, enquanto facilita a "respiração" do líquido, favorecendo uma troca de ar que é crucial para o envelhecimento.

O carvalho faz mais do que simplesmente armazenar o whisky; ele enriquece a bebida. Contribui com sabores, aromas e até a cor dourada que admiramos. À medida que repousa no barril, o whisky absorve e se mistura com os compostos do carvalho, adquirindo uma complexidade que apenas o tempo e a madeira podem fornecer. O barril, portanto, não é apenas um recipiente; ele é um alquimista da água da vida.

## Com que madeira se faz um barril?

Cada tipo de carvalho proporciona uma assinatura única ao whisky, desempenhando um papel crucial no desenvolvimento de seu perfil de sabor. A escolha da madeira não apenas reflete a tradição e a técnica mas também a busca contínua por novas dimensões gustativas na venerável arte da destilação.

### *Carvalho branco americano (Quercus alba)*

Cresce na América do Norte. É muito adequado para a maturação do whisky, pois as árvores crescem rapidamente com troncos altos e retos, isso significa que é uma madeira de alta qualidade com alto teor de vanilina *(principal componente da baunilha)*. Normalmente oferece notas de sabor de coco, baunilha, mel e nozes.

### Carvalho europeu (*Quercus robur*)

Cultivado no norte da Espanha, também é conhecido como carvalho inglês, carvalho francês ou carvalho russo. Esse carvalho é muito poroso. Oferece notas de sabor de especiarias e frutas secas.

### Carvalho japonês Mizunara (*Quercus crispula* e *Quercus mongolica*)

Cresce no Japão e em alguns outros lugares da Ásia. A madeira de Mizunara é muito porosa e quebradiça, isso dificulta bastante o manuseio. Esse carvalho proporciona notas de coco, sândalo e baunilha.

Também são utilizados outros tipos de madeira e carvalho, no entanto mais de 90% de toda a indústria utiliza o *Quercus alba* e o *Quercus robur*.

## Quais são os tipos de barril?

Os mais utilizados na indústria são:

AMERICAN BARRELS

200 litros enchem

285 garrafas de 700 ml

HOGSHEADS

250 litros enchem

357 garrafas de 700 ml

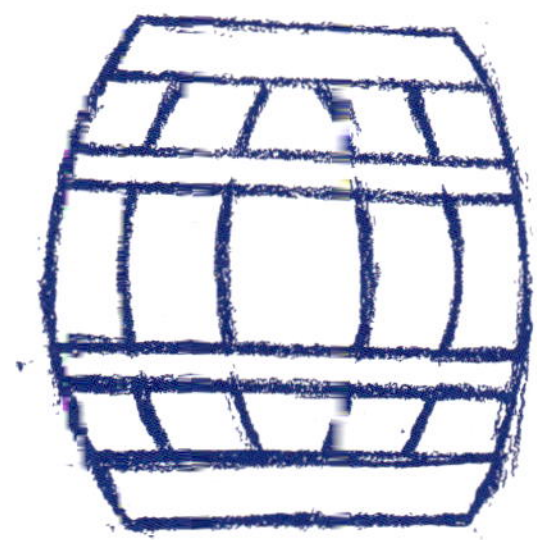

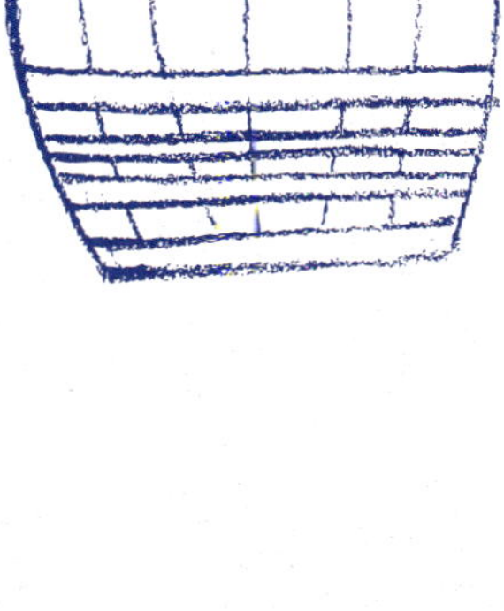

BUTTS

500 litros enchem

714 garrafas de 700 ml

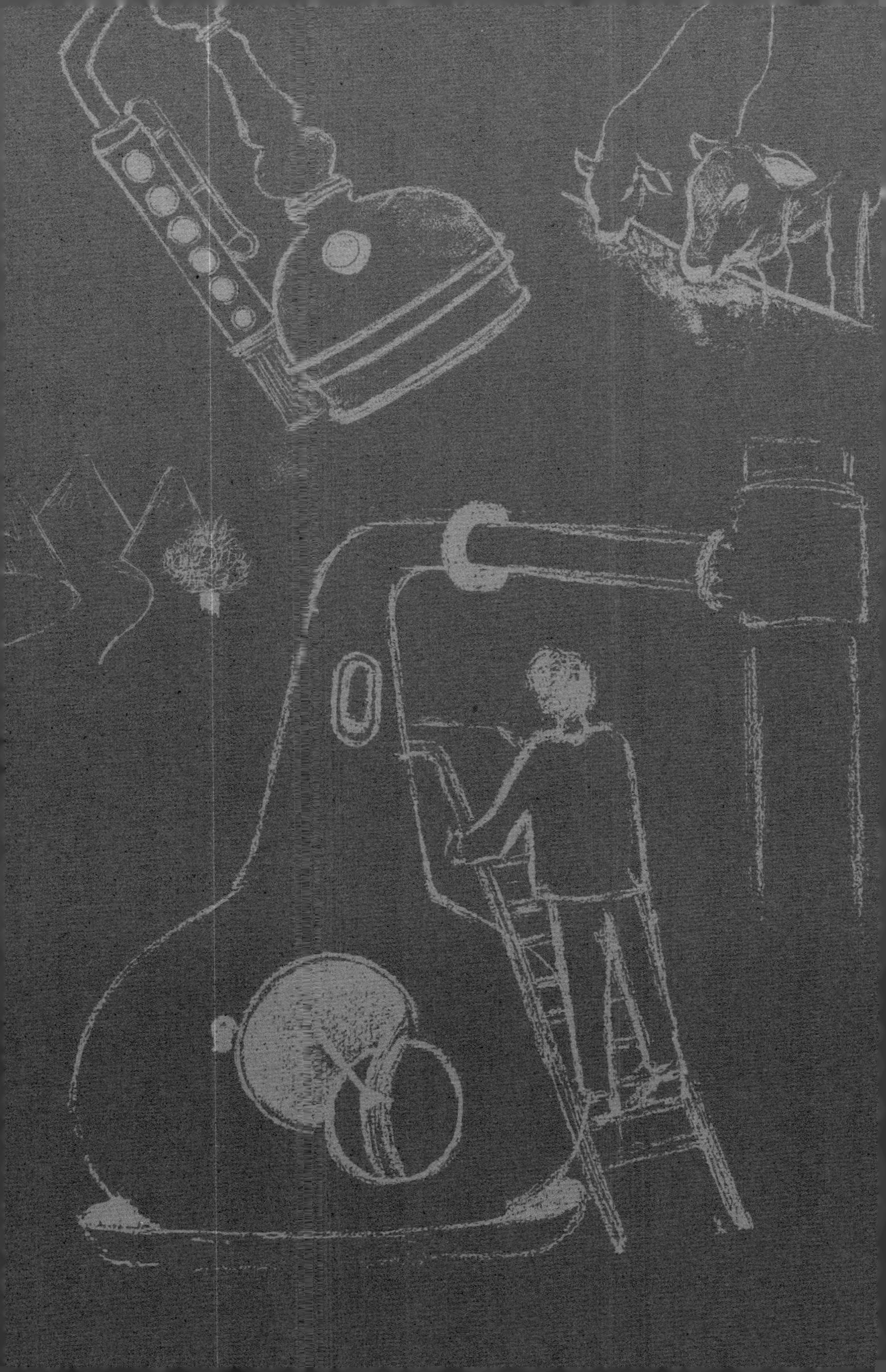

Parte I - Antes de a cevada virar líquido

Parte II - Destilando a água da vida (whisky)

Parte III - Barris, anjos e garrafas

# Interlúdio

## Como o whisky é feito?

A arte de fazer whisky é tão rica e cheia de nuances que eu poderia escrever um livro totalmente dedicado a contar essa história. O título poderia ser *Da terra ao copo: a longa jornada da cevada maltada* ou *O cio da terra*; este último, porém, chamaria a atenção do público errado.

Apesar de existirem outros grãos e tipos diferentes de whisky no mundo, vamos acompanhar toda a trajetória da cevada e aprender como um simples grão pode se transformar em uma das bebidas mais apreciadas no mundo moderno.

*P.S. 1:* não tente abrir uma destilaria somente com as minhas informações. Considere-as um resumo apressado do processo ou um vídeo acelerado de algo profundamente complexo e sutil.

*P.S. 2:* o foco é o processo de produção de um whisky single malt escocês. Existem outros tipos de whisky, como o bourbon americano, que segue outras regras.

## A jornada do whisky escocês

O whisky é um produto agrícola cuja fabricação inicia com um fazendeiro colhendo a cevada da terra e levando-a a uma destilaria para ser transformada na bebida. Uma visão macro e simplificada dessa jornada seria:

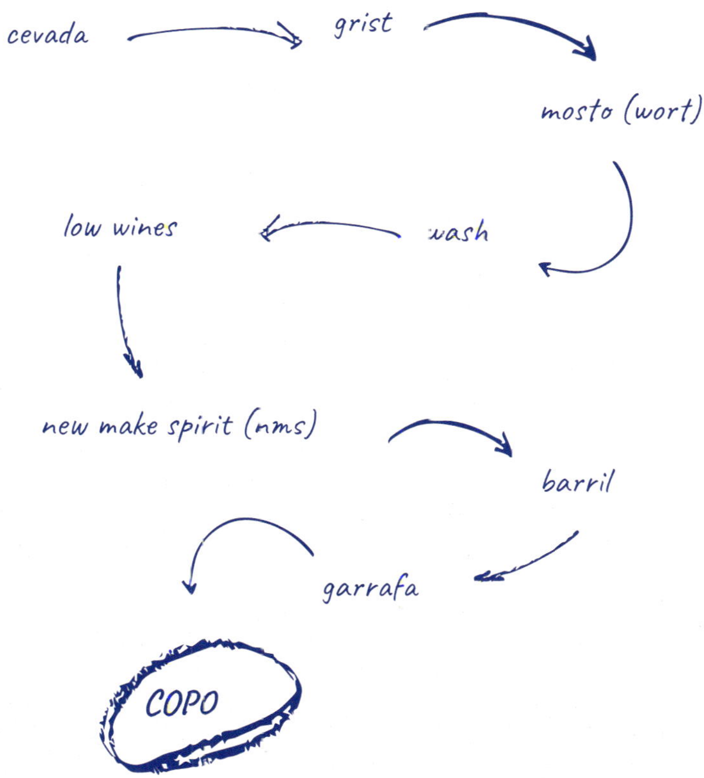

# Parte I - Antes de a cevada virar líquido

Na Edinburgh Whisky Academy (EWA), aprendi o fascinante processo que transforma um simples grão de cevada, cultivado nos campos, em um líquido pronto para ser destilado. Esse processo pode ser dividido em 12 passos meticulosamente orquestrados, os quais representam a longa caminhada que cada grão de cevada deve percorrer antes de podermos destilar nosso whisky.

## 1. Colheita

O processo de produção do whisky começa no campo, onde o grão de cevada inicia seu longo caminho até chegar a nossos copos.

Como saber quando e qual cevada colher para produzir bons whiskies? Hoje, a tecnologia possibilita ao agricultor testar a cevada em diversos pontos da plantação. Esse avanço não apenas melhora a qualidade da amostra mas também garante que apenas os grãos mais promissores sejam selecionados.

Cada amostra é enviada à sala de controle ou ao laboratório, onde é meticulosamente analisada e misturada pelos técnicos para garantir uma qualidade superior. Nem toda cevada tem a honra de se transformar em whisky; o processo é rigoroso e seletivo.

Embora não seja tão complexo quanto o cultivo de uvas para vinho, a produção de cevada para whisky tem particularidades e desafios. Cada grão deve ser perfeito, pois ele carrega o potencial de se transformar em whisky. É uma dança entre a natureza e a ciência, em que cada passo é essencial para se alcançar a excelência.

## 2. Secagem

No Reino Unido, a cevada cultivada carrega muita umidade do campo, tornando-a imprópria para armazenamento imediato. Por isso, antes que qualquer análise possa ser realizada, a cevada deve ser seca cuidadosamente. Esse processo inicial é crucial, pois o excesso de umidade é retirado, deixando apenas o grão puro e promissor.

## 3. Análise

Com a cevada seca, as análises começam. As amostras coletadas são levadas para o laboratório, onde cada grão é minuciosamente examinado. Técnicos especializados investigam a variedade, buscam sinais de contaminação e verificam se há qualquer dano oculto.
É uma análise rigorosa, com foco em quatro aspectos principais:

a. **Umidade** Garantir que a remessa esteja dentro das especificações do contrato e verificar se não secou na fazenda.

b. **Nitrogênio** (para conteúdo de proteína). Isso é vital porque o teor de nitrogênio está inversamente relacionado com o rendimento potencial do destilado. Quanto maior o nível de nitrogênio, menor o rendimento potencial do destilado.

c. ***Triagens*** (para verificar o tamanho dos grãos). Os grãos de cevada devem ter tamanho semelhante para garantir uma maltagem uniforme.

d. ***Análise de germinação*** (para verificar se a cevada está viva e vai crescer). Isso também é de extrema importância, pois se a cevada não germinar (isto é, se não estiver viva) não crescerá. Portanto, não será possível obter uma cevada maltada.

### 4. Maceração (steeping)

Na maioria dos estudos, vídeos e livros, você encontrará o termo *steeping*, primeira etapa do processo de maltagem.

*Para democratizar a cultura do whisky no Brasil, optei por traduzir para "maceração".*

Imagine uma sala fria e úmida, onde os grãos de cevada são mergulhados em grandes tanques de água. Eles não ficam dentro da água o tempo todo, mas, sim, dentro e fora do tanque, de modo alternado. Isso deixa a cevada exposta ao ar e aumenta gradualmente o nível de umidade, iniciando a germinação.

Esse processo não é rápido. Vários ciclos de maceração ocorrem – mais de uma imersão em água ao longo de um período de 48 horas – para que a umidade desejada seja alcançada com precisão quase científica.

Quando a maceração chega ao fim, a cevada atinge um nível de umidade de aproximadamente 45%. Nesse ponto, os grãos estão prontos para a próxima fase, após ter passado por uma transformação que, embora invisível a olho nu, é vital para a alma do whisky.

## 5. Germinação

Um ritual enraizado no tempo, tradicionalmente realizado em uma sala escura e abafada. A cevada, fresca e cheia de potencial, era espalhada pelo chão de pedra fria da maltaria, onde mãos calejadas a viravam e reviravam constantemente a cada duas ou quatro horas.

Virar a cevada manualmente e constantemente tinha seus custos. Após longos turnos de trabalho árduo, muitas vezes os malteiros sucumbiam a uma condição que fazia um dos braços pender, flácido e sem vida ao lado do corpo. Essa condição ficou conhecida com ironia amarga como *monkey shoulder*.

Hoje, apenas sete destilarias de whisky escocês ainda preservam o antigo piso de malte tradicional. Até mesmo essas raras exceções processam apenas uma fração de sua cevada de modo manual.

A germinação ocorre atualmente em maltarias comerciais, longe da alma das destilarias. Ali, tambores de aço gigantes giram, virando o malte com precisão impessoal.

Quando a cevada é germinada, ela passa a ser chamada malte verde (*green malt*) e atinge um estágio crucial. Nesse ponto, a germinação e o crescimento devem ser interrompidos para que o processo não fuja do controle. A solução é a secagem por calor, que interrompe a germinação exatamente no momento em que o malte está no melhor potencial.

Se tudo isso parece um pouco confuso, imagine o experimento clássico do colégio: colocar um broto de feijão no algodão e molhá-lo. Com o passar dos dias, o broto começa a crescer e a vida se desenrola diante de seus olhos. É exatamente isso que ocorre com a cevada.

Maltar é essencialmente isto: molhar a cevada para que ela possa germinar. Mas, aqui, tudo é feito com controle rigoroso. Cada nível de umidade é monitorado, cada estágio de germinação é cuidadosamente medido, e a qualidade dos grãos é verificada com precisão. Pense nisso como um experimento de colégio em escala muito maior, mais complexa, e executado com a precisão de um cientista e a paixão de um artesão.

## 6. Forno e turfa (kilning e peat)

Aqui, o crescimento é congelado no tempo. Terceira e última etapa do processo de maltagem a secagem é o momento em que a verdadeira magia acontece. A germinação é interrompida com a passagem de ar quente, seja por ventiladores, seja pela fumaça de fornos cheios de turfa.

Os ventiladores de ar quente são fáceis de imaginar, mas a segunda opção fica mais clara se você pensar em um churrasco. Para facilitar o entendimento, imagine um churrasco de cevada. A churrasqueira é um forno gigante, o pão de alho é a cevada, e o carvão é a turfa.

Quando a turfa é queimada, sua fumaça rica e espessa penetra o malte verde úmido, impregnando o whisky de um sabor defumado único. Esse quase acasalamento cria camadas de sabor que só o tempo e a tradição podem explicar.

A fumaça da turfa, carregada de ricos fenóis, adere facilmente à superfície úmida do malte verde. Esses fenóis são os compostos que conferem ao whisky seu distinto caráter defumado. É por isso que a turfa é queimada no início do processo de secagem, quando o malte está mais receptivo e pode absorver melhor essas nuances complexas.

a. Em um forno nada tradicional, o malte verde fica em um chão perfurado, pronto para a transformação.

b. A turfa é queimada, liberando uma fumaça espessa e rica que impregna os grãos.

c. Os fenóis da fumaça de turfa aderem à superfície úmida do malte, conferindo um caráter defumado único.

d. O ar quente, gerado pelo fogo, circula naturalmente pelo leito de grãos, impulsionado pela cobertura em forma de pagode.

*Pagode em inglês também pode ser definido como templo ou torre com múltiplas beiradas*

e. Conforme o ar quente passa pelo leito, os grãos são secos, primeiro para garantir um armazenamento seguro e, segundo, para serem utilizados na destilaria.

## 7. Armazenamento

Para o armazenamento da cevada, o nível seguro de umidade é de 12%, mantida abaixo de 15 °C. A cevada pode ser armazenada com segurança por vários anos, se necessário, antes do uso.

## 8. Entrega à destilaria

Quando a cevada maltada finalmente chega à destilaria, é o começo do fim. É o momento em que a primeira parte do processo de criação do whisky é concluída, e uma nova fase começa. A jornada da cevada, desde os campos até o forno, culmina aqui, na destilaria. É nesse lugar, envolto em tradição e mistério, que a transformação final começa: de um grão sólido à água da vida.

## 9. Moagem

Quando a cevada chega à destilaria, começa o processo de moagem. É uma etapa simples, mas vital.

A cevada maltada seca é triturada por rolos gigantes, transformando-se em uma farinha grossa conhecida como grist. Esse grist é composto de três frações distintas: casca, farinha e grão. Cada uma dessas frações desempenha um papel crucial na próxima fase da criação do whisky.

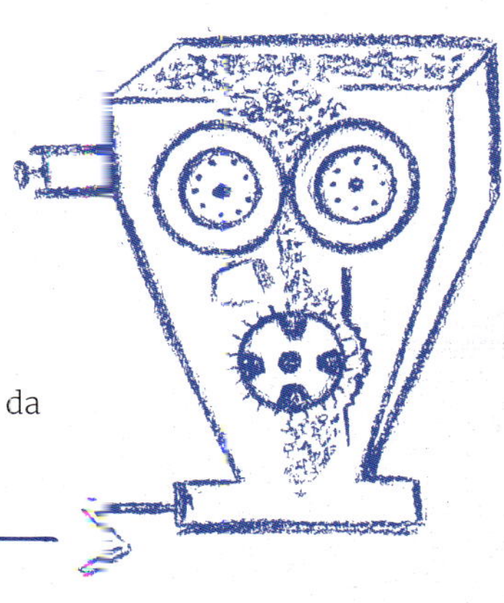

moedor de cevada

A proporção de grist é um parâmetro essencial para a destilaria, pois revela o quão bem a cevada maltada foi moída. Na fase seguinte, é necessária uma proporção específica de casca, grão e farinha. Cada destilaria tem a própria proporção áurea, um segredo bem guardado que garante a qualidade e o caráter únicos de seu whisky.

Uma proporção adequada de grãos possibilita ao destilador extrair o máximo rendimento de álcool da cevada maltada, além de facilitar todo o processo de produção. Esse equilíbrio é fundamental, pois determina a qualidade final do whisky.

Por exemplo, uma boa distribuição entre casca, farinha e grão pode ser explicada assim: a casca garante a filtração, a farinha proporciona os açúcares fermentáveis e o grão contribui para a estrutura. Esse trio, em harmonia perfeita, é o que faz o whisky brilhar em sua essência final.

frações do grist

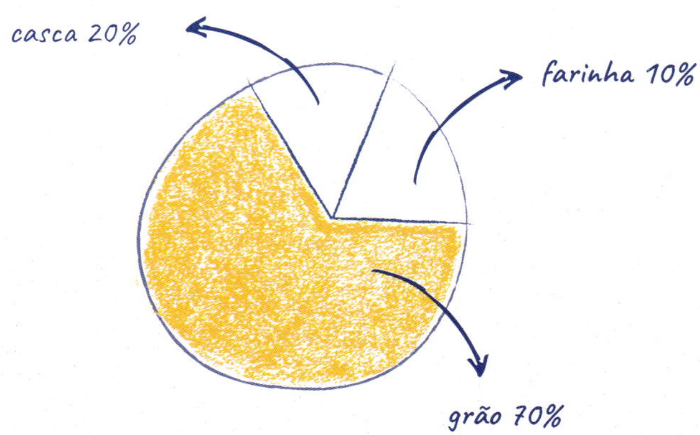

## 10. Infusão (mashing)

Agora que temos o grist, o que fazer? Qual é o próximo passo? A resposta é a mais simples possível. Adicione água quente ao grist.

Nos próximos parágrafos, vou elaborar esse processo, mostrando como e por que ele é feito. Não se perca, porém, em meio a novos nomes, processos e instruções.

Mashing é simplesmente o processo de adicionar água quente ao grist.

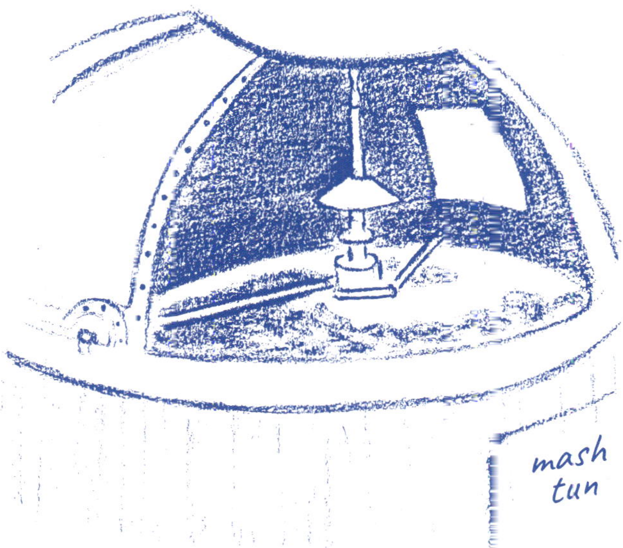

A infusão (mashing) ocorre em um recipiente chamado mash tun, feito de ferro fundido ou aço inoxidável, cujo fundo é essencialmente uma peneira. O objetivo é usar calor (ou seja, a água quente) para ativar as enzimas naturais (amilase), que quebram o amido do grão e o transformam em açúcares fermentáveis.

O processo é simples, mas deve seguir três etapas com precisão.

*Primeira etapa: coloque o grist no mash tun com uma carga de água aquecida a, aproximadamente, 63,5 °C.*
Nesse processo, a temperatura é rigorosamente controlada para proporcionar a conversão máxima, embora o valor exato varie nas destilarias.

Por causa do calor, as enzimas quebram e convertem o amido do grist em açúcares simples, que poderão ser metabolizados pela levedura na próxima fase do processo, a fermentação.

Esses açúcares começam a se dissolver e produzem um líquido pegajoso e açucarado, chamado mosto (wort).

A peneira no fundo do mash tun drena o mosto (wort), que é transferido para o underback antes da fermentação.

O underback é um pequeno recipiente de topo aberto, usado como dispositivo de separação de volume de mistura. Pense nele como um potinho para guardar o molho enquanto o macarrão não chega ao ponto.

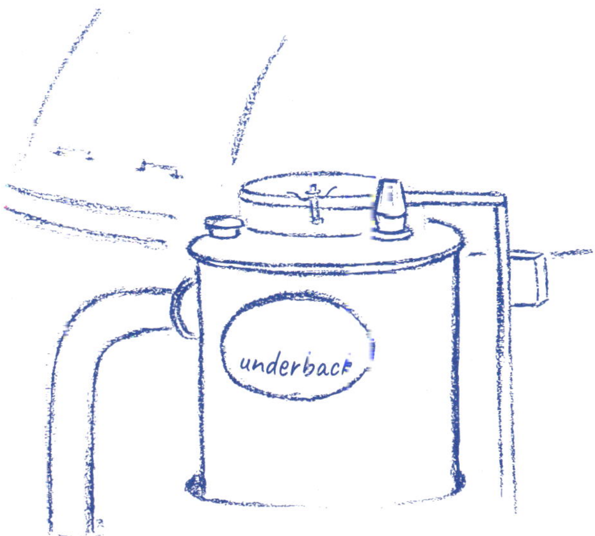


*Segunda etapa: de volta ao mash tun, outra carga de água é adicionada* a uma temperatura mais alta, de até 80 °C. Essa adição serve para dissolver qualquer amido e açúcar restantes; em seguida, a água é drenada pelo underback e bombeada para o *washback.*

Os washbacks são grandes tonéis feitos de madeira ou aço, que entrarão em cena na próxima etapa. Por enquanto, pense neles como barris gigantes.

*Terceira etapa: uma carga final de água – a uma temperatura de cerca de 85 °C* – é adicionada ao mash tun para dissolver qualquer elemento útil ainda presente no resíduo. Essa água, conhecida como sparge, não é enviada para o underback. Ela é drenada e, posteriormente, usada como primeira carga de água em um novo ciclo sem fim...

Quando o mosto é removido do underback, ele pode estar a mais de 60 °C. Isso representa um problema para a próxima etapa do processo. Adicionar levedura ao mosto a essa temperatura ocasionaria a morte da levedura, e de outras enzimas importantes que podem reduzir açúcares de cadeia longa.

Para evitar que a levedura seja morta por temperaturas tão altas, o mosto passa rapidamente por um trocador de calor de placas, chamado *resfriador de mosto.* Isso reduz sua temperatura para cerca de 16 °C a 18 °C, dependendo da temperatura ambiente.

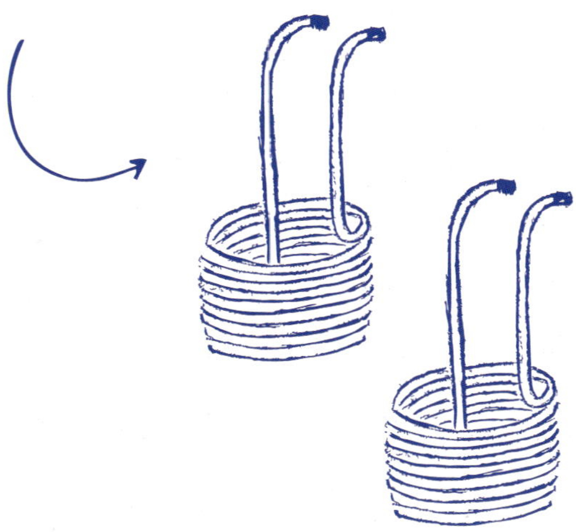

Após o mosto ser extraído e transferido para o underback, o resíduo que permanece no mash tun chama-se *draff*. Ele é frequentemente vendido como ração para gado ou usado em queimadores de biomassa.

## 11. Fermentação

A fermentação é o processo natural em que a levedura metaboliza o açúcar, liberando etanol como subproduto. Imagine a levedura como pequenos alquimistas, trabalhando incansavelmente para transformar açúcar em etanol, mais conhecido como álcool.

Nossos pequenos alquimistas fazem mais do que apenas metabolizar o açúcar para liberar etanol; eles também produzem três outros subprodutos importantes:

- **Calor:** é a energia do processo, como o calor de uma fogueira acesa em uma noite fria.
- **Dióxido de carbono:** são bolhas que sobem, carregando consigo a transformação invisível.
- **Congêneres:** são compostos de sabor que dão ao whisky complexidade e caráter únicos. Preste atenção aqui, releia

três vezes a frase anterior. É aqui que começam a aparecer as primeiras notas e sabores de seu whisky.

### Uma visão macro do que ocorre nessa etapa do processo:

Depois que o mosto é resfriado, ele começa sua jornada para o washback. Aqui, a levedura é adicionada, iniciando o processo de fermentação. Quando a levedura "toca" o mosto, inicia-se a transformação. O líquido borbulhante começa a se transformar, ganhando um aroma e um sabor que lembram cerveja azeda, conhecida como wash.

*Entendeu por que o nome desses tonéis gigantes é washback? Nem sempre algo criativo precisa ser mirabolante. Na maioria dos casos, basta ser simples e correto.*

## 12. Wash

A fermentação alcoólica pode durar cerca de 48 horas, tempo suficiente para a levedura cumprir sua missão. Quando todo o álcool tiver sido produzido e nossos pequenos alquimistas cumprirem seu dever, a levedura começa a morrer.

No entanto, muitas destilarias prolongam esse tempo de 48 horas. Isso contribui para que uma "fermentação secundária" natural ocorra graças a bactérias e leveduras selvagens, adicionando camadas de sabor.

A duração da fermentação tem papel crucial no desenvolvimento dos compostos de sabor do whisky. Aqui estão alguns pontos rápidos sobre fermentação:

- ***Fermentação mais longa:*** é geralmente considerada produtora de um wash mais doce e frutado. Imagine os sabores amadurecendo lentamente, como frutas deixadas para caramelizar ao sol.

- ***Destilaria Benromach:*** é conhecida por ter uma das fermentações mais longas, chegando a 115 horas. Um verdadeiro teste de paciência e precisão, em que cada hora extra adiciona camadas de complexidade ao whisky.

- ***Destilaria Glenlivet:*** opta por uma fermentação muito mais curta, em torno de 50 horas. Trata-se de um processo rápido e eficiente, mas que ainda assim consegue capturar a essência do grão.

- *Combinação de fermentações:* hoje é bastante comum as destilarias operarem com uma combinação de fermentação longa e curta. É um jogo de equilíbrio, em que o tempo é a chave para desbloquear diferentes perfis de sabor.

Seja em 48 horas, seja um pouco mais que isso, eventualmente o wash é criado. Ele já nasce com teor alcoólico (alcohol by volume - ABV) de, aproximadamente, 8% a 10% e está pronto para a próxima fase de sua jornada, carregando consigo a essência do whisky que será destilado e envelhecido.

## Parte II - Destilando a água *(whisky)* da vida

Agora que temos nosso wash, ou nossa cerveja azeda, com 8% a 10% de teor alcoólico, surge a pergunta: como é possível chegar aos 40% de teor alcoólico, mínimo permitido por lei na maioria dos países, para que ele seja considerado whisky?

Levei alguns anos para descobrir o que realmente ocorre e espero me fazer entender nessa etapa final do processo de criação do whisky.

*Esclarecendo algumas dúvidas*

**Se o wash tem 8% a 10% de teor alcoólico, o que seriam os outros 90%?**

São elementos químicos, congêneres e água, tudo misturado.

**Como conseguimos eliminar elementos indesejáveis de nosso wash (cerveja azeda) e manter apenas o etanol e outros elementos desejáveis?**

A destilação vem com a função de separar o álcool de todo o resto, gerando um álcool cada vez mais puro, ou mais perto dos 100%, ou com maior teor alcoólico.

**Como conseguimos destilar o nosso wash?**

Para conseguir destilar o wash, precisamos de um equipamento próprio chamado alambique (pot still).

Sobre o processo de produção especificamente de whisky single malt escocês, existem dois tipos diferentes de alambique:

1. ***Wash still:*** é o alambique onde ocorre a primeira destilação e, como o nome sugere, onde vamos destilar o nosso wash.

2. ***Spirit still:*** é o alambique utilizado na segunda destilação.

*Antes de avançar, é importante saber o significado dos nomes para entender as próximas etapas do processo de destilação.*

- ***Pot still:*** pot é pote. Still vem de distill (destilar). Então, o nome literal seria "pote de destilar", assim como falamos panela de macarrão, frigideira para fritar ovo, ou jarra de suco. Mas vale lembrar que em português falamos alambique.

- ***Alambique:*** do árabe الأنبيق, transliteração *al-anbiq*, do grego *ámbikos*, com acréscimo do artigo árabe *al*, o termo alambique significa "vaso de cobre ou de vidro em que destilam ervas, flores e licores".

- ***Wash still:*** não traduza, por favor, as palavras wash e still literalmente. Senão você terá algo como "lave ainda".

  Wash se refere ao nosso líquido de 8% a 10% de teor alcoólico. Still se refere a pot still.

O sentido então é "destilar o wash".
Mas como é um equipamento, podemos entender como "o pot (alambique) para destilar o wash".

Se esse processo ocorresse na cozinha de sua casa, você falaria algo como "Pega para mim a panela para ferver a cerveja azeda, por favor".

- *Spirit still*: você já pode imaginar que a expressão não significa "espírito ainda". Em inglês, spirit é como se chamam as bebidas destiladas.

  No fim da etapa anterior, temos nossa primeira bebida destilada. Logo, no segundo alambique, não vamos destilar um wash, mas, sim, uma bebida destilada, ou um spirit.

  O sentido então é "destilar o destilado". Em português, fica um pouco redundante, mas funciona em inglês.

  Como é um equipamento, podemos entender como "o pot (alambique) para destilar o spirit".

*Agora podemos continuar com as próximas etapas do processo de destilação.*

Durante a destilação, o álcool e os congêneres de sabor são cuidadosamente separados da água. Esse processo meticuloso envolve duas rodadas de destilação – primeiro, no wash still; e depois, no spirit still. O resultado é um aumento significativo no teor de álcool, alcançando cerca de 65% a 70% ABV.

*Nota importante:* a maioria das destilarias do mundo trabalha com o processo de destilação dupla, mas, como tudo na vida, existem exceções. Algumas destilarias trabalham com destilação tripla, ou seja, destilam três vezes. Alguns exemplos:

- Woodford Reserve, bourbon americano (utiliza column still e pot still).
- Auchentoshan, single malt escocês.
- Jameson, blended whisky irlandês.

*Nota importante:* existem outras maneiras de destilar além do pot still. Temos também o column still (alambique de coluna), que destila outros tipos de whisky, como os de grão (grain whisky), ou os bourbons, nos Estados Unidos.

Column still
(alambique de coluna)

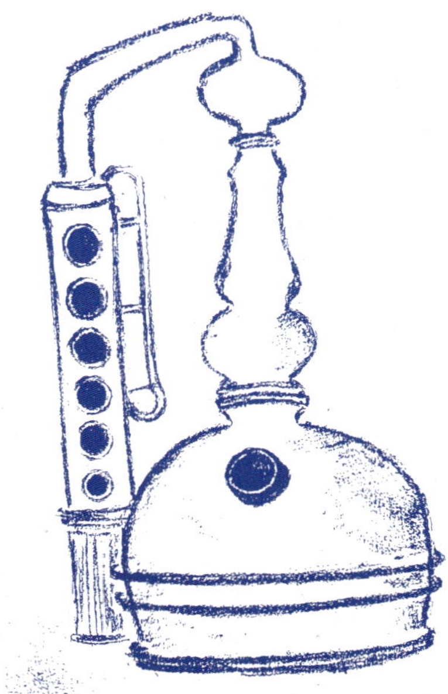

## *Wash still*

É um alambique com uma pequena janela por onde é possível monitorar os níveis de espuma. Parece um detalhe insignificante, mas o controle da espuma é crucial para garantir que o processo de destilação ocorra sem problemas.

Sim, existe alguém no mundo cujo trabalho é ficar monitorando bolhas de espuma. Pense nisso: o dia inteiro, os olhos fixos naquela janela, medindo e avaliando bolhas de espuma.

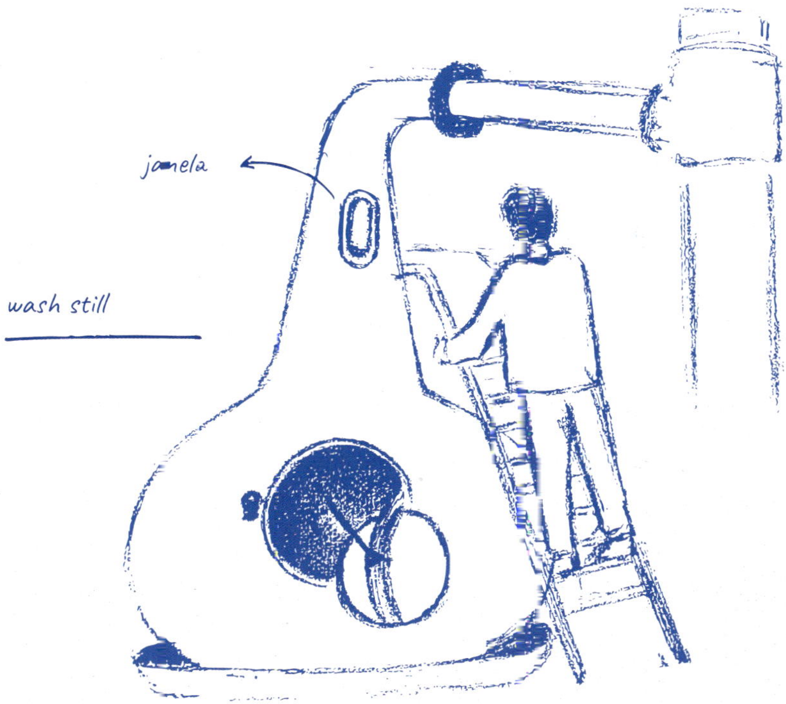

## *A jornada do wash still*

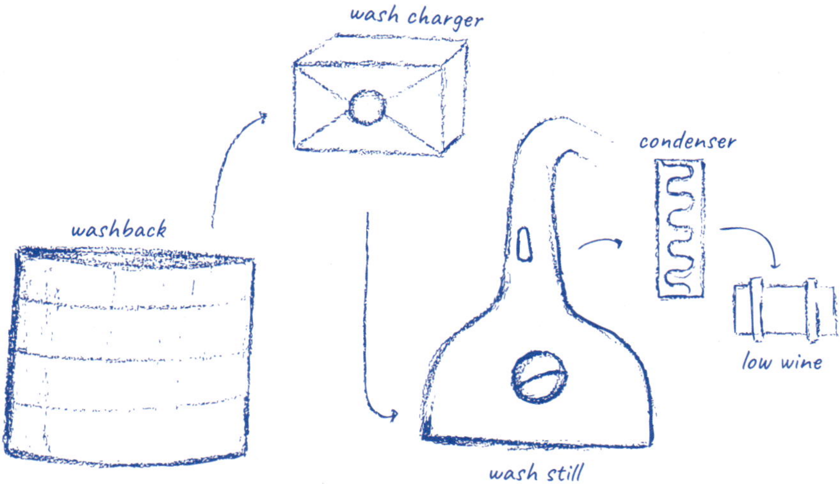


No processo anterior, terminamos com o wash a 8%-10% ABV no washback. Agora precisamos destilar essa cerveja azeda.

O wash é transferido e armazenado no wash charger, para depois ser transferido ao wash still e começar o processo de destilação.

Conforme o pot still é aquecido, o wash fermentado é transformado. À medida que o calor é aplicado, o líquido começa a ferver, liberando vapores carregados de etanol e outros compostos voláteis.

Esses vapores sobem e, no topo, encontram o condensador, onde se transformam novamente em líquido. Agora purificado e concentrado, esse líquido forma os low wines – com cerca de 25% ABV – no recipiente específico.

Após a destilação ser concluída, o que resta no alambique é um resíduo espesso e escuro, o spent wash (também chamado pot ale). Esse resíduo, embora inútil para a produção de whisky, encontra uma nova vida na ração para gado ou na produção de biogás, fechando um ciclo de transformação e renovação.

## Spirit still

Não há necessidade de um vidro de inspeção aqui, pois o líquido já está bem comportado, livre das bolhas que caracterizavam o estágio anterior. A carga entra no alambique a temperatura ambiente, preservando cada gota.

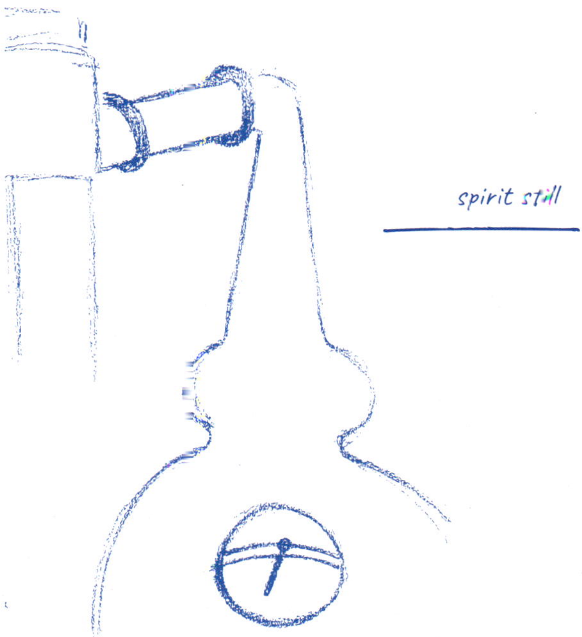

## A jornada do spirit still

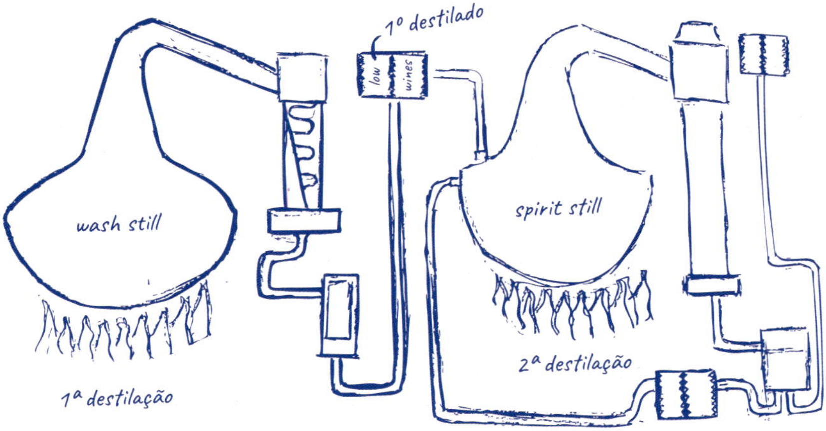


A fase final da destilação começa quando o spirit still recebe o destilado low wine – com cerca de 25% ABV – e entrega o destilado new make spirit (NMS) – com cerca de 65%-70% ABV.

Ao contrário do wash still, o destilado não é todo coletado para o produto final. O processo do spirit still é dividido em três partes ou cortes (cut):

- Foreshots *(ou cabeças)*: vão para o receptor de feints.
- Spirit *(ou coração, ou meio)*: é direcionado para o receptor de destilado intermediário (intermediate spirit receiver – ISR).
- Feints *(ou caudas)*: também vão para o receptor de feints.

Somente o corte do coração, ou a parte do meio, será direcionado para o receptor de destilado intermediário e se tornará o new make spirit, com 65%-70% ABV. Nesse momento, o destilado não tem cor. A cor do whisky vem do barril.

As cabeças e caudas são coletadas e recicladas na próxima carga, com os low wines.

O resíduo do spirit still é chamado spent lees e é enviado à estação de efluentes para eliminação

Para você ter um pouco de dimensão de escala, mais ou menos 90% de todo o volume do wash inicial é perdido ao longo de todo o processo. Apenas 10% transforma-se em new make spirit para ser amadurecido em barris.

### *Visão macro sobre o processo de destilação*

Os wash stills produzem low wines, e o resíduo (o que não foi possível usar) se chama spent wash.

Os spirit stills, por outro lado, produzem foreshots, spirit e feints, e o resíduo (o que não foi possível usar) se chama spent lees.

- 30%-35% do volume do wash vira low wines.
- 60%-70% vira spent wash com 0,1% de álcool.
- Após a destilação no wash still, o ABV dos low wines é, geralmente, 25%.

*Em outras palavras, 60%-70% de tudo que destilamos no wash still não é aproveitado*

- Depois da destilação no spirit still, 35% de sua carga original é o corte de spirit (coração), com ABV de geralmente 65%-70%.

esses 35% representam 10% do volume inicial do wash fermentado

- 30% do volume inicial é enviado para destilação novamente no próximo lote, como foreshots e feints.

- 35% do volume inicial é spent lees, com força alcoólica de 0,1%.

em outras palavras, 35% de tudo que destilamos no spirit still não é aproveitado

### Anotações sobre potes

Eu já falei tanto sobre os alambiques que agora já estou chamando eles pelo apelido. No caso, "potes". Sim, eu dei um apelido carinhoso para o alambique, e por que não? Passei os últimos cinco anos de minha vida falando tanto dele, que é como se fosse um amigo. "Ei, potes, vamos destilar um pouco de whisky hoje?"

Agora, para quem levou a sério o parágrafo anterior e não entendeu que era uma piada:

*Não se pode destilar whisky em casa, é contra a lei. Ok?*

Não quero ninguém mandando mensagem e fazendo declaração em portal de fofoca: "Mas você disse que eu podia."

Todos os pot stills utilizados na indústria de whisky escocês são feitos de cobre; esse metal comum e fácil de moldar é um condutor eficaz de calor. Outro benefício do cobre é ser um bom catalisador: isso significa que ele acelera as reações químicas.

O cobre interage com os compostos do wash, especialmente os que contêm enxofre, removendo-os como um exorcista e livrando a bebida de seus demônios impuros.

A forma do pot still também é muito importante para obter uma boa destilação. Ou seja, não adianta pôr sua cerveja aguada em uma panela de cobre, ferver e achar que vai "dar bom", porque não vai dar certo.

Na base, o líquido é fervido. Subindo, você encontrará uma coluna e um pescoço por onde o vapor sobe. No topo, está o braço de lyne, por onde o vapor deixa o alambique e é direcionado ao condensador.

## Diferentes versões de pot still

O tamanho, as dimensões, a forma e a configuração de cada alambique são únicos. O corpo, a coluna e o pescoço podem ser moldados e dimensionados de acordo com o design, assim como o ângulo em que o braço de lyne é posicionado. O sistema de condensação ao qual um alambique se conecta também pode variar.

Ou seja, é tipo Lego.

- O corpo pode ser rechonchudo ou esguio.
- A coluna pode se erguer alta e estreita ou curta e robusta.
- O pescoço pode ter curvas suaves ou ângulos agudos.
- O ângulo do braço de lyne é crucial. Um ângulo mais íngreme pode produzir um whisky mais leve e delicado, enquanto um ângulo mais raso pode resultar em um espírito mais robusto e encorpado.

Nesse balé de cobre e vapor, cada alambique dança à própria maneira. Em outras palavras:

*Seu pote, suas regras.*
*Seu alambique, suas regras.*
*Seu pot still, suas regras.*

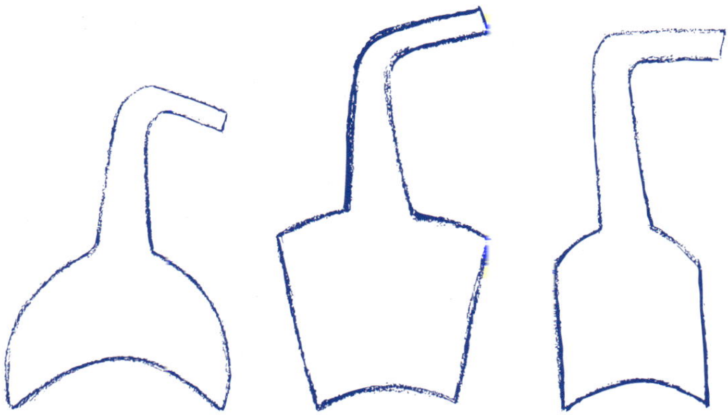

onion plain straight

Alguns exemplos de diferentes tipos de alambique (pot still)

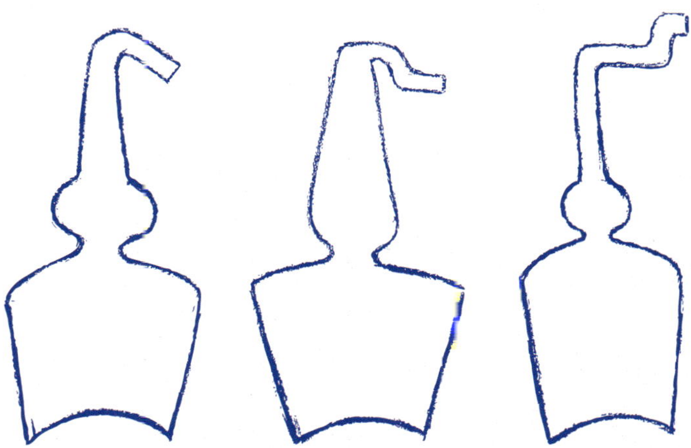

ball lantern ball

Muitas dessas diferenças de design são importantes simplesmente porque determinam a extensão do que é chamado refluxo dentro do alambique.

O refluxo é o processo em que o vapor condensa e retorna a líquido, passando novamente pelo ciclo de destilação. Esse ciclo contínuo de evaporação e condensação purifica o destilado, intensificando e refinando os sabores.

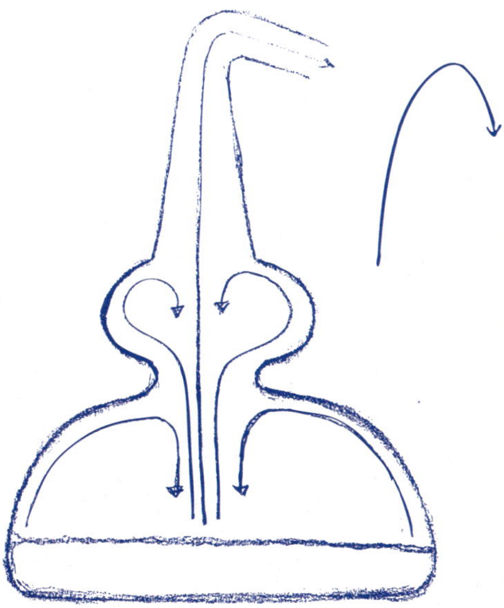

*Traduzindo...*

Para entender melhor, pense em algo do dia a dia. Você já precisou ferver a água para cozinhar arroz, sopa, macarrão ou qualquer outra comida? Parte do vapor sai da panela e, antes de ver essa fumaça subindo, você consegue sentir o cheiro da comida. Mas o que acontece com a parte interna da tampa da panela? Ela fica cheia de gotinhas de água, pingando de volta sobre a comida, não é? Pois é exatamente isso que está acontecendo dentro do pot still. A única diferença é que, em vez de sopa, você está fazendo whisky.

O refluxo é a chave para a pureza do whisky. Ele garante que apenas os componentes mais refinados permaneçam, removendo impurezas e criando um whisky de sabor profundo e complexo. É dentro dessas caldeiras de cobre, por meio desse ciclo incessante de evaporação e condensação, que a verdadeira magia do whisky acontece.

Assim como cozinhar transforma ingredientes crus em uma refeição deliciosa, o pot still transforma o wash bruto em um destilado refinado.

## Importância da água

A água é um ingrediente crucial na produção de whisky. Tão importante quanto o barril ou a cevada. A água acompanha todo o processo de criação do whisky, desde a maltagem até a diluição final antes do engarrafamento. A qualidade e a origem da água podem ter um impacto significativo no sabor e na pureza do whisky.

O fornecimento abundante de água é vital no processo de fabricação de whisky, e é por isso que, historicamente, as destilarias de whisky sempre estão localizadas perto de um riacho ou lago. A proximidade de uma fonte confiável de água garantiu que as destilarias pudessem operar continuamente.

- **Água de maturação:** água quente é adicionada ao grist para produzir o mash. É o primeiro passo da jornada, em que a cevada moída encontra seu parceiro líquido para iniciar a transformação.

- ***Água de resfriamento:*** água fresca em abundância é necessária para condensar o vapor de álcool de volta ao estado líquido durante a destilação. É como se o espírito fervente fosse domado, transformado novamente em líquido, pronto para ser envelhecido.

- ***Água de diluição:*** água pura é adicionada ao new make spirit para reduzir a força antes da maturação. Essa etapa é crucial para garantir que o whisky atinja a graduação alcoólica ideal para o envelhecimento.

- ***Água de lavagem:*** à medida que o equipamento de produção é limpo, gera águas de lavagem que devem ser tratadas como efluentes. É a parte menos glamourosa, mas essencial para manter o funcionamento da destilaria sem problemas.

Então, na próxima vez que você levantar um copo de whisky, lembre-se da água que deu início a tudo: a água que fervia o mash, que resfriava o vapor, que diluía o espírito e limpava os equipamentos. A água é a força vital silenciosa por trás de cada destilaria, ingrediente essencial que faz do whisky uma verdadeira obra de arte.

## Parte III - Barris, anjos e garrafas

Alguns anos se passaram desde o plantio da cevada nas terras da coroa. Muitos processos e perdas ocorreram ao longo do caminho. Apenas 10% do volume inicial do wash fermentado conseguiu se tornar um destilado de 60%-70% ABV, o new make spirit. E agora chegou o momento de transformar esse destilado em whisky de verdade.

Por lei, na Escócia, enquanto não for amadurecido por três anos em barris de carvalho, o destilado não pode se chamar whisky. Como toda lei, esta também chegou atrasada. Ela veio para regulamentar algo que os povos escocês e irlandês já haviam entendido e praticado por anos.

Eles perceberam que o destilado, quando envelhecido em barril de carvalho, transforma-se e ganha novos níveis de sabor, olfato e textura.

Não é como fazer picles, em que basta armazenar algo em um recipiente fechado por um tempo e está pronto. Trata-se de algo um pouco mais complexo e que exige um pouco mais de dedicação.

*Primeiro, vem o fogo.*

## Queima e torra

A maioria dos barris de carvalho passa por algum tipo de tratamento; eles podem ser queimados, torrados ou ambos.

Esses tratamentos são vitais para liberar os congêneres da madeira. A queima envolve incendiar a superfície interna do barril, quebrando a estrutura do carvalho. Com isso, o destilado penetra mais profundamente e interaje de maneira mais intensa com a madeira.

A camada de carvão resultante também serve como um filtro natural, removendo sabores indesejados, como o de enxofre.

Se para você o enxofre tem um cheiro desejável, bom, existem whiskies para você. Essa é apenas uma visão geral dos processos de queima e torra dos barris e por que eles ocorrem.

Aprendi os segredos que revelarei agora diretamente na EWA. Espero que você possa ter uma visão um pouco mais aprofundada de como ocorre esse processo de torra e queima dos barris de carvalho na Escócia.

Existem quatro graus de queima, cada um com a própria assinatura no processo de destilação:

- **Nº 1:** 15 segundos de chama lambendo a madeira.
- **Nº 2:** 30 segundos – intensificando a dança do fogo.

- ***Nº 3:*** 35 segundos – a madeira começa a se curvar ao calor.

- ***Nº 4:*** 55 segundos – são criadas camadas de carvão na superfície interna das aduelas, apelidada "queima de crocodilo" em razão da textura semelhante à pele de um réptil.

A torragem é um ritual diferente. Imagine o interior do barril aquecido por cerca de 15 minutos a 350 °C (662 °F). A torragem pode ser leve, média ou pesada, dependendo do desejo do destilador. Ao ajustar o tempo de exposição ao calor, ele escolhe entre uma torragem leve ou pesada.

Comparada à queima, a torragem geralmente adiciona mais cor e extratos ao destilado. No entanto, esse processo não é exato; depende da madeira, do nível de tratamento térmico e do destilado em maturação.

## Bourbon cask versus Sherry cask

O processo de queima e torra prepara o barril para receber o destilado, mas existem diferentes tipos de barris. *Que diferença faz no whisky?*

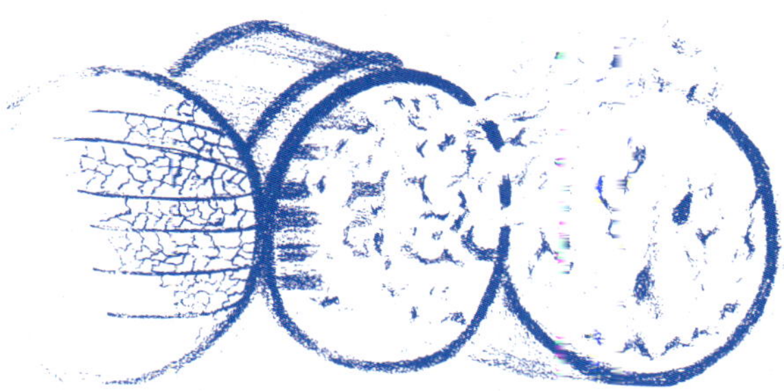

Em geral, os compostos que surgem do carvalho de bourbon *(bourbon cask/Quercus alba)* e do carvalho de xerez *(sherry cask/Quercus robur)* são semelhantes. Então, por que eles produzem sabores tão diferentes durante a maturação?

Isso se deve à interação com outros congêneres dentro do destilado. Além disso, as proporções dos compostos que emergem são diferentes.

- No carvalho de xerez, você obtém mais daquele sabor de frutas secas, castanhas e do próprio xerez.
- Já o carvalho de bourbon proporciona um sabor com tons mais familiares de baunilha e amanteigado.

## Entendendo o finishing

Imagine um destilado que passou anos em um barril, absorvendo tudo o que a madeira tinha para oferecer. Agora, para um toque final de magia, ele é transferido para um novo barril, de origem diferente. Exemplo: ele passou três anos em um ex-barril de bourbon e depois mais seis meses em um ex-barril de xerez.

Esse é o processo conhecido como finishing, em que o destilado se aventura em um segundo barril para adquirir novas camadas de sabor.

Hoje, essa prática se tornou comum e é frequentemente denominada maturação secundária. Após envelhecer em barris tradicionais, o destilado é movido para um novo tipo de barril por um período que pode variar de seis a 24 meses.

O primeiro barril deu a ele uma base sólida de sabores, mas é o segundo barril que adiciona aquelas notas finais de complexidade que fazem toda a diferença. Um barril de xerez pode envolver o destilado com nuances de frutas secas e especiarias, enquanto um barril de rum pode infundir uma riqueza tropical, com notas de açúcar mascavo e caramelo.

Esse acabamento não é apenas um processo técnico; é uma metamorfose. Cada barril, com a própria história, contribui para a criação de um destilado que é mais que a soma de suas partes. O resultado é um whisky com profundidade e caráter únicos, uma obra-prima líquida pronta para ser apreciada e celebrada.

### Angel's share

Você sabia que, ao longo dos anos em que o whisky descansa pacientemente em barris de carvalho, uma pequena parte dele evapora pela madeira?

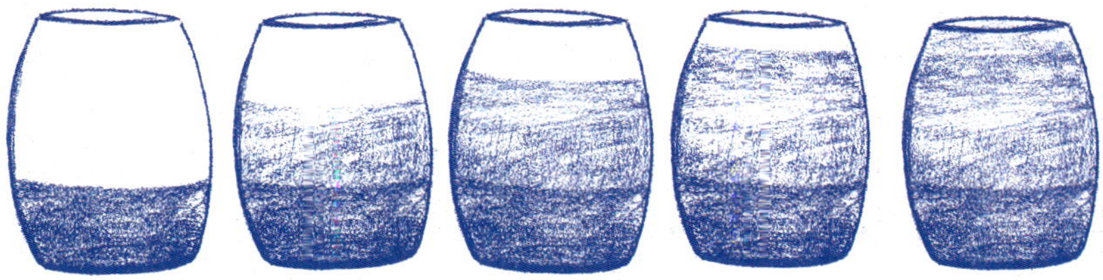

O angel's share é um lembrete constante do custo do envelhecimento. A cada ano, até 2% do volume do barril pode desaparecer para sempre, absorvido pelo ar, ou por um querubim.

Esse fenômeno físico ocorre em razão da umidade relativa do ar, que nada mais é que a quantidade de vapor de água no ambiente. As umidades interna e externa do barril tendem a tentar se balancear.

*Uma relação simples de se visualizar:*

- *Umidade alta: o álcool evapora mais que a água e deixa o whisky mais fraco.*
- *Umidade baixa: a água evapora mais que o álcool, aumentando assim a força alcoólica do whisky.*

As destilarias escocesas são o exemplo clássico de perda de 2% ao ano. Contudo, outros locais no mundo terão diferentes níveis de perdas e ganhos; tudo dependerá da umidade relativa do ar e de como os barris são armazenados durante os anos de envelhecimento.

Esse processo não é apenas uma curiosidade; ele também tem um impacto real no perfil de sabor do whisky. À medida que o destilado evapora, os componentes que permanecem no barril se concentram, intensificando sabores e aromas. O resultado é um whisky mais rico e complexo.

*Nota mental:* o new make spirit já era apenas 10% do volume inicial do wash, e agora ainda evapora com o tempo? E se pensarmos que são pelo menos três anos de maturação, já teremos mais 6% de perda. E agora, como você enxerga o valor de uma garrafa de whisky? Qual deveria ser o valor de um whisky 12 anos?

## Do barril à garrafa

Chegamos à última etapa da jornada de como fazer whisky! O whisky será finalmente engarrafado. Como o processo é praticamente todo automatizado, vou passar uma visão geral de como o engarrafamento ocorre, em cinco passos.

### 1. Recebimento do whisky

O whisky chega ao salão de engarrafamento em tanques a granel ou barris.

É transferido para um tanque (vat) na unidade de esvaziamento.

### 2. Filtragem física

Antes de entrar no tanque, o whisky passa por uma filtragem física para remover sólidos, como pedaços de carvão ou pequenas partes do barril.

### 3. Processo de "casamento"

Em algumas operações, o whisky é deixado no vat para "casar", processo que possibilita a homogeneização, garantindo que não haja camadas de concentração ou sabores. Um forte exemplo desse processo ocorre no single malt escocês Glenfiddich 15 anos, em que o whisky é deixado em grandes tonéis de carvalho por vários meses para garantir uma mistura uniforme de sabores complexos e consistentes.

Em algumas operações, também pode ser adicionado corante. O único permitido por lei é o corante caramelo E150a, pois ele é inodoro, insípido e contribui para padronizar a cor do whisky.

Em outras operações, o whisky vai diretamente para o processo de engarrafamento, sem o tempo de "casamento".

### 4. Linha de engarrafamento

O whisky é adicionado às garrafas na linha de engarrafamento.

As garrafas recebem rótulos e tampas (rolha ou metálica).

As garrafas são colocadas em embalagens adicionais, como caixas.

## 5. Controle de qualidade

Após o engarrafamento, o produto final é analisado para controle de qualidade.

Produtos de baixa qualidade são removidos ou retrabalhados.

O controle de qualidade envolve a análise da concentração de álcool, cor do whisky na garrafa e verificação visual de garrafa, tampas, rótulos e embalagens.

## Considerações adicionais

- *Automação:* o processo de engarrafamento é, em grande parte, automatizado, embora haja variações na indústria.
- *Homogeneização:* o "casamento" garante uma uniformidade no sabor do whisky, evitando variações entre garrafas.
- *Embalagem e rotulagem:* além do líquido, a embalagem e a rotulagem são componentes cruciais, garantindo a estética e a identificação do produto.

## Corante

Como já dito, o corante permitido por lei para ser usado no whisky é o caramelo E150a. Ele é amplamente utilizado para ajustar a cor do whisky, especialmente no whisky escocês, a fim de garantir consistência visual entre os lotes.

## Detalhes adicionais

- ***Caramelo E150a:*** é um corante alimentar natural derivado do aquecimento de carboidratos como o açúcar, sem a adição de agentes químicos. Existem quatro classes de caramelo - E150a, E150b, E150c e E150d -, mas o E150a é o mais comum no whisky.

- ***Legislação:***

  ***União Europeia:*** a regulamentação da União Europeia permite o uso do caramelo E150a no whisky. Esse corante deve ser declarado no rótulo.

  ***Estados Unidos:*** no caso do bourbon, a adição de corantes ou aromatizantes é proibida. Portanto, a cor do bourbon deve ser obtida exclusivamente por meio do processo de envelhecimento em barris de carvalho novos carbonizados.

  ***Outros países:*** as regulamentações podem variar, mas muitos países permitem o uso de caramelo E150a para ajustar a cor do whisky.

### Motivos para usar corante

- ***Consistência:*** garantir que todas as garrafas de whisky de determinado tipo tenham a mesma cor.

- ***Aparência:*** aperfeiçoar a aparência do whisky para torná-lo mais atraente para os consumidores.

## Redução do teor alcoólico (whisky aguado)

Toda a minha jornada fugindo da cerveja aguada me levou a um lugar muito inesperado.

Primeiro de tudo, whisky e cerveja são parentes e nem tão distantes assim. Os dois são filhos da cevada.

Depois, descobri que o whisky que você e eu bebemos é, na verdade, aguado. Na fábrica, antes de ser engarrafado, o whisky é diluído em água.

Talvez você não tenha percebido, mas eu já mostrei que os whiskies entram no barril com ABV entre 60%-70%, mas a conta não fecha. A conta não fecha! A maioria dos whiskies que bebemos tem teor alcoólico entre 40%-45%. Se você tiver um whisky em casa, pode pegar para comprovar.

*Como isso é possível? A resposta é tão simples que causa estranheza: água. Eles diluem o whisky que sai do barril antes de engarrafar.*

Imagine, se puder, o líquido âmbar que repousou por anos, absorvendo a essência da madeira, apenas para ser suavemente domado com a adição de água. É uma prática comum, um segredo conhecido pelos mestres destiladores, mas talvez não por todos os apreciadores de whisky.

A água não é uma vilã nessa história; ela é uma parte essencial do processo, destinada a trazer equilíbrio e revelar os sabores ocultos desenvolvidos durante a maturação. No entanto, há algo intrigante em saber que o destilado poderoso e robusto que emergiu do barril foi suavizado, tornando-se mais acessível e menos abrasivo para o paladar.

Essa descoberta, de que o whisky é diluído antes de ser engarrafado, adiciona uma camada de complexidade à apreciação dessa bebida histórica. Cada gole que você bebe é uma fusão cuidadosa de fogo e água, uma dança entre os elementos que definem a essência do whisky. E, assim, minha jornada de fuga da cerveja aguada me trouxe de volta a uma verdade inescapável: eu tomei gosto por bebida alcoólica aguada.

## Filtragem a frio (chill filtration)

A busca por conhecer mais sobre o mundo do whisky perfeito continuou a me revelar segredos que muitos não conhecem. Um desses segredos é a prática da filtragem a frio, ou chill filtration. Talvez você nunca tenha ouvido falar disso, mas é algo que afeta diretamente o whisky que bebemos.

Filtragem a frio é o processo em que o whisky é resfriado a temperaturas baixíssimas, geralmente em torno de 0 °C a -4 °C (32 °F e 24,8 °F), antes de passar por filtros que removem compostos, como ácidos graxos, ésteres e proteínas. Esses compostos podem fazer com que o whisky fique turvo quando resfriado ou misturado com gelo, e a filtragem a frio garante que a bebida permaneça cristalina, mesmo em condições adversas.

Parece uma prática inofensiva, mas isso causou um debate entre entusiastas. Alguns alegam que a filtragem tira algo do whisky e querem a bebida o mais natural possível. Já outros apreciadores reclamam, alegando que tem algo de errado no whisky que apresente algum tipo de folículo ou esteja meio turvo.

*Antes de cravar a resposta sobre se a filtragem a frio muda ou não o sabor, é importante entender po-
que a indústria do whisky a pratica.*

Em temperaturas prolongadas abaixo de zero, o single malt pode ficar turvo e, com o tempo, depositar pequenos flocos brancos. Isso era conhecido como floculação, ou chill haze. Apesar de ser reversível quando a bebida é movida para uma temperatura mais quente, esse fenômeno levantava preocupações sobre a qualidade.

Embora inofensiva e reversível, essa turvação era suficiente para causar alarme. Os consumidores associavam limpidez (clareza) a qualidade, e qualquer sinal de turbidez era visto como falha. Para as marcas de whisky, era uma batalha constante contra a natureza. Eles se viam forçados a retirar produtos das prateleiras ou a aumentar o teor alcoólico de seus whiskies para evitar a neblina indesejada.

A filtragem a frio surgiu como solução para o dilema. Ao resfriar o whisky e remover os compostos causadores da turvação, os destiladores garantiam um produto cristalino, independentemente das temperaturas que enfrentasse. No entanto, essa limpidez tinha um custo. Com a remoção desses compostos, algo da alma do whisky também foi perdido. Os ésteres e ácidos graxos que contribuem para a riqueza e profundidade do sabor eram sacrificados em nome da aparência.

O processo de filtragem a frio é, portanto, um compromisso. É um esforço para equilibrar a percepção de qualidade e a integridade do sabor. Ao segurar um copo de whisky perfeitamente límpido, você está segurando o resultado de decisões cuidadosas e difíceis. A limpidez que você vê é o resultado de um processo que busca garantir a perfeição visual, mesmo que, talvez, uma parte do espírito do whisky tenha sido deixada para trás, no frio.

## Plot twist filtrado

Quando estava concluindo meus estudos na EWA, tive uma aula muito importante sobre o tema filtragem a frio. O doutor Gordon Steele conduziu um experimento em larga escala para saber se, em um teste cego, as pessoas conseguiriam identificar qual whisky havia passado por filtragem a frio e, em caso positivo, qual whisky era considerado o melhor – com ou sem filtragem.

O estudo foi conclusivo e categórico.
*A filtragem a frio nada influencia na percepção dos sabores ou aromas do whisky.*

Eu gostaria de conduzir esse experimento também. Imagine a cena: entusiastas e especialistas em whisky, cada um jurando pela pureza do sabor com ou sem filtragem, reunidos em um ambiente controlado. Cada um recebe dois copos de whisky, sem saber qual foi filtrado a frio ou não. Eles cheiram, degustam e ponderam, certos de que podem discernir a diferença.

Quando os resultados são revelados, qual deverá ser a reação deles? Será que aceitam? Ou vão ignorar a verdade?

A lição aqui é clara. Quando você vir duas pessoas extremistas e irredutíveis brigando por algo comprovadamente indiferente, procure se informar um pouco mais antes de escolher qualquer lado. *Afinal, e se os dois lados estiverem errados?*

Assim, a filtragem a frio, que parecia ser um divisor de águas no mundo do whisky, revelou-se uma preocupação menor para mim. O verdadeiro segredo do whisky está em outros aspectos de sua criação – a qualidade da cevada, a pureza da água, o cuidado no processo de destilação e a magia dos barris de carvalho.

## Quais são os tipos de whisky?

Agora que já passamos por toda a jornada da produção do whisky, vou concluir este pequeno desvio de rota, chamado interlúdio, listando os principais tipos de whisky, sua região, a matéria-prima utilizada para criá-los e a regra principal de produção para que eles possam ser classificados naquela determinada categoria.

## Single malt whisky

*Região:* Escócia, Irlanda, Japão e maior parte do mundo.

*Ingredientes:* cevada maltada, água e levedura.

*Tempo de envelhecimento no barril:* mínimo 3 anos (essa regra pode variar em alguns lugares do mundo, contudo Escócia, Irlanda e Japão a seguem para produzir seus whiskies).

*Características:* produzido em apenas uma destilaria, 100% de cevada maltada, com o método de destilação em alambique de cobre (pot still).

*Variedades regionais:* quando produzido na Escócia, é denominado single malt scotch whisky.

## Blended whisky

*Região:* global (particularmente popular na Escócia, na Irlanda, no Canadá e no Japão).

*Ingredientes:* mistura de whiskies de malte e grão, água e levedura.

*Tempo de envelhecimento no barril:* mínimo 3 anos, dependendo da região.

*Características:* mistura de vários single malts e whiskies de grãos de diferentes destilarias, que resulta em um perfil de sabor mais equilibrado e consistente.

*Variedades regionais:* quando produzido na Escócia, é denominado blended scotch whisky.

## Single grain whisky

*Região:* global (particularmente, Escócia e Japão).

*Ingredientes:* pode conter qualquer tipo de grão (milho, trigo, centeio, cevada), além de água e levedura.

*Tempo de envelhecimento no barril:* mínimo 3 anos, dependendo da região.

*Características:* produzido em apenas uma destilaria, somente com um tipo de grão, mas pode incluir diferentes lotes de idade. Geralmente é destilado em column stills (alambiques de coluna).

*Variedades regionais:* quando produzido na Escócia, é denominado single grain scotch whisky.

## Blended grain whisky

*Região:* global (particularmente, Escócia).

*Ingredientes:* mistura de whiskies de grãos de diferentes destilarias, água e levedura.

*Tempo de envelhecimento no barril:* mínimo 3 anos, dependendo da região.

*Características:* perfil de sabor suave e consistente, combinando várias destilarias e tipos de grãos.

*Variedades regionais:* quando produzido na Escócia, chama-se blended grain scotch whisky.

## Blended malt whisky

*Região:* global (particularmente, Escócia e Japão).

*Ingredientes:* mistura de single malts de diferentes destilarias, água e levedura.

*Tempo de envelhecimento no barril:* mínimo 3 anos, dependendo da região.

*Características:* não contém whisky de grão, apenas uma combinação de diferentes single malts, que resulta em um whisky mais complexo e com múltiplas camadas de sabor.

*Variedades regionais:* quando produzido na Escócia, chama-se blended malt scotch whisky.

## Bourbon

*Região:* Estados Unidos (principalmente, Kentucky).

*Ingredientes:* pelo menos 51% de milho, além de centeio, trigo, cevada maltada, água e levedura.

*Tempo de envelhecimento no barril:* não há.

**Straight Bourbon:* mínimo 2 anos.

**Bottled-in-Bond Bourbon:* mínimo 4 anos, além de ser produto de apenas uma destilaria, de somente uma temporada de destilação, e engarrafado a 50% ABV (100 proof).

*Características:* envelhecido em barris de primeiro uso de carvalho americano carbonizado, geralmente com notas de baunilha, caramelo e carvalho.

## Rye whiskey

*Região:* Estados Unidos e Canadá.

*Ingredientes:* pelo menos 51% de centeio (Estados Unidos); pode variar no Canadá.

*Tempo de envelhecimento no barril:* mínimo 2 anos para o straight rye; sem tempo mínimo específico para o rye sem a designação straight.

*Características:* sabor mais picante e robusto comparado ao bourbon.

## Tennessee whiskey

*Região:* Tennessee (Estados Unidos).

*Ingredientes:* pelo menos 51% de milho, além de centeio, trigo, cevada maltada, água e levedura.

*Tempo de envelhecimento no barril:* sem tempo mínimo específico, mas geralmente envelhece por, pelo menos, 4 anos.

*Características:* similar ao bourbon, mas deve passar pelo processo Lincoln County, que envolve filtrar o whisky por meio de carvão antes do envelhecimento.

## Pot still irish whiskey

*Região:* Irlanda.

*Ingredientes:* cevada (maltada e não maltada), água e levedura.

*Tempo de envelhecimento no barril:* mínimo 3 anos.

*Características:* geralmente destilado três vezes, o que resulta em um whisky mais suave e leve.

*Variedades regionais:* pode ser rotulado como single pot still irish whiskey se produzido em uma única destilaria com cevada maltada e não maltada.

## Canadian whisky

*Região:* Canadá.

*Ingredientes:* mistura de grãos, geralmente com milho, centeio, trigo e cevada.

*Tempo de envelhecimento no barril:* mínimo 3 anos.

*Características:* geralmente suave e leve, com ampla variedade de perfis de sabor dependendo da mistura de grãos.

# Como "ler" seu whisky?

## Whisky escocês sem idade declarada no rótulo (no age statement - NAS)

Se o rótulo do whisky não declara uma idade, na grande maioria das vezes significa que a bebida tem, pelo menos, três anos. Em alguns países, como a Escócia, isso é exigido por lei, que obriga o whisky a envelhecer por, no mínimo, três anos antes de ser engarrafado e vendido.

## Whisky com idade declarada no rótulo

Quando a idade é declarada, a história fica um pouco mais interessante. Esse número indica a idade do destilado mais jovem na mistura. Por exemplo, o Black Label 12 anos contém destilados de várias idades, mas o mais jovem tem 12 anos. Pode haver destilados mais antigos na mistura, mas nenhum pode ser mais jovem que 12 anos.

## Whisky com ou sem idade declarada e o termo "cask finished"

Se o rótulo inclui "cask finished", significa que o destilado passou por uma segunda camada de envelhecimento em um barril diferente, adicionando mais complexidade e sabores à bebida. Por exemplo, a descrição oficial do Chivas Regal XV anos diz: "(...) maturação de 15 anos, sendo finalizado de maneira seletiva em barris de carvalho francês." Isso quer dizer que ele é composto de destilados de, pelo menos, 15 anos de envelhecimento e, antes de ser engarrafado, esse whisky amadurece de 1 a 24 meses em barris de carvalho francês.

### Whisky com ou sem idade declarada e o termo "cask strength"

Quer dizer que o whisky de sua garrafa tem o mesmo teor alcoólico de quando estava no barril. Lembrando que um new make spirit pode chegar a 65% de teor alcoólico antes de ser maturado em um barril. Esteja atento ao termo cask strength no rótulo, pois indica que o teor alcoólico do whisky varia entre 50% e 60%. Esses whiskies não são indicados para quem está começando a jornada do whisky.

### Whisky com ou sem idade declarada e o termo "single cask" ou "single barrel"

Os dois termos têm o mesmo significado: esse whisky veio de um único barril. Simples assim.

Diferentemente de um single malt, cujo termo "single" se refere ao fato de o whisky ser produzido por apenas uma destilaria, mas cuja composição pode ser proveniente de diversos barris.

### Whiskey bourbon sem idade declarada no rótulo

No caso do bourbon, se não há idade no rótulo, ele tem pelo menos um dia de maturação, já que a lei não exige um tempo mínimo de maturação compulsória.

### Whiskey bourbon ou rye com a palavra "straight" no rótulo

Se no rótulo há "straight", o whisky tem pelo menos dois anos de envelhecimento. Isso é um requisito legal para que o produtor possa usar a designação "straight bourbon" ou "straight rye".

### Whiskey bourbon com a expressão "bottled-in-bond" no rótulo

Quando o rótulo exibe "bottled-in-bond", o bourbon tem, pelo menos, 4 anos de envelhecimento. Essa designação legal exige que o whisky seja envelhecido por um mínimo de 4 anos para garantir a qualidade e a autenticidade do produto.

Cada rótulo conta uma história, cada garrafa guarda um pedaço do tempo. Com esses conhecimentos, você pode escolher qual será seu próximo whisky.

## Fim do interlúdio

São anos cultivando a cevada, germinando, fermentando, destilando, e no fim sobra para você apenas 10% de destilado para amadurecer em barris de carvalho, que por sua vez também têm perda com o angel's share.

*Tenha isso em mente na próxima vez que falarem para você que whisky é uma bebida cara.*

O que você vê na prateleira não é apenas uma garrafa de bebida; é o resultado de décadas de trabalho, investimento e amor ao whisky.

Essa é a principal razão pela qual minhas avaliações têm como nota-base 6,5. Abaixo de 6,5 seria negar a essência de toda a jornada do whisky.

A maneira certa de se beber whisky inclui todas as maneiras. Seu whisky, suas regras.

Whisky com gelo, sem gelo, com água, sem água, em um drinque ou como ingrediente secreto de seu risoto. Todas as maneiras de se apreciar um bom, ou nem tão bom, whisky são legítimas e corretas.

Contudo, ao longo de minha jornada, eu aprendi algumas técnicas e ferramentas que me ajudaram a extrair o máximo de minha experiência degustativa em whisky.

12
17
12
MASTER
18
XII 12

# Ato 2

*Degustar whisky*

## Antes de degustar

Escolher o whisky e o copo são apenas os dois primeiros passos de sua degustação de whisky. Sempre que faço minhas degustações, sigo o checklist que aprendi no livro *Whisky: a tasting course*, de Eddie Ludlow. Se conseguir aplicar todos os itens da lista, você estará mais que preparado para elevar sua jornada do whisky a outro nível.

1. **Ambiente:** no momento de provar o whisky, garanta um ambiente calmo, que facilite sua concentração. Pode parecer meio bobo, mas tentar sentir os aromas de uma bebida em um local com muito barulho, piscar de luzes e em posição desconfortável pode atrapalhar, e muito, toda a experiência.

2. **Comida:** atenção ao quê e quando comeu. Tento comer preferencialmente algo leve uma hora antes de apreciar um bom whisky. Whisky em estômago muito vazio ou muito cheio pode descer "errado" e causar um pouco de azia. Respeite a força do álcool de seu whisky.

3. **Petisco:** escolha um biscoito água e sal, mas com baixo teor de sódio. Quanto mais neutro for o sabor do biscoito, melhor. Ele serve para limpar suas papilas gustativas; quanto mais neutro, melhor para não atrapalhar a degustação.

4. **Água:** separe uma água sem gás e outra com gás. A água sem gás em temperatura ambiente pode ser utilizada no whisky para diluí-lo e ajudar você na degustação. A água com gás é para você beber, pois ajudará a limpar seu paladar.

5. ***Caderno, canetas ou celular:*** faça anotações sobre suas degustações. Acredite: sua memória vai falhar mais vezes do que você imagina. Mantenha sempre um registro sobre o que está sentindo e, ao revisitar um mesmo whisky, compare as anotações. Você também pode registrar sua degustação em vídeo e postar na internet; foi o que eu fiz.

6. ***Ordem de degustação:*** se estiver provando mais de um whisky, sempre vá do menor grau alcoólico para o maior. Ou do mais fraco ao mais forte. Tente também se manter dentro da mesma categoria. Ex.: bourbon *versus* bourbon; com a prática e mais entendimento sobre o que aquela categoria proporciona, você pode começar a se aventurar em testes entre categorias.

7. ***Tamanho da dose:*** se você for a um bar e pedir uma dose de whisky, ela pode variar de acordo com o país ou lugar. Normalmente, será servido a você entre 30 ml e 50 ml. Em uma degustação, porém, principalmente se estiver degustando mais de um whisky, 15 ml serão suficientes para você fazer seu exercício. Lembre-se de que o whisky é uma bebida cujo ABV inicial é 40%, portanto aprecie com moderação e abuse de petiscos e água.

8. ***Saúde:*** faça degustações apenas com a saúde a 100%. Tentar sentir os aromas de um whisky com o nariz entupido não é o ideal.

9. ***Sem pressa:*** aprecie seu whisky com moderação e sem pressa. Mantenha o foco, sinta os aromas e sabores, faça anotações, limpe o paladar e, se necessário, limpe sua taça.

## Tipo de copo

Beber whisky diretamente da garrafa pode parecer divertido em uma festa que saiu um pouco do controle. Ou se você acha romântica a visão do protagonista perturbado dos filmes noir do século XX.

Para todos os outros momentos, um copo é o recomendado para apreciar o nosso whisky. Parece muito simples e óbvio, mas o tipo de copo que você escolhe fará toda a diferença no momento de degustar o whisky.

Vou listar os principais tipos de copos, ou taças, para degustar whisky, mas tenha em mente que a finalidade do produto é ajudar você a sentir melhor os aromas de seu whisky.

- ***The Tuath:*** a palavra "tuath", em gaélico irlandês, pode ter vários significados, como "tribo", "nação" ou "pessoas". Conhecido como copo irlandês de degustação de whisky, ele pode ajudar a dissipar o álcool de whiskies muito fortes, com teor alcoólico muito alto, para facilitar o olfato. Contudo, se o whisky já for fraco, esse copo pode dificultar a degustação, uma vez que dissipará um aroma já fraco. O que é um whisky forte?

Ou whisky fraco? É uma resposta muito pessoal, mas eu consideraria whiskies com ABV acima de 50% para cogitar utilizar essa taça.

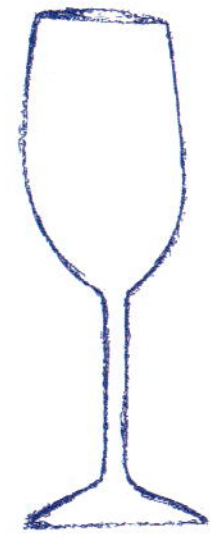

- ***Taça ISO:*** feita pelo francês Jules Chauvet para aprimorar a experiência sensorial de bebidas em geral. É o melhor custo-benefício que temos no Brasil e, não se engane, essa taça é perfeita para você apreciar e estudar seu whisky. Ela é muito usada em competições ou até por master blenders e master distillers na criação de novos whiskies.

*Neat é o acrônimo de Naturally Engineered Aroma Technology (tecnologia de aroma naturalmente projetada)*

- ***Neat Glass:*** foi criado por George Manska com o intuito de melhorar e facilitar ainda mais a degustação de destilados em geral, especialmente os mais fortes. Promete reduzir a queimação alcoólica no nariz e facilitar a percepção do bouquet de aromas que o destilado pode proporcionar.

- ***Tumbler ou Rock Glass:*** é o clássico copo de whisky com gelo. Diferentemente das propostas das outras taças, que nem mesmo consideram o espaço do gelo e se o degustador tem a intenção de apreciar o whisky puro, o copo Tumbler, ou Rock Glass, foi feito para a degustação do whisky com uma boa e grande pedra de gelo. Perfeito para degustar bourbons ou blended whiskies.

- *Norlan Glass:* feito pelo master distiller Jim McEwan, é mais uma opção de copo para sua degustação. Ele tem parede dupla, o que dá a impressão de existir um copo dentro de outro. É recomendado para apreciar whisky puro e proporcionar uma experiência mais luxuosa.

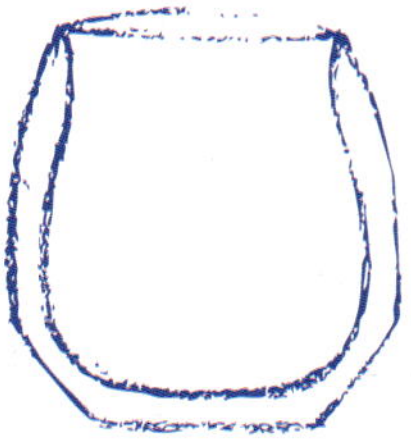

- *Taça Glencairn:* taça preferida por quase todos os entusiastas e apaixonados por whisky, inclusive por mim. Criada por Raymond Davidson, a taça Glencairn tem 5 milhões de unidades vendidas por ano. Isso tudo porque ela foi projetada para extrair o máximo dos aromas do whisky. Todo apreciador de whisky deveria ter pelo menos uma para comparar com outras taças e entender a diferença de resultado.

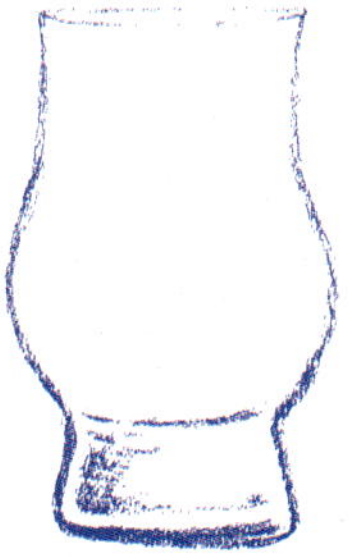

## Olfato

Mais de 80% da experiência de degustação e apreciação do whisky está ligada ao olfato. Para muitos, isso é empolgante, mas para mim foi motivo de grande apreensão. Sofro com desvio de septo e tenho alergia a perfumes e odores fortes. No entanto, não desanime.

Mesmo enfrentando essas limitações, fui capaz de mergulhar nos aromas ricos da cevada maltada e, ainda assim, desfrutar plenamente a complexidade que o whisky tem a oferecer.

Para o senso comum, o paladar é o fator principal ao degustar um destilado, mas isso está longe de ser verdade. Eu só entendi essa verdade depois de ler dois livros sobre o tema, que demonstram a real importância do olfato no momento de apreciar um bom whisky.

No livro *Whisky classified: choosing single malts by flavour*, Whishart (2006) menciona que, para cada papila gustativa, existem cerca de 10 mil receptores olfativos no nariz. Ele também destaca que muitos master blenders, ao criar ou testar whiskies, com frequência nem mesmo os bebem, trabalham apenas com os aromas.

Em *Whisk(e)y distilled: a populist guide to the water of life*, Heather Greene (2014) explica que o sistema olfativo está diretamente conectado à parte mais antiga do cérebro, o sistema límbico, responsável pelas emoções e pela memória. Por isso, o olfato é tão poderoso, a ponto de fazer com que você saiba como agir mesmo sem treinamento prévio.

Quando começamos a sentir os aromas do whisky, é muito possível que, inicialmente, surjam imagens ou lugares da infância como referência. Em vez de dizer que um whisky tem notas salinas, você dirá "Lembra a praia".

Essa ativação da memória, do afeto e da emoção vão elevar sua degustação a outro nível de apreciação.

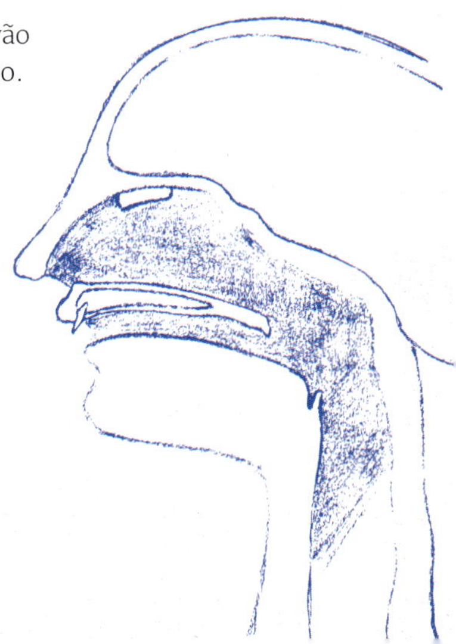

## Limpe sua taça

O termo, a prática, a expressão que viralizou. Nada mais é que uma técnica que pode ajudar você na hora de sentir os aromas do whisky.

Em 2020, eu comecei a postar vídeos na internet, documentando minhas degustações e meus aprendizados no mundo do whisky. A minha vontade sempre foi registrar os passos que uma pessoa comum seguiria até se tornar um sommelier de whisky.

Em uma das etapas da caminhada, deparei-me com uma dificuldade: não conseguia sentir todos os aromas que eu supostamente deveria estar sentindo. Esse incômodo aumentava, principalmente ao ler reviews na internet sobre determinado whisky ter cheiro de bala de caramelo com extrato de baunilha, e tudo que eu sentia era um cheiro forte de álcool.

Tudo isso mudou quando me deparei com um vídeo, no YouTube, de um dos maiores nomes do mundo do whisky. Ele dizia para limpar a taça antes de tentar sentir os aromas. Seu nome é Richard Paterson.

### *O que é o "Limpe sua taça"?*

Você coloca um pouco de whisky em sua taça, gira o líquido no copo e, depois, descarta-o. Efetivamente, isso faz com que a taça fique suja de whisky e limpa de todos e quaisquer outros elementos.

Após o descarte, espere 10 segundos e tente sentir os aromas da taça; verá que o álcool se fora e apenas o bouquet do whisky ficou. Será muito mais fácil achar sua bala de caramelo com extrato de baunilha.

*Agora vamos a um contexto cultural*

Na Escócia, essa é uma prática comum. Ao apreciar whiskies diferentes em um mesmo copo, para não misturar os sabores você coloca um pouco do whisky, roda o líquido e joga fora. Assim, elimina o conteúdo anterior e deixa o copo pronto para o novo whisky.

No Brasil, essa prática é considerada chocante. Muito se deve ao fato de não termos o costume de apreciar o whisky por seus sabores e aromas, mas, sim, para buscar o efeito do álcool em nosso sangue.

Outro ponto que assusta é o valor do whisky. No Brasil, uma garrafa é muito mais cara que na Escócia, então há um assombro com a imagem do desperdício de dinheiro.

Você não precisa fazer o "limpe sua taça" se não fizer sentido para você. Mas, caso queira fazer, faça apenas com seu whisky, em seu ambiente controlado e não mais que três vezes. A ideia é ajudar você a passar pela barreira do álcool e sentir os aromas do whisky.

Se você já entendeu os aromas de um whisky, ou se seu olfato já está acostumado com destilados de alto teor alcoólico, limpar sua taça não trará um ganho significativo para sua degustação.

## Visão

Qual é a importância da cor do whisky? Sempre pensei que, quanto mais escuro, melhor, mais velho e mais caro ele seria.

Eu estava enganado. Isso, no entanto, não significa que o aspecto visual não tenha importância em uma degustação de whisky - talvez apenas de maneira diferente da que costumamos imaginar.

- **Cor:** a cor do whisky vem diretamente da troca com o barril. Todo new make spirit, ou seja, o whisky antes de ser maturado, é tão transparente quanto a água e adquire cor apenas após o período de envelhecimento em barricas de carvalho.

- **Corante caramelo (E150a):** outra fonte de tonalidade do whisky vem do corante caramelo E150a, que tem o principal objetivo de manter um padrão visual na produção.

- Ao girar o whisky na taça, você poderá observar o líquido descendo lentamente pelas paredes do copo. A velocidade com que essas lágrimas escorrem pode indicar o teor alcoólico: quanto mais lentamente deslizam, maior o teor alcoólico. Mas é importante não confundir esse efeito com a qualidade do whisky, pois essa observação não apresenta nenhuma indicação a respeito.

De acordo com o livro *Whiskey: a tasting course*, de Eddie Ludlow, as possíveis cores do whisky, sem adição de corantes, são variadas e refletem a interação do destilado com as barricas de carvalho durante a maturação.

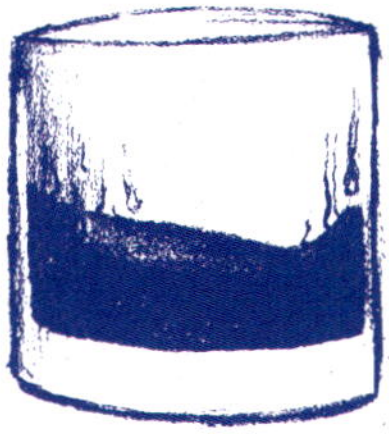

Gin clear
White wine
Pale straw
Light gold
Pale gold
Golden straw
Yellow gold
Pale amber
Golden amber
Rich amber
Rich gold
Burnt amber
Burnished copper
Chestnut/Olorosa sherry
Russel/ Muscat
Tawny
Auburn
Mahogany
Burnt umber
Old oak
Brown sherry
Treacle

## Paladar

O sentido mais utilizado nas degustações de qualquer tipo de bebida é o paladar. Ele ocorre em nossa boca, mais precisamente nas papilas gustativas da língua e do palato mole.

Existem cinco gostos primários: doce, azedo, salgado, amargo e umami. Este último foi identificado pela primeira vez pelo químico e professor japonês Kikunae Ikeda em 1908, embora tenha sido reconhecido como gosto primário apenas recentemente.

O gosto umami pode ser encontrado no tomate, molho de soja, queijo parmesão e aji-no-moto.

Uma ótima dica que aprendi no curso Understanding Scotch Malt Whiskey, do Whiskey Masters, é enxaguar a boca com água antes de tomar um gole, especialmente quando o whisky tiver alta graduação alcoólica.

Nesse mesmo curso, aprendi também que, apesar de a língua coletar apenas os dados primários mencionados anteriormente, muitas vezes conseguimos perceber muito mais. Isso ocorre porque, na boca, os aromas são detectados pelo nariz por meio da passagem retronasal. Os compostos aromáticos voláteis presentes na boca são identificados pelo epitélio olfativo por meio dessa passagem. Em essência, o sabor completo é uma combinação dos gostos primários e dos aromas.

## Tato

O tato é o sentido menos observado em uma degustação de whisky ou outros destilados de alto teor alcoólico. Mas é o segundo de nossos sentidos a ser ativado no momento da experiência, logo após a visão.

Com o tato, conseguimos identificar a temperatura e a textura dos elementos. Por exemplo, a queimação que sentimos ao tentar captar os aromas do whisky ou a ardência física na boca ao degustá-lo é o tato comunicando o que ele está experimentando.

No início, eu me concentrava em perceber se o whisky causava ou não uma sensação de queimação no nariz ao sentir o aroma. Acreditava que, menor a queimação, maior a qualidade do whisky.

Hoje, entendo que existem nuances além dessa visão binária de "queima ou não queima" e que essas sensações físicas, quando isoladas e fora de contexto, não definem necessariamente se um whisky é bom ou ruim.

## Degustando whisky

Depois de toda essa preparação e contextualização, vamos abrir nosso whisky e nos servir um copo. Para degustar, especialmente se estiver usando uma régua de degustação entre 3 e 5 copos, você não precisa de mais que 15 ml por taça.

### 1º passo

Analise a cor de seu whisky. Mesmo que ele tenha corante, nesse primeiro momento é importante você criar bagagem visual sobre as possíveis cores da bebida. A cor de um whisky sem corante pode ajudar você a decifrar o tipo de barril em que ele foi envelhecido.

### 2º passo

Molhe com whisky as paredes internas do copo e veja as lágrimas (*tears*) descerem. Alguns profissionais não gostam de agitar o whisky, pois ele já é muito volátil, então tente fazer essa etapa gentilmente.

### 3º passo

Sinta os aromas do whisky. Faça devagar e respeite seu nariz. Se posicionar todo o nariz no copo e inspirar com muita força, o alto teor alcoólico vai queimar seus receptores olfativos e você não sentirá os aromas por uns 15 minutos. Caso tenha dificuldades nessa etapa, limpe sua taça.

### 4º passo

Tome um gole, mas um gole pequeno. Como se você estivesse tomando um café muito quente. Esse gole serve apenas para aclimatar a boca ao teor alcoólico. No segundo gole, tente "mastigar" um pouco o whisky e sentir os sabores, tanto na boca quanto após a ingestão.

### 5º passo

Anote todas as sensações, todos os aromas e sabores que você sentiu nas etapas do processo. No olfato, na boca e na finalização, que ocorre após engolir o whisky.

### 6º passo

Repita o ciclo, mas agora com o mesmo whisky diluído em água. Você colocará, no máximo, duas gotas de água em seu copo e repetirá a degustação. Com isso, novos sabores e aromas, antes escondidos, podem aparecer.

## Registrando sua degustação

Existem duas maneiras de você registrar suas degustações: *a objetiva e a subjetiva.*

*Subjetiva:* a subjetiva é a maneira pela qual todos nós começamos. Aqui, você está livre para explorar e falar abertamente suas impressões sobre o whisky. Suas melhores armas são a imaginação e as memórias, sem treinamento formal e com descritores criativos e pessoais.

Você pode abusar de metáforas, comparando aromas a elementos cotidianos e utilizando termos abstratos para descrever impressões gerais sobre o whisky. A única exigência é você se fazer entender; às vezes, usar uma referência que ninguém entenda não vai ajudá-lo a abrir uma conversa enriquecedora sobre aquele whisky que você degustou.

*Objetiva:* a análise objetiva tem vocabulário próprio e busca descrever apenas "o que está presente", limitando ao máximo as interpretações da pessoa que está degustando.

Esse tipo de avaliação é feito por especialistas sensoriais em laboratórios de empresas de whisky. E o vocabulário utilizado é restrito, técnico, muitas vezes derivado da química e voltado para a comunicação entre colegas.

Nós, entusiastas e amantes da água da vida, podemos e devemos utilizar esses dois tipos de análise ao avaliar um whisky.

Para aplicar a análise subjetiva não tem mistério, ela será o modo mais primário e reativo de analisar o whisky. Contudo, para fazer uma análise objetiva, temos de nos apossar de um vocabulário padrão.

## Roda de sabores e aromas

No fim da década de 1970, o Scotch Whisky Research Institute (SWRI) desenvolveu a primeira roda de sabores do whisky escocês. Essa ferramenta foi criada para ajudar tanto os entusiastas quanto os profissionais do whisky a identificarem e articularem melhor a complexa gama de sabores e aromas.

Como podemos utilizar uma roda de sabores? No livro *The complete whiskey course: a comprehensive tasting school in ten classes*, Robin Robinson nos ensina:

"Uma roda de sabores deve ajudar você a encontrar a palavra certa para descrever o aroma e sabor que já está percebendo. Não se deixe confundir por todas as palavras nas diferentes camadas da roda; quanto mais distante do centro, mais subjetiva é a palavra, servindo apenas como um guia."

*Quanto mais próximo do centro da roda, mais objetivo e primário é o sabor.*

Da esquerda para a direita, começando em turfa e terminando em rançoso/velho, você tem os aromas primários. Todos diferentes entre si: doce é diferente de frutado, que é diferente de floral.

Se você não tem certeza do que significa um aroma primário, olhe o aroma secundário. *Por exemplo:* "turfa", olhe para a descrição adjacente no segundo círculo: fumaça, medicinal, queimado. Com o tempo, você vai dominar a primeira roda de sabores e seguir naturalmente para os outros níveis.

As três últimas características da esquerda para a direita na roda primária são especiais. A primeira nos mostra os sabores primários e quais são suas palavras "oficiais". *Por exemplo:* se sentir um gosto amargo, você vai dizer que sentiu tanino.

As duas últimas nos mostram os efeitos físicos que podemos ter ao degustar um whisky. Talvez a boca fique ressecada ou salive, nosso nariz pode queimar ou coçar.

Em pouco tempo, você vai dominar a roda de sabores e conseguir mesclar análises objetivas e subjetivas. E lembre-se sempre: não existe análise certa ou errada; seu whisky, suas regras. O que você sente é o correto.

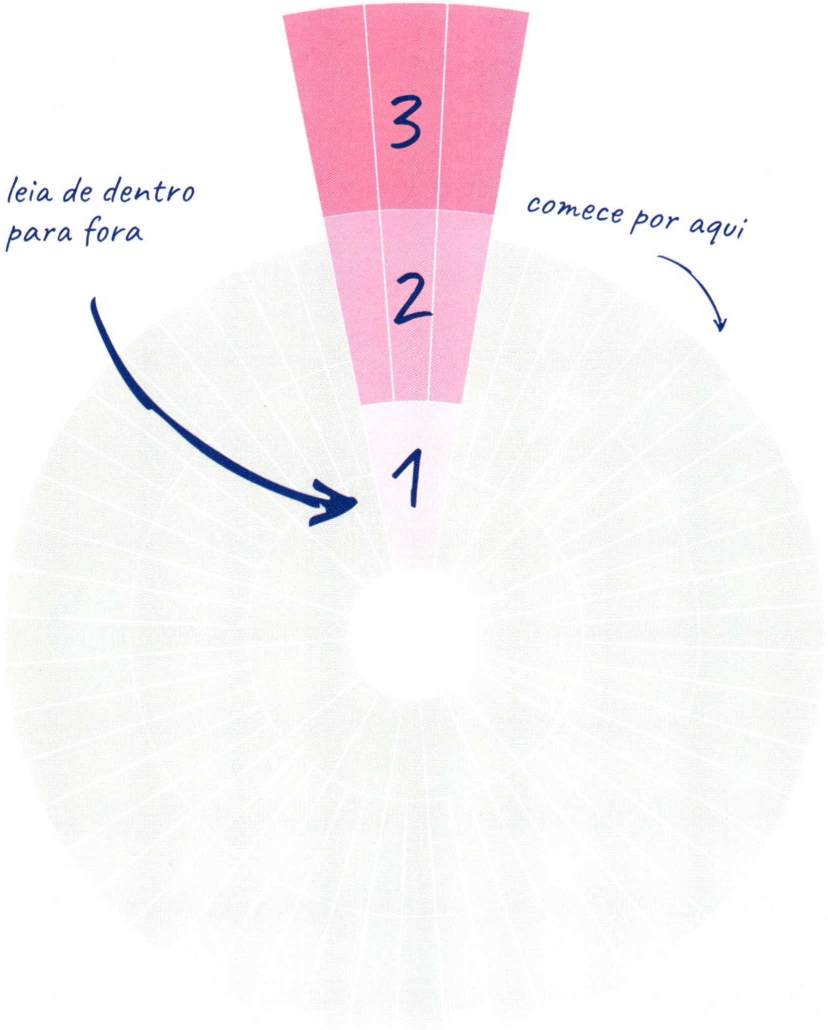
3
2
1
leia de dentro
para fora
comece por aqui

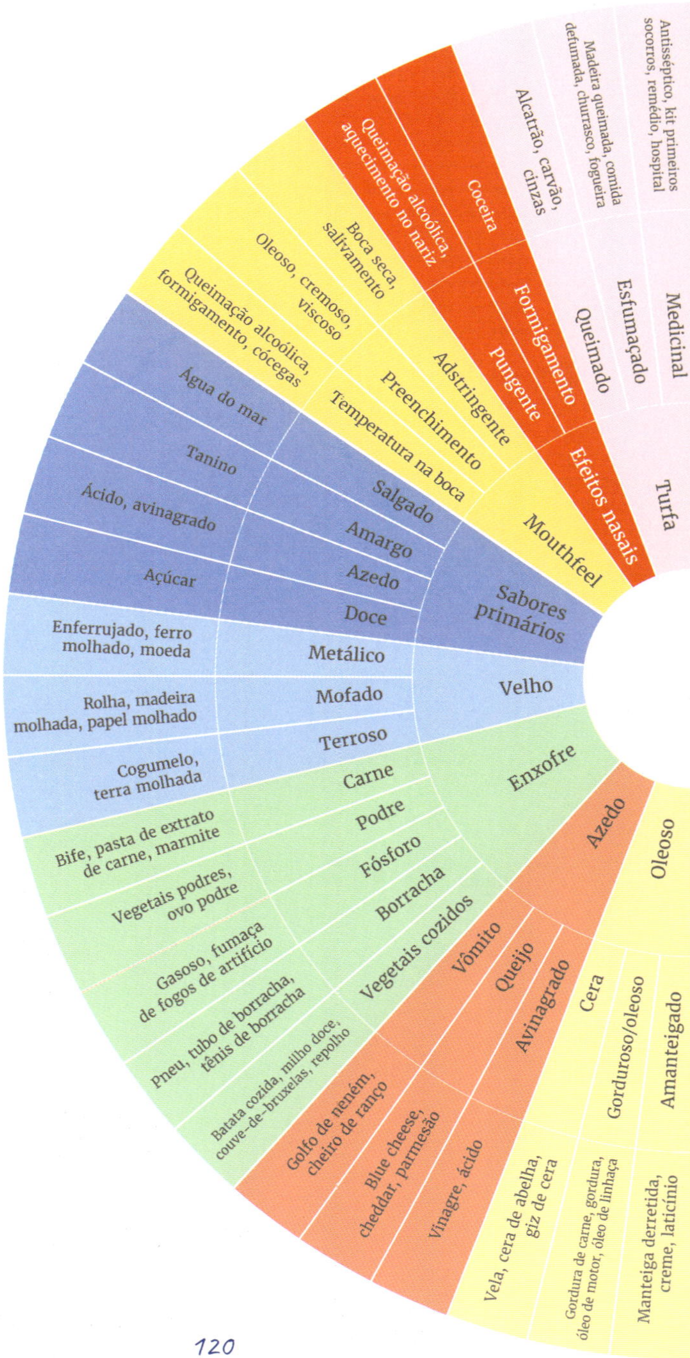
Turfa
Medicinal
Antisséptico, kit primeiros socorros, remédio, hospital
Esfumaçado
Madeira queimada, comida defumada, churrasco, fogueira
Queimado
Alcatrão, carvão, cinzas
Efeitos nasais
Formigamento
Coceira
Pungente
Queimação alcoólica, aquecimento no nariz
Mouthfeel
Adstringente
Boca seca, salivamento
Preenchimento
Oleoso, cremoso, viscoso
Temperatura na boca
Queimação alcoólica, formigamento, cócegas
Sabores primários
Salgado
Água do mar
Amargo
Tanino
Azedo
Ácido, avinagrado
Doce
Açúcar
Velho
Metálico
Enferrujado, ferro molhado, moeda
Mofado
Rolha, madeira molhada, papel molhado
Terroso
Cogumelo, terra molhada
Enxofre
Carne
Bife, pasta de extrato de carne, marmite
Podre
Vegetais podres, ovo podre
Fósforo
Gasoso, fumaça de fogos de artifício
Borracha
Pneu, tubo de borracha, tênis de borracha
Vegetais cozidos
Batata cozida, milho doce, couve-de-bruxelas, repolho
Azedo
Vômito
Golfo de neném, cheiro de ranço
Queijo
Blue cheese, cheddar, parmesão
Avinagrado
Vinagre, ácido
Oleoso
Cera
Vela, cera de abelha, giz de cera
Gorduroso/oleoso
Gordura de carne, gordura, óleo de motor, óleo de linhaça
Amanteigado
Manteiga derretida, creme, laticínio

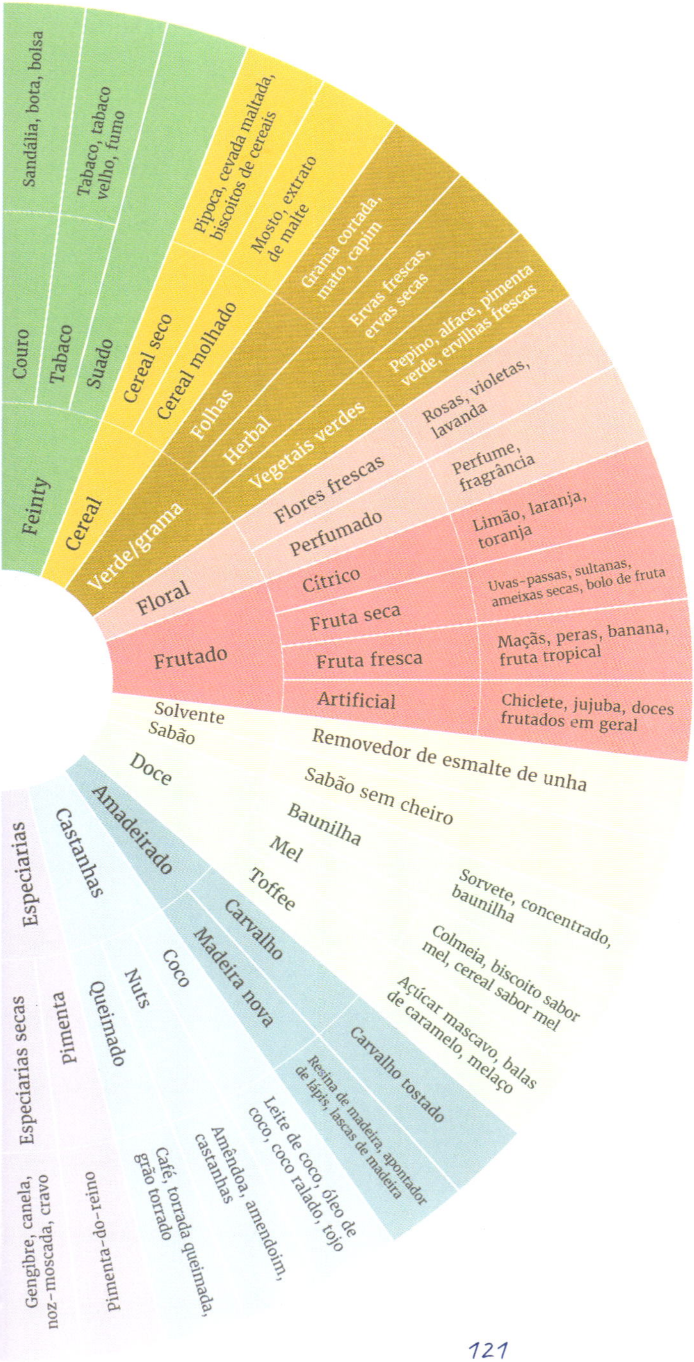
Feinty
Couro
Sandália, bota, bolsa
Tabaco
Tabaco, tabaco velho, fumo
Suado
Cereal
Cereal seco
Pipoca, cevada maltada, biscoitos de cereais
Cereal molhado
Mosto, extrato de malte
Verde/grama
Folhas
Grama cortada, mato, capim
Herbal
Ervas frescas, ervas secas
Vegetais verdes
Pepino, alface, pimenta verde, ervilhas frescas
Floral
Flores frescas
Rosas, violetas, lavanda
Perfumado
Perfume, fragrância
Frutado
Cítrico
Limão, laranja, toranja
Fruta seca
Uvas-passas, sultanas, ameixas secas, bolo de fruta
Fruta fresca
Maçãs, peras, banana, fruta tropical
Artificial
Chiclete, jujuba, doces frutados em geral
Solvente
Removedor de esmalte de unha
Sabão
Sabão sem cheiro
Doce
Baunilha
Sorvete, concentrado, baunilha
Mel
Colmeia, biscoito sabor mel, cereal sabor mel
Toffee
Açúcar mascavo, balas de caramelo, melaço
Amadeirado
Carvalho
Carvalho tostado
Madeira nova
Resina de madeira, apontador de lápis, lascas de madeira
Castanhas
Coco
Leite de coco, óleo de coco, coco ralado, tojo
Nuts
Amêndoa, amendoim, castanhas
Queimado
Café, torrada queimada, grão torrado
Especiarias
Pimenta
Pimenta-do-reino
Especiarias secas
Gengibre, canela, noz-moscada, cravo

# A jornada do whisky

*Antes do fim, o começo.*

Reservei para a seção final uma seleção de degustações que, para mim, foram as mais memoráveis. Cada uma delas trouxe ensinamentos únicos e acredito que possam oferecer a você novas perspectivas em sua jornada.

Note que optei por incluir apenas whiskies vendidos no Brasil. Essa escolha reflete minha missão de democratizar a cultura do whisky. Afinal, sou um brasileiro escrevendo em português para outros brasileiros. Portanto, o mais sensato é focar whiskies que meus amigos possam acessar com facilidade, pois isso tornará possível compartilharmos, mesmo a distância, uma boa taça de whisky.

Sempre que precisar de companhia, ou de mais uma voz na roda de conversas, abra essa parte de meu diário. Leia meus pensamentos sobre cada garrafa e considere que estamos juntos.

**Nota:** por tudo que já disse até o momento, eu não dou nota abaixo de 6,5. Tenha isso em perspectiva ao ver minhas notas.

**Degustação:** todos os whiskies foram provados por mim, sem adição de gelo ou água, sempre em taça ISO ou glencairn.

**Nariz, boca e finalização:** estou ancorado na roda de sabores da SWRI ao descrever as características do whisky.

# Achando seu whisky

Separei em ordem alfabética, por país, tipo de whisky e garrafa. Um exemplo de como está estruturado:

| Região | Categoria | Whisky |
|---|---|---|
| Escócia | Blended scotch whisky | Chivas Regal 12 |
| | Blended scotch whisky | Johnnie Walker Black Label |
| | Single malt scotch whisky | Dalmore 12 |
| | Single malt scotch whisky | Glenfiddich 15 |
| Estados Unidos | Bourbon | Maker's Mark |
| | Tennessee whiskey | Jack Daniel's Old No. 7 |
| Irlanda | Blended irish whiskey | Jameson |
| | Single pot still whisky | Redbreast 12 |
| Japão | Blended japanese whisky | Hibiki Harmony |
| | Single malt japanese whisky | Yamazaki 12 |

JORNADA DO WHISKY
Brasil
Escócia

Estados Unidos
da América
Irlanda
Japão
N
W
E
S

# Brasil

Coincidência ou não, o Brasil é o primeiro país na ordem alfabética. Nada mais "Deus é brasileiro" que começar por minha terra natal. A visita será breve, mas cheia de significado.

O Brasil tem uma rica cultura gastronômica, e ouso dizer que aqui se come melhor que em muitos outros lugares do mundo. Somos um povo apaixonado por futebol e cevada - não a maltada, mas a fermentada. No entanto, também temos um paladar apurado para destilados, algo que deveríamos explorar com mais entusiasmo. Nossa cachaça, por exemplo, é mais reconhecida e valorizada internacionalmente que dentro de casa.

Aproveitando esse talento natural para destilados, estamos começando a ver o surgimento de novas marcas de whisky brasileiro, com produtos de qualidade que têm conquistado prêmios internacionais. Contudo, assim como ocorre com a cachaça, esses whiskies ainda carecem de reconhecimento nacional.

É hora de mudar essa percepção. Nesta seção, apresento alguns rótulos brasileiros que degustei - poucos, mas expressivos - e que mostram o nosso potencial.

Brasil | **Blended**

# Duck & Co.

Duck & Co. é um blended whisky brasileiro sem idade declarada, que surpreende pelo excelente custo-benefício. Com cevada maltada nacional e importada, fermentada e destilada no Brasil, entrega um blended turfado leve e saboroso. Fico feliz ao ver whiskies nacionais de qualidade e com preços acessíveis, mostrando que o Brasil está no caminho certo na jornada do whisky.

**Teor alcoólico:** 40%

**Cor:** corante E150

| **Grupo** | Engarrafado por Piracaia Indústria |
|---|---|
| **Destilaria** | – |
| **Localização** | – |
| **Centro de visitas** | – |
| **Site** | duck-co.com.br |
| **Preço** | A partir de R$ 75 |

**Obs.:** as informações de todas as fichas descritivas referem-se aos dados vigentes no momento da consulta.

Nota: 7,8

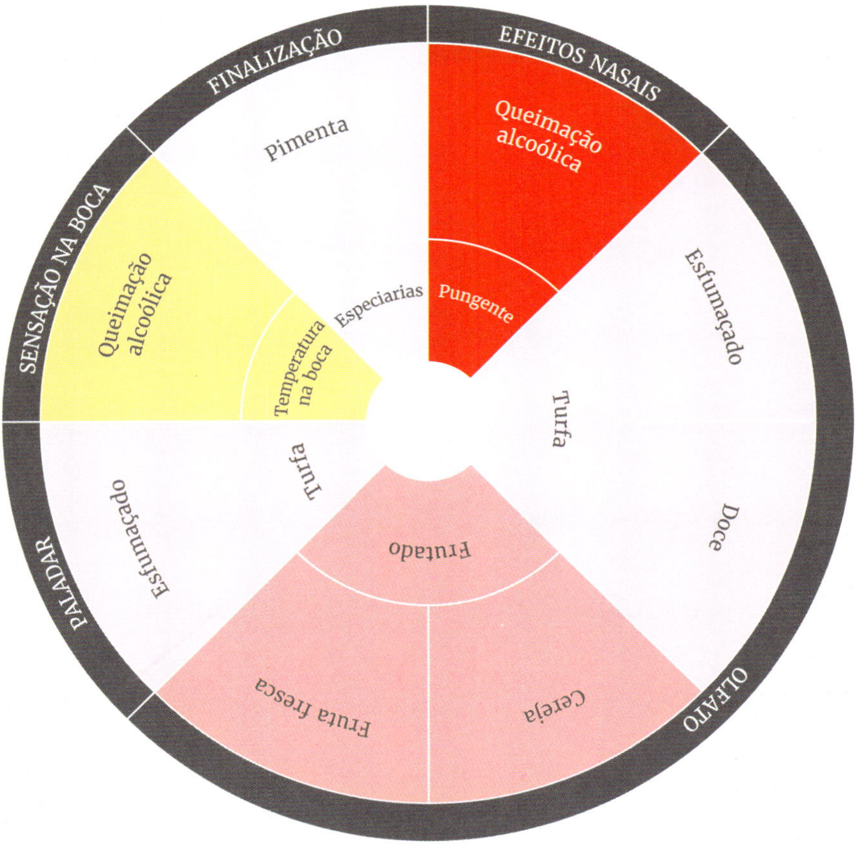
FINALIZAÇÃO
EFEITOS NASAIS
OLFATO
PALADAR
SENSAÇÃO NA BOCA
Pimenta
Especiarias
Queimação alcoólica
Pungente
Esfumaçado
Turfa
Doce
Frutado
Cereja
Fruta fresca
Esfumaçado
Turfa
Queimação alcoólica
Temperatura na boca

Brasil | **Blended**

# Kalvelage

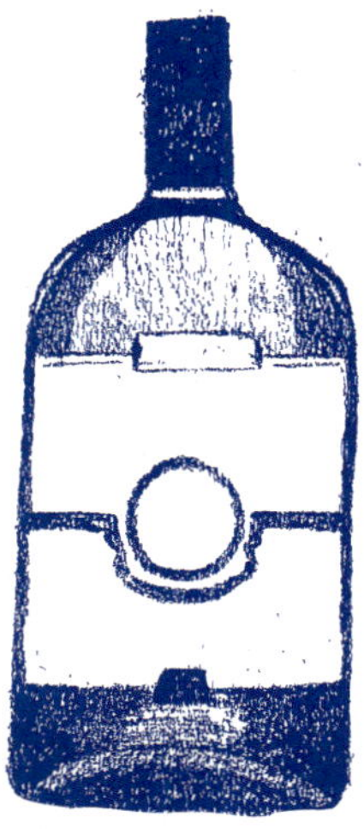

Criado em 2012 pelos irmãos Kalvelage, este blended whisky brasileiro sem idade declarada já conquistou mais de 40 prêmios internacionais, colocando o Brasil no mapa do whisky. Embora não seja ideal para iniciantes, é uma opção para entusiastas que apreciam criar drinques e desejam ter um whisky nacional em seu bar.

**Teor alcoólico:** 40%

**Cor:** corante E150

| **Grupo** | Kalvelage Distillery |
|---|---|
| **Destilaria** | Kalvelage |
| **Localização** | Santa Catarina |
| **Centro de visitas** | – |
| **Site** | kalvelage.com.br |
| **Preço** | R$ 90 |

Nota: 6,8

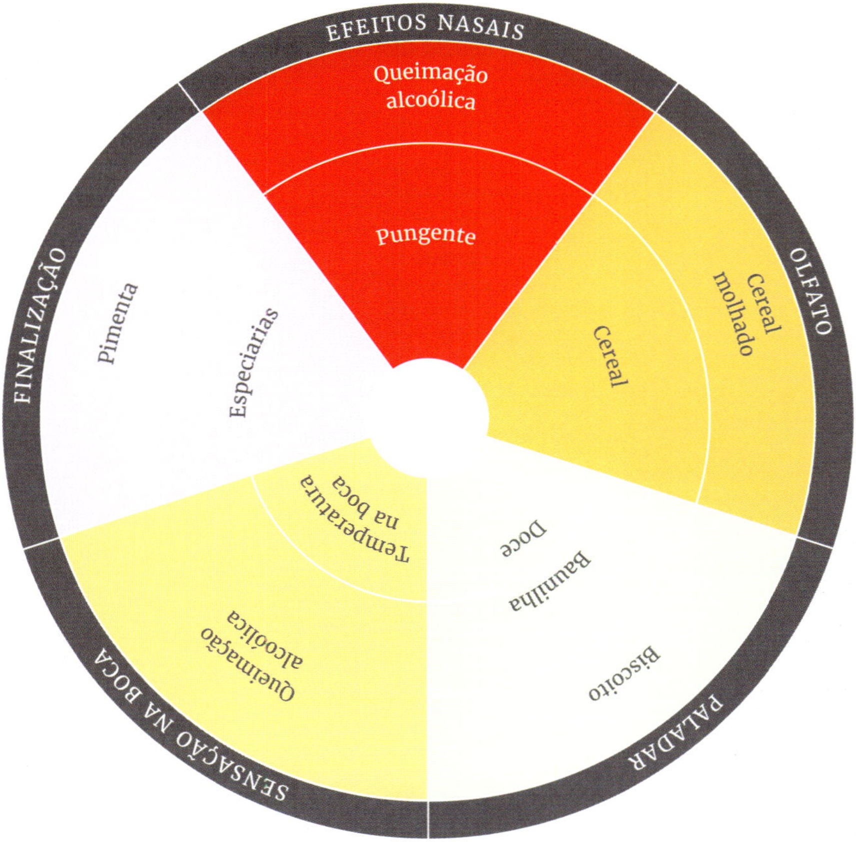
EFEITOS NASAIS
Queimação alcoólica
Pungente
OLFATO
Cereal molhado
Cereal
PALADAR
Biscoito
Baunilha
Doce
SENSAÇÃO NA BOCA
Queimação alcoólica
Temperatura na boca
FINALIZAÇÃO
Pimenta
Especiarias

Brasil | **Single malt**

# Arthur Whisky

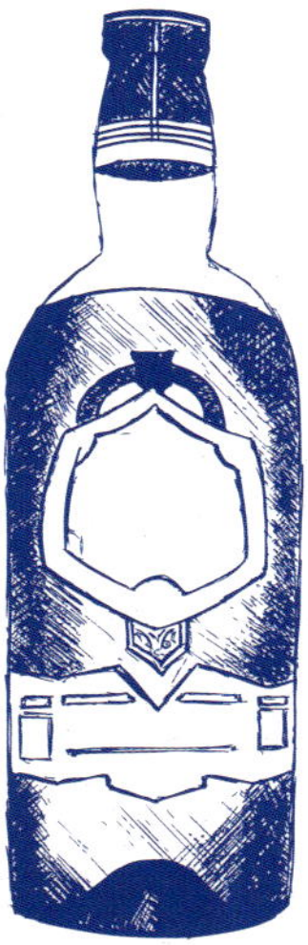

O Arthur Whisky, single malt brasileiro, surpreendeu-me com sua potência de 43% de teor alcoólico e aroma inesperado de própolis com laranja. Sem corantes e com maturação dupla em carvalho americano e europeu, é um whisky nacional que vale a pena explorar. Se você achar muito forte, sugiro que deguste com gelo para suavizar.

**Teor alcoólico:** 43%

**Cor:** amarelo dourado

| | |
|---|---|
| **Grupo** | – |
| **Destilaria** | – |
| **Localização** | Minas Gerais |
| **Centro de visitas** | – |
| **Site** | arthurwhisky.com.br |
| **Preço** | R$ 245 |

Nota: 8,2

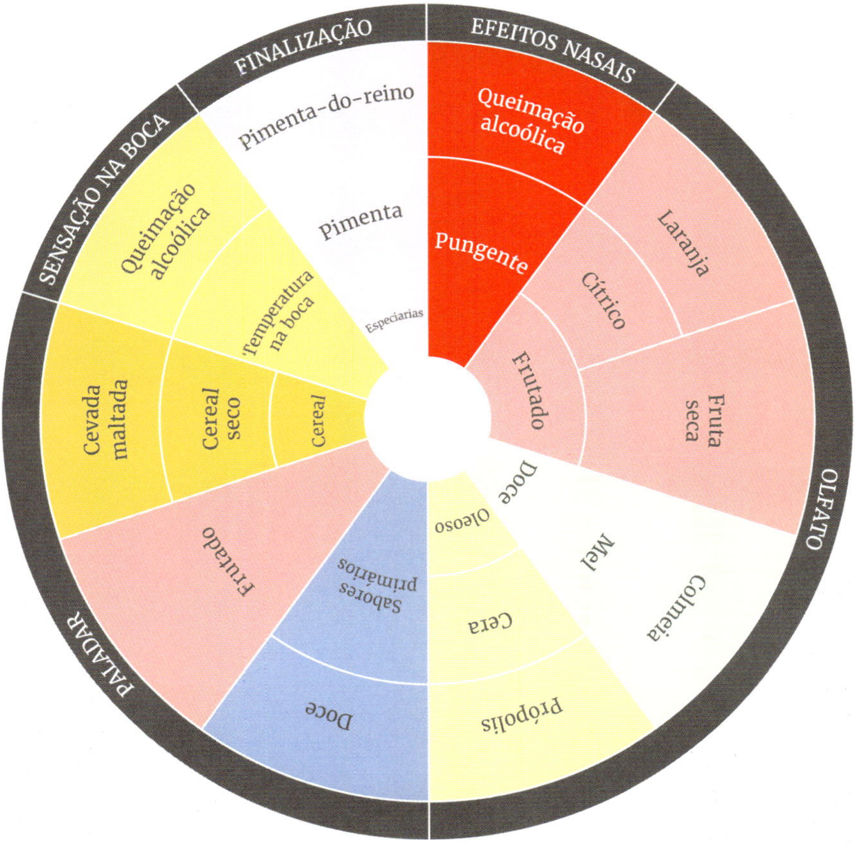
FINALIZAÇÃO
EFEITOS NASAIS
OLFATO
PALADAR
SENSAÇÃO NA BOCA
Pimenta-do-reino
Pimenta
Especiarias
Queimação alcoólica
Pungente
Laranja
Cítrico
Frutado
Fruta seca
Doce
Mel
Colmeia
Oleoso
Cera
Própolis
Sabores primários
Doce
Frutado
Cevada maltada
Cereal seco
Cereal
Queimação alcoólica
Temperatura na boca

Brasil | **Single malt**

# Nimbus Robustus

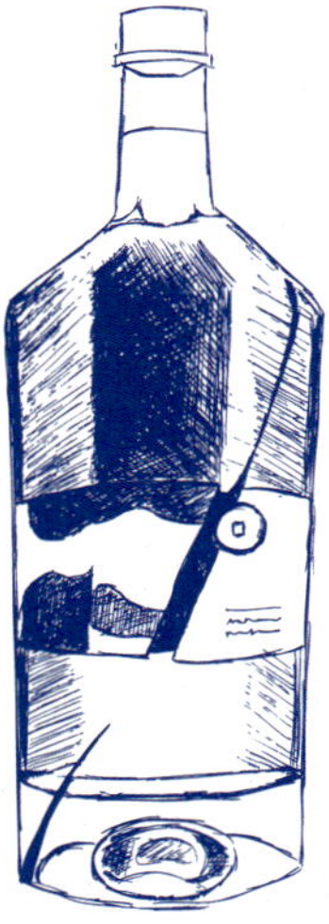

O Nimbus Robustus é um whisky nacional que me encantou. Com 54% ABV, entrega pura fumaça e intensidade, além de ser vencedor de prêmios que comprovam sua qualidade. Nem só de queijo vive o mineiro, e a Lamas Destilaria prova isso ao lançar single malts cada vez melhores. Se almejamos um dia ser referência em whisky, a Lamas é uma grande força para a realização desse sonho.

**Teor alcoólico:** 54%

**Cor:** amarelo dourado

| | |
|---|---|
| **Grupo** | Lamas Destilaria |
| **Destilaria** | Lamas |
| **Localização** | Minas Gerais |
| **Centro de visitas** | – |
| **Site** | lamasdestilaria.com.br |
| **Preço** | R$ 290 |

Nota: 8,8

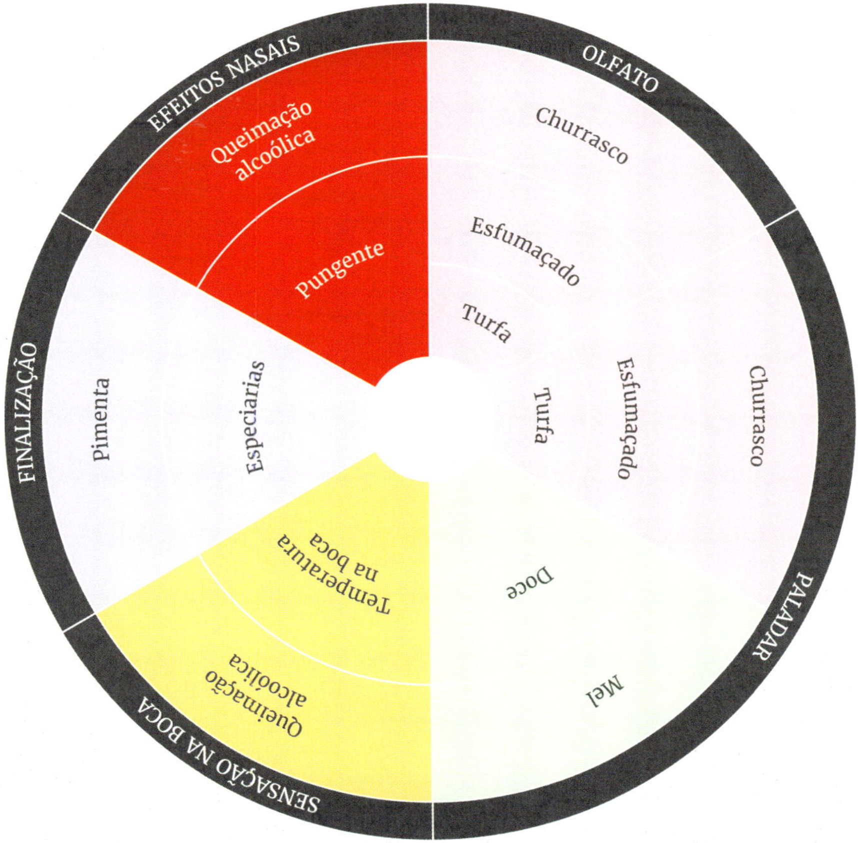
OLFATO
Churrasco
Esfumaçado
Turfa
PALADAR
Churrasco
Esfumaçado
Turfa
Doce
Mel
SENSAÇÃO NA BOCA
Queimação alcoólica
Temperatura na boca
FINALIZAÇÃO
Pimenta
Especiarias
EFEITOS NASAIS
Queimação alcoólica
Pungente

# Escócia

Degustar um whisky escocês pode ser tão prazeroso quanto fácil é se perder em suas peculiaridades. A minha visão sobre o tema sempre teve como foco o tipo de whisky e a categoria à qual ele pertence. Na Escócia, no entanto, é fundamental considerarmos a região de origem.

A SWA reconhece oficialmente cinco regiões produtoras. Dependendo de para quem você perguntar, porém, pode-se enxergar até seis subdivisões. Cada uma delas traz características próprias que vão além da técnica – são reflexos do clima, do solo, da cultura local e da história escocesa.

**Highlands:** localizada na parte norte, é a maior e mais diversificada região produtora de whisky da Escócia, conhecida pela impressionante variedade de estilos. No entanto, é famosa por produzir alguns dos whiskies mais robustos e intensos do país, o que muitas vezes desafia o paladar internacional e dificulta a exportação. Como diz o ditado: "É bom, mas não é para qualquer um."

**Speyside:** para mim, é o verdadeiro pulmão da produção de whiskies escoceses. A maioria das destilarias, e single malts, do país está concentrada nessa região, e os rótulos mais exportados também vêm daqui. Em geral, os whiskies de Speyside são conhecidos pelo equilíbrio, servindo como referência do que define um whisky escocês de qualidade.

**Lowlands:** localizada na parte sul do país, onde você encontrará mais cidades de renome, Edimburgo e Glasgow por exemplo, que whiskies. Lowlands nunca conseguiu muito destaque no cenário internacional com seus whiskies mais leves.

**Campbeltown:** ao olhar para o número de destilarias ativas hoje em Campbeltown, você pode se perguntar por que a região ainda é reconhecida pela SWA como produtora de whisky. A resposta está no passado: Campbeltown já foi um grande polo, com inúmeras destilarias. Com o tempo, porém, muitas fecharam ou migraram. Ainda assim, a tradição de excelência persiste, e a região continua sendo um exemplo de qualidade. Um destaque é a icônica Springbank, uma das últimas sobreviventes e orgulho da produção de single malts em Campbeltown.

**Islay:** o coração da Escócia em termos de whiskies turfados. Islay é o local ideal para a produção de whisky turfado em razão de sua abundante oferta de turfa e cevada.

**Islands:** oficialmente considerada parte da região de Highlands, muitas ilhas são berços de pérolas no mundo do whisky, por exemplo o Talisker, produzido na ilha de Skye. Para mim, deveria ser considerada oficialmente uma região separada de Highlands.

Escócia | **Blended**

# Ballantine's 12

"Eu sei que a festa é boa quando tem Ballantine's", essa é a minha memória afetiva com relação ao Ballantine's. Ele era o medidor de qualidade de um evento. Fundada em 1827 por George Ballantine, a empresa foi uma das pioneiras no processo de criação de blends envelhecidos e conta com mais de 40 tipos de maltes e grãos na composição. As destilarias que servem como base para o blend são Miltonduff e Glenburgie.

**Teor alcoólico:** 40%

**Cor:** dourado

| **Grupo** | Pernod Ricard |
|---|---|
| **Destilaria** | – |
| **Localização** | – |
| **Centro de visitas** | – |
| **Site** | ballantines.com |
| **Preço** | R$ 140 |

# Nota: 7,0

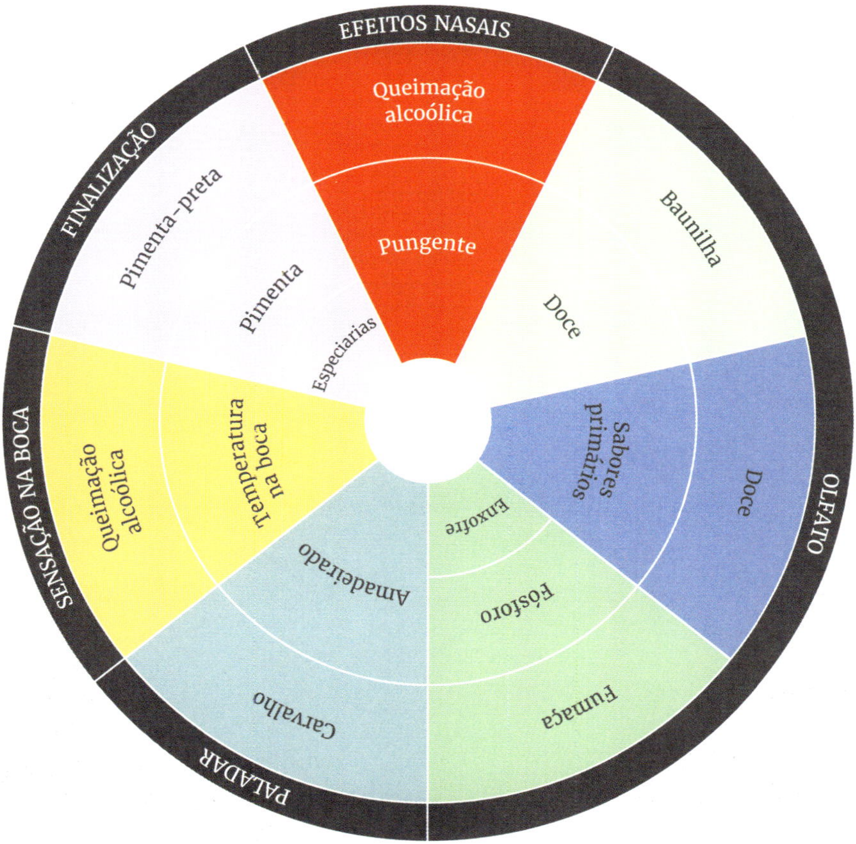
EFEITOS NASAIS
Queimação alcoólica
Pungente
OLFATO
Baunilha
Doce
Sabores primários
Doce
Enxofre
Fósforo
Fumaça
PALADAR
Amadeirado
Carvalho
SENSAÇÃO NA BOCA
Temperatura na boca
Queimação alcoólica
FINALIZAÇÃO
Especiarias
Pimenta
Pimenta-preta

Escócia | **Blended**

# Ballantine's 17

Foi meu primeiro 9 de 10 e já ganhou como o melhor blend do mundo em 2011, eleito por Jim Murray. É o presente mais que perfeito para qualquer ocasião.

**Teor alcoólico:** 40%

**Cor:** âmbar dourado

| **Grupo** | Pernod Ricard |
|---|---|
| **Destilaria** | – |
| **Localização** | – |
| **Centro de visitas** | – |
| **Site** | ballantines.com |
| **Preço** | R$ 350 – R$ 400 |

Nota: 9,0

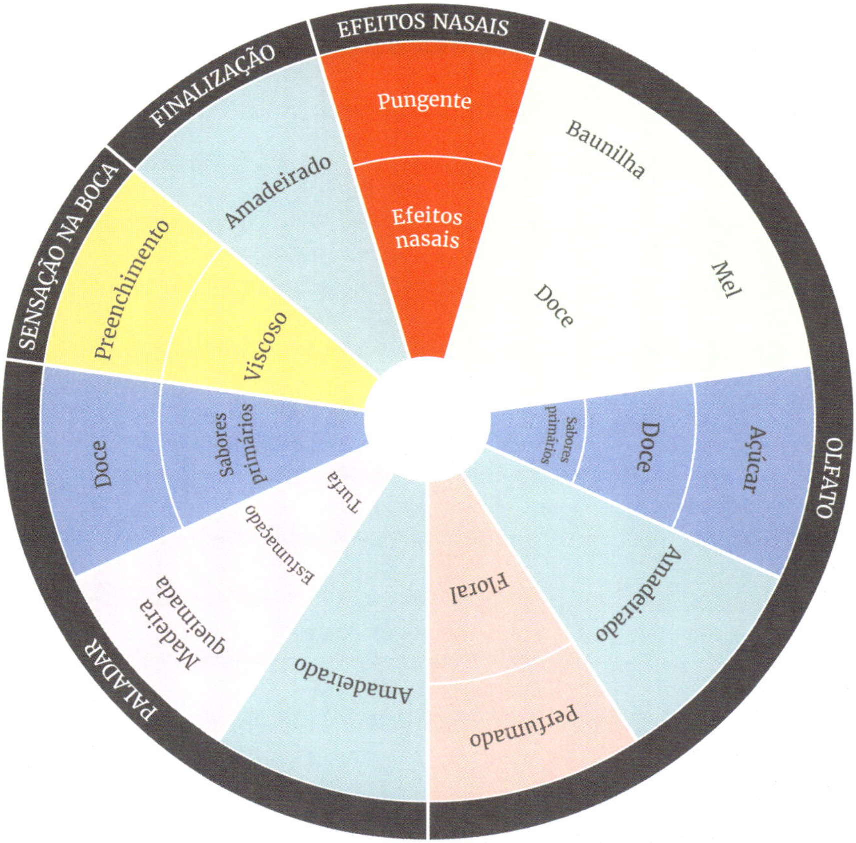
EFEITOS NASAIS
Pungente
Efeitos nasais
OLFATO
Baunilha
Mel
Doce
Sabores primários
Doce
Açúcar
Amadeirado
Floral
Perfumado
PALADAR
Amadeirado
Madeira queimada
Esfumaçado
Turfa
Sabores primários
Doce
SENSAÇÃO NA BOCA
Preenchimento
Viscoso
FINALIZAÇÃO
Amadeirado

Escócia | **Blended**

# Ballantine's Finest

Criado em 1910, o Ballantine's Finest é o whisky de entrada da marca, perfeito para momentos descontraídos, como um bom churrasco. Vai bem com gelo e com amigos – só de pensar, já dá fome e sede, não é? Ah, e aqui vai uma curiosidade: durante a Lei Seca nos Estados Unidos (1920-1933), a garrafa quadrada do Ballantine's foi projetada para caber discretamente em maletas, a fim de evitar que rolasse ou fizesse barulho caso a polícia aparecesse.

**Teor alcoólico:** 40%

**Cor:** dourado

| **Grupo** | Pernod Ricard |
|---|---|
| **Destilaria** | – |
| **Localização** | – |
| **Centro de visitas** | – |
| **Site** | ballantines.com |
| **Preço** | R$ 80 |

Nota: 7,0

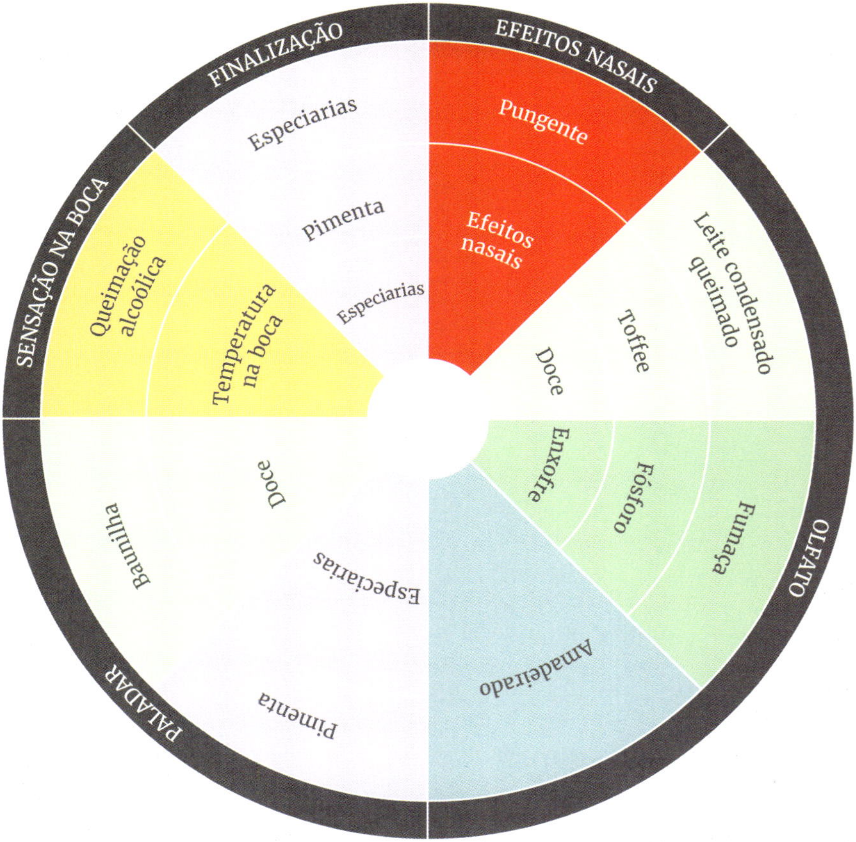
FINALIZAÇÃO
Especiarias
Pimenta
Especiarias
EFEITOS NASAIS
Pungente
Efeitos nasais
OLFATO
Leite condensado queimado
Toffee
Doce
Enxofre
Fósforo
Fumaça
Amadeirado
PALADAR
Doce
Especiarias
Pimenta
Baunilha
SENSAÇÃO NA BOCA
Queimação alcoólica
Temperatura na boca

Escócia | **Blended**

# Ballantine's American Barrel

O Ballantine's American Barrel é o mesmo produto anteriormente conhecido como Ballantine's Bourbon Finish. Finalizado em barris de bourbon americanos, combina a complexidade do whisky escocês com a suavidade e as notas adocicadas características dos bourbons.

**Teor alcoólico:** 40%

**Cor:** amarelo-ouro

| **Grupo** | Pernod Ricard |
|---|---|
| **Destilaria** | – |
| **Localização** | – |
| **Centro de visitas** | – |
| **Site** | ballantines.com |
| **Preço** | R$ 75 |

Nota: 6,5

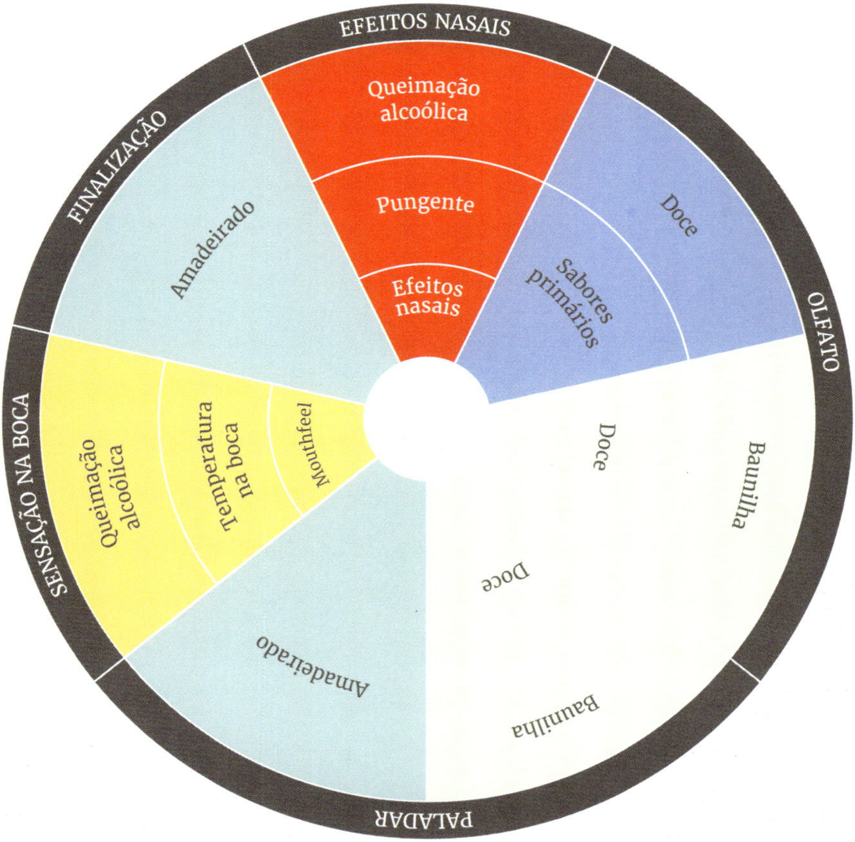
EFEITOS NASAIS
Queimação alcoólica
Pungente
Efeitos nasais
OLFATO
Doce
Sabores primários
FINALIZAÇÃO
Amadeirado
SENSAÇÃO NA BOCA
Queimação alcoólica
Temperatura na boca
Mouthfeel
Doce
Baunilha
PALADAR
Amadeirado
Doce
Baunilha

Escócia | **Blended**

# Black & White

O irmão mais novo do whisky Buchanan's já se chamou The Buchanan Blend; ganhou seu nome oficial, tal qual conhecemos hoje, e seus dois mascotes apenas em 1902. Hoje é comercializado na Índia, África do Sul e América Latina. No olfato, suas cinzas e fumaça me pegaram desprevenido. Para os amantes da tabacaria, Black & White com gelo convida você a começar sua jornada do whisky.

**Teor alcoólico:** 40%

**Cor:** dourado claro

| | |
|---|---|
| **Grupo** | Diageo |
| **Destilaria** | James Buchanan & Co. |
| **Localização** | – |
| **Centro de visitas** | Não disponível |
| **Site** | br.thebar.com/black-white |
| **Preço** | R$ 90 |

Nota: 6,5

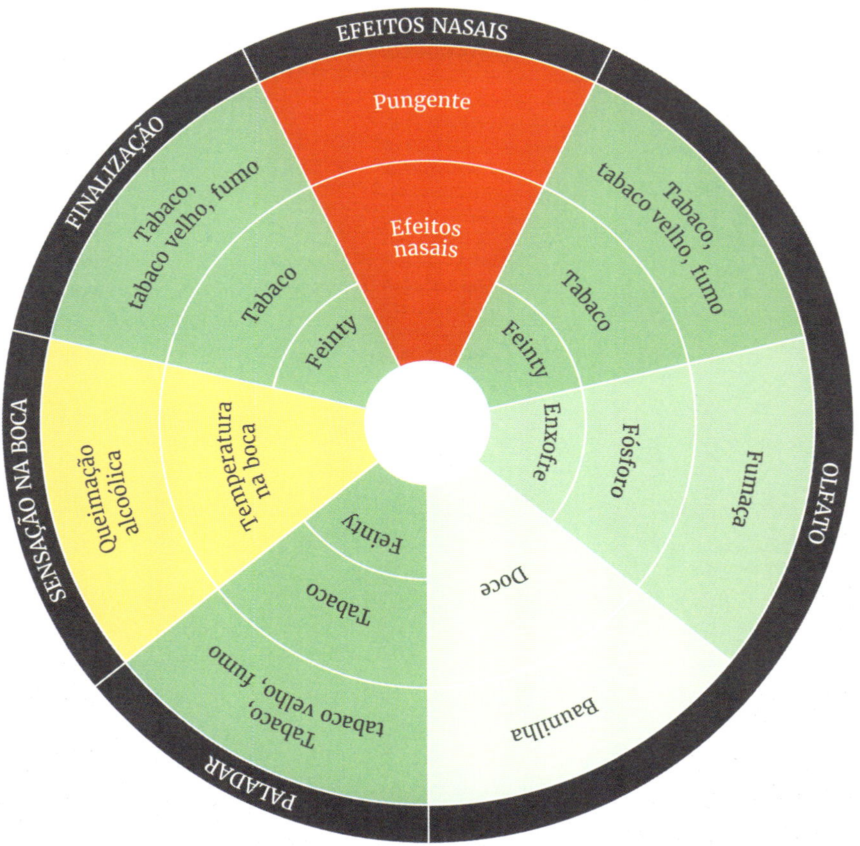
EFEITOS NASAIS
Pungente
Efeitos nasais
OLFATO
Tabaco, tabaco velho, fumo
Tabaco
Feinty
Enxofre
Fósforo
Fumaça
Doce
Baunilha
PALADAR
Feinty
Tabaco
Tabaco, tabaco velho, fumo
SENSAÇÃO NA BOCA
Temperatura na boca
Queimação alcoólica
FINALIZAÇÃO
Feinty
Tabaco
Tabaco, tabaco velho, fumo

Escócia | **Blended**

# Buchanan's 12

Em 1884, James Buchanan desejou criar um produto de qualidade, que fosse envelhecido por pelo menos 12 anos. Desde então, o Buchanan's 12 anos é um blended scotch whisky reconhecido em todo o mundo.

**Teor alcoólico:** 40%

**Cor:** dourado brilhante

| | |
|---|---|
| **Grupo** | Diageo |
| **Destilaria** | – |
| **Localização** | – |
| **Centro de visitas** | Não disponível |
| **Site** | buchananswhisky.com |
| **Preço** | R$ 150 – R$ 200 |

Nota: 7,8

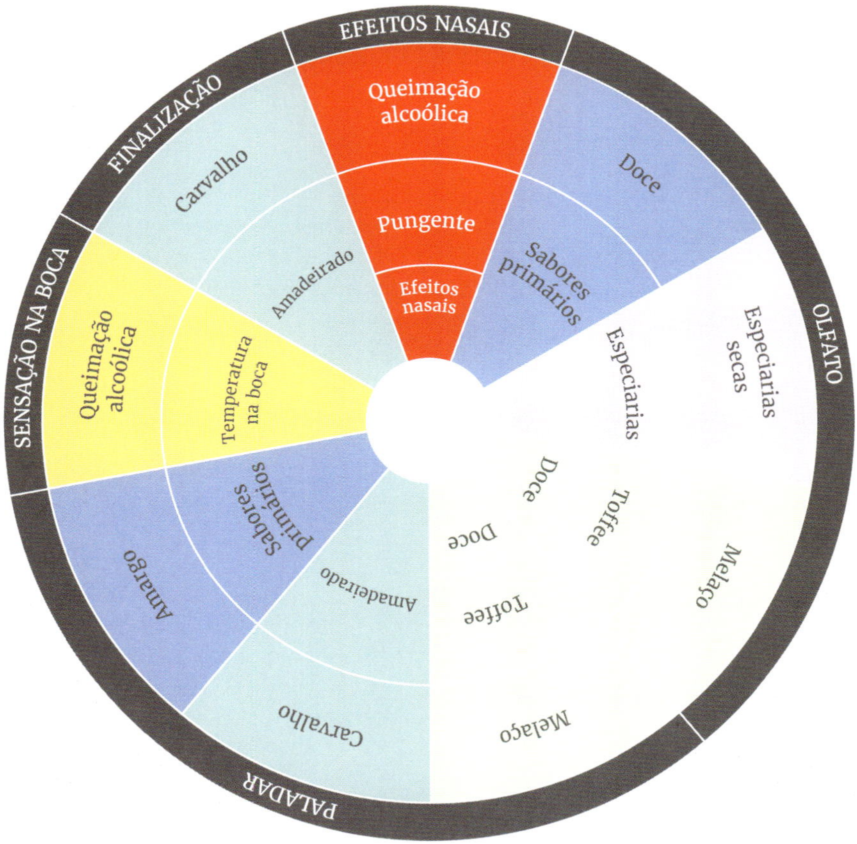
EFEITOS NASAIS
OLFATO
PALADAR
SENSAÇÃO NA BOCA
FINALIZAÇÃO
Queimação alcoólica
Pungente
Efeitos nasais
Doce
Sabores primários
Especiarias secas
Especiarias
Doce
Toffee
Melaço
Doce
Toffee
Melaço
Amadeirado
Carvalho
Sabores primários
Amargo
Temperatura na boca
Queimação alcoólica
Amadeirado
Carvalho

Escócia | **Blended**

# Buchanan's 18

O Buchanan's 18 anos special reserve é a escolha óbvia para quem já conhece e gosta do Buchanan's 12. Em comparação, ele é mais leve e mais fácil de apreciar. Considerando, porém, que é um Buchanan's 18, esperava algo mais encorpado.

**Teor alcoólico:** 40%

**Cor:** âmbar

| | |
|---|---|
| **Grupo** | Diageo |
| **Destilaria** | – |
| **Localização** | – |
| **Centro de visitas** | Não disponível |
| **Site** | buchananswhisky.com |
| **Preço** | R$ 600 |

Nota: 7,8

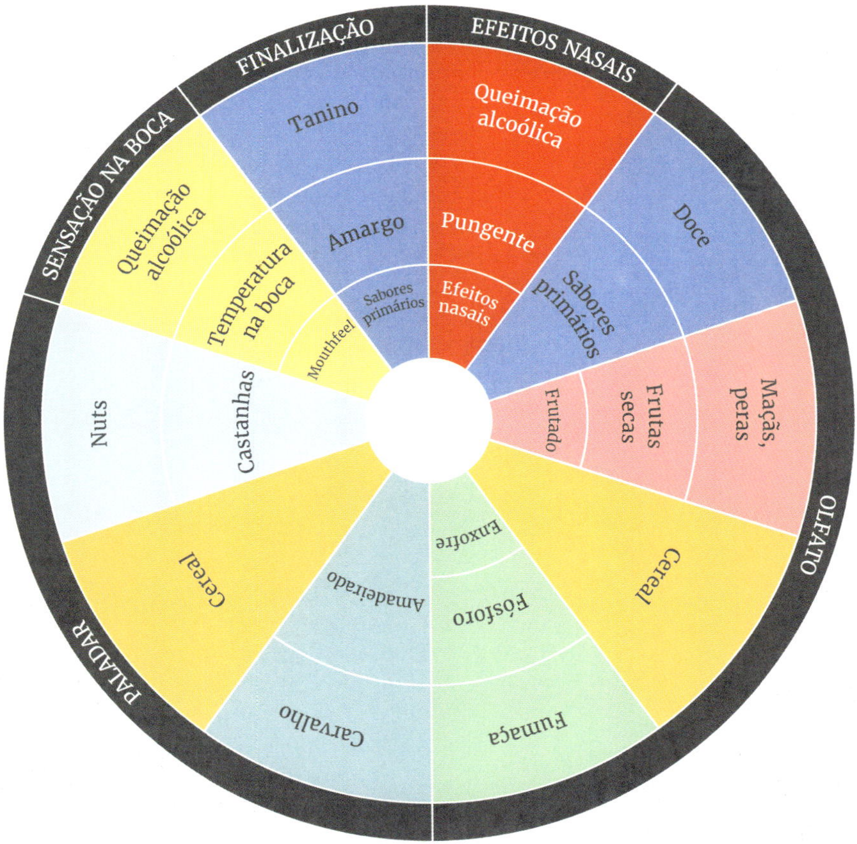
FINALIZAÇÃO
EFEITOS NASAIS
SENSAÇÃO NA BOCA
OLFATO
PALADAR
Tanino
Amargo
Sabores primários
Queimação alcoólica
Pungente
Efeitos nasais
Doce
Sabores primários
Queimação alcoólica
Temperatura na boca
Mouthfeel
Nuts
Castanhas
Frutado
Frutas secas
Maçãs, peras
Cereal
Cereal
Amadeirado
Carvalho
Enxofre
Fósforo
Fumaça

Escócia | **Blended**

# Buchanan's Master

Buchanan's Master é um blended sem idade declarada, criado pessoalmente pelo master blender da Diageo, Keith Law. Para quem gosta dos whiskies clássicos 12 anos e 18 anos da linha Buchanan's: o Buchanan's Master vai surpreender você com notas de especiarias doces, cítricos e leve fumaça.

**Teor alcoólico:** 40%

**Cor:** dourado

| **Grupo** | Diageo |
|---|---|
| **Destilaria** | – |
| **Localização** | – |
| **Centro de visitas** | Não disponível |
| **Site** | buchananswhisky.com |
| **Preço** | R$ 225 |

Nota: 7,5

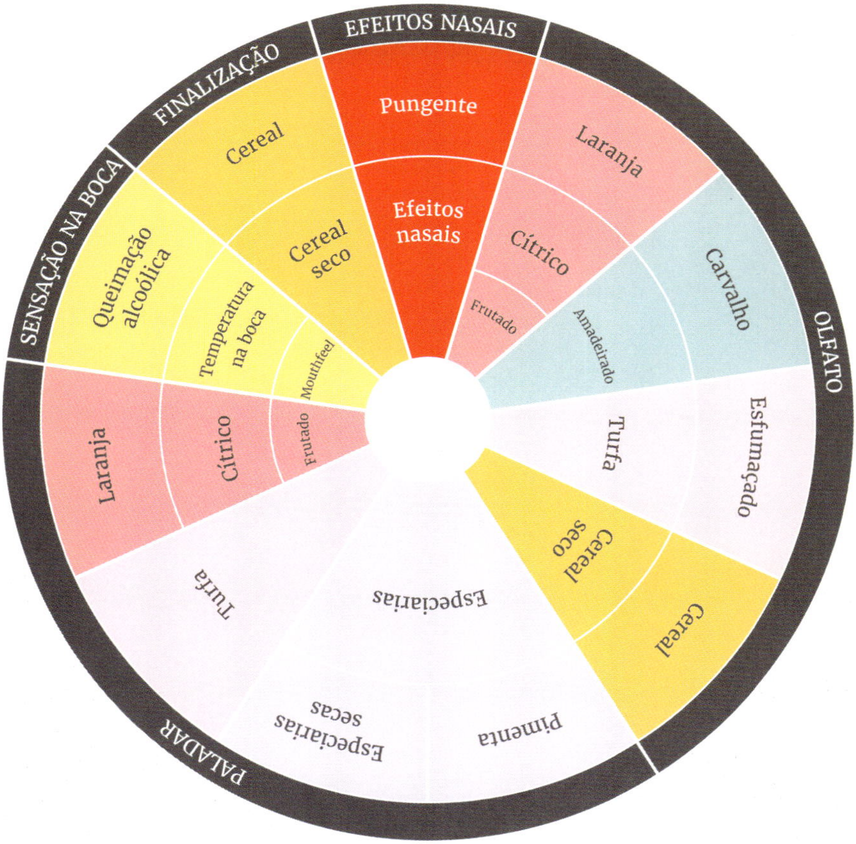
EFEITOS NASAIS
Pungente
Efeitos nasais
OLFATO
Laranja
Cítrico
Frutado
Carvalho
Amadeirado
Esfumaçado
Turfa
Cereal
Cereal seco
PALADAR
Especiarias
Pimenta
Especiarias secas
Turfa
Laranja
Cítrico
Frutado
SENSAÇÃO NA BOCA
Queimação alcoólica
Temperatura na boca
Mouthfeel
FINALIZAÇÃO
Cereal
Cereal seco

Escócia | **Blended**

# Chivas Regal 12

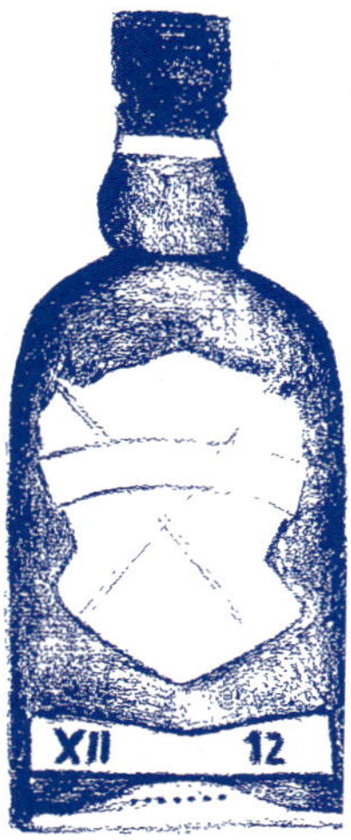


Fundada em 1801, a Chivas Brothers é sinônimo de tradição na arte de criar blends excepcionais, e o Chivas Regal 12 é um reflexo disso. Foi um dos primeiros whiskies a despertar minha curiosidade sobre o assunto. Lembro-me de pensar em como o whisky muda tanto com apenas uma pedra de gelo, e isso me intrigou: "Como um whisky pode ser tão versátil?"

**Teor alcoólico:** 40%

**Cor:** dourado

| **Grupo** | Pernod Ricard |
|---|---|
| **Destilaria** | – |
| **Localização** | – |
| **Centro de visitas** | Strathisla Distillery |
| **Site** | chivas.com |
| **Preço** | R$ 110 |

Nota: 7,8

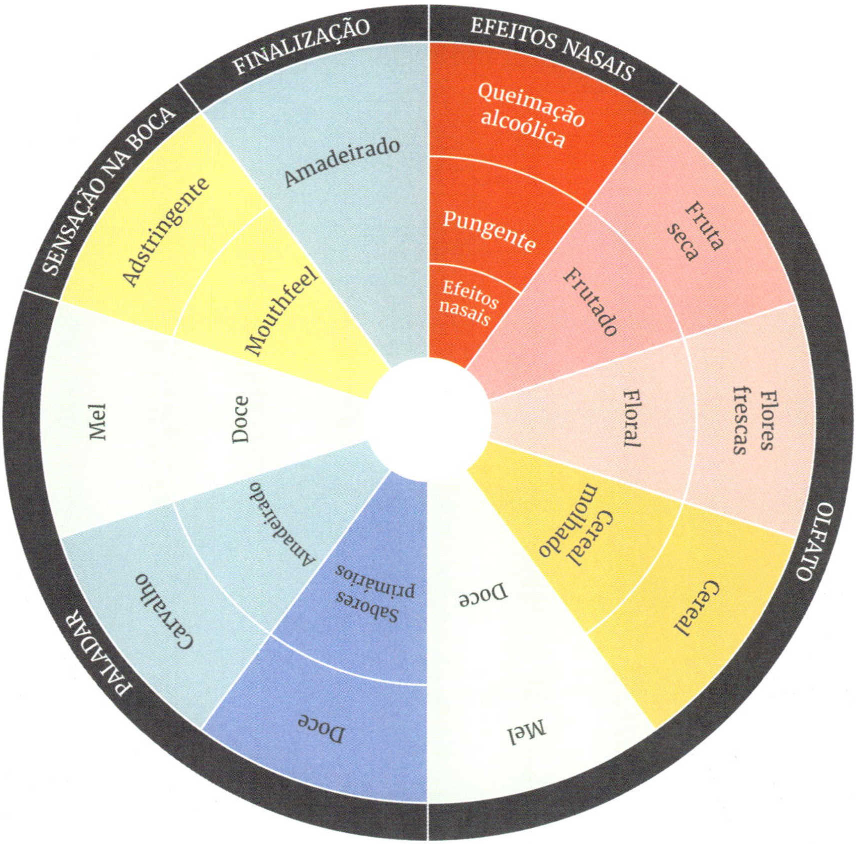
FINALIZAÇÃO
EFEITOS NASAIS
OLFATO
PALADAR
SENSAÇÃO NA BOCA
Amadeirado
Queimação alcoólica
Pungente
Efeitos nasais
Fruta seca
Frutado
Floral
Flores frescas
Cereal molhado
Cereal
Doce
Mel
Sabores primários
Doce
Amadeirado
Carvalho
Doce
Mel
Mouthfeel
Adstringente

Escócia | **Blended**

# Chivas Regal Extra 13 Sherry Cask Selection

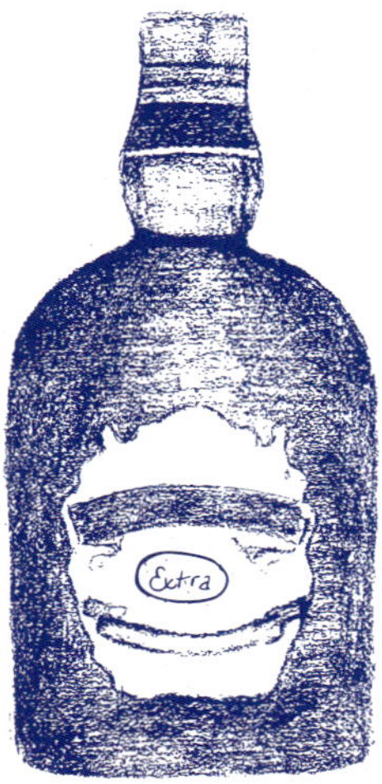

O Chivas Regal Extra 13 tem diversas opções de finalização; uma delas é em barris de xerez Oloroso, o que adiciona maior intensidade e profundidade ao whisky. Minha preferência é degustá-lo puro para apreciar todos os seus sabores, mas ele também se destaca quando utilizado em drinques.

**Teor alcoólico:** 40%

**Cor:** âmbar

| **Grupo** | Pernod Ricard |
|---|---|
| **Destilaria** | – |
| **Localização** | – |
| **Centro de visitas** | Strathisla Distillery |
| **Site** | chivas.com |
| **Preço** | R$ 200 |

Nota: 7,3

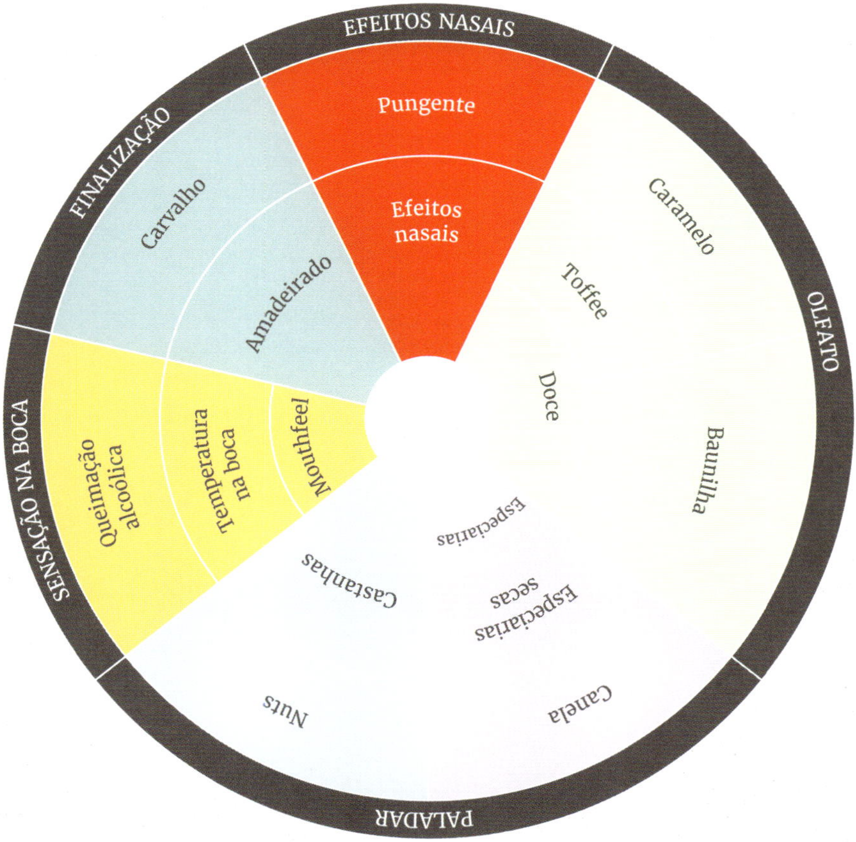
EFEITOS NASAIS
Pungente
Efeitos nasais
OLFATO
Caramelo
Toffee
Doce
Baunilha
PALADAR
Especiarias
Especiarias secas
Canela
Castanhas
Nuts
SENSAÇÃO NA BOCA
Queimação alcoólica
Temperatura na boca
Mouthfeel
FINALIZAÇÃO
Carvalho
Amadeirado

Escócia | **Blended**

# Chivas Regal XV

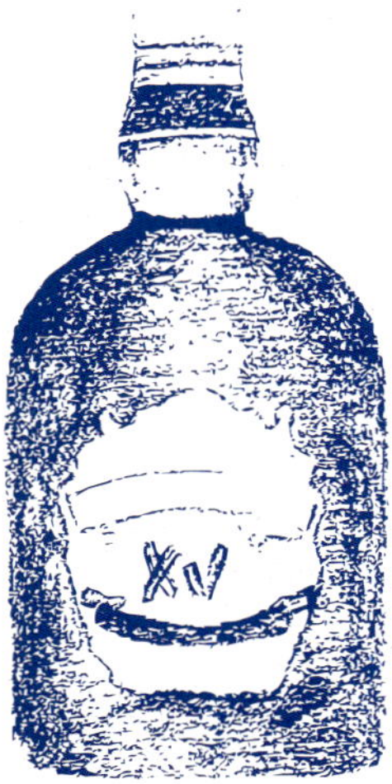


Um blended whisky do qual quase ninguém fala, mas é um de meus preferidos da linha Chivas; se não fosse pela forte queimação alcoólica no nariz, ganharia nota maior. Envelhecido por, no mínimo, 15 anos, seu grande diferencial está na finalização em barris de conhaque. Eu gosto de conhaque.

**Teor alcoólico:** 40%

**Cor:** âmbar

| **Grupo** | Pernod Ricard |
|---|---|
| **Destilaria** | – |
| **Localização** | – |
| **Centro de visitas** | Strathisla Distillery |
| **Site** | chivas.com |
| **Preço** | R$ 250 |

Nota: 7,5

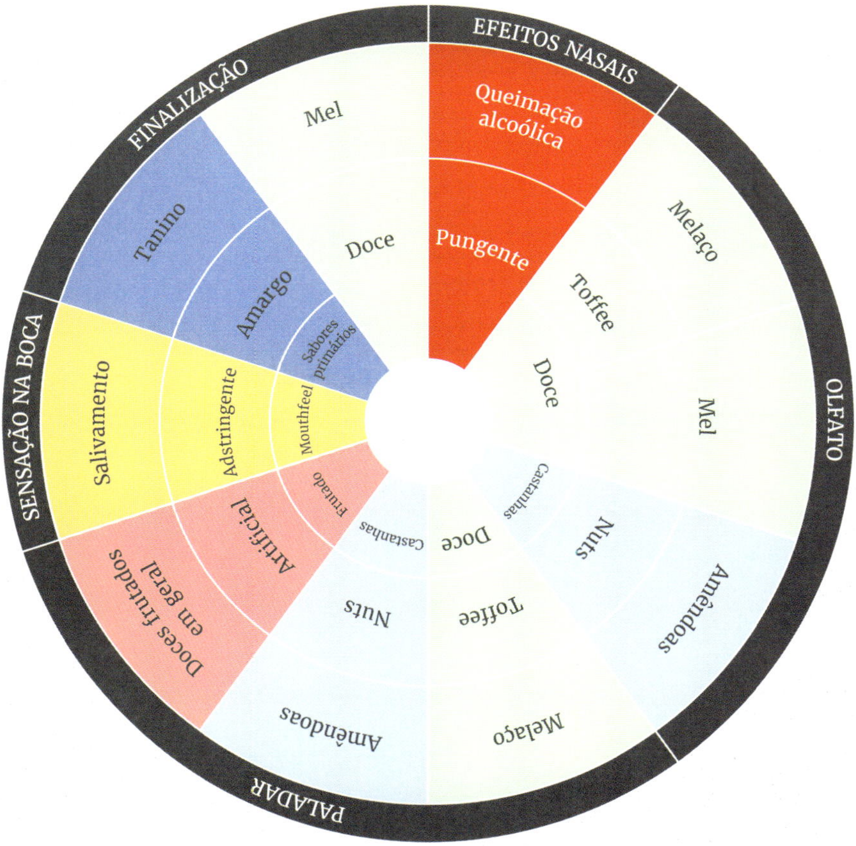
EFEITOS NASAIS
Queimação alcoólica
Pungente
OLFATO
Melaço
Toffee
Doce
Mel
Castanhas
Nuts
Amêndoas
PALADAR
Doce
Toffee
Melaço
Castanhas
Nuts
Amêndoas
SENSAÇÃO NA BOCA
Frutado
Artificial
Doces frutados em geral
Mouthfeel
Adstringente
Salivamento
FINALIZAÇÃO
Sabores primários
Amargo
Tanino
Doce
Mel

Escócia | **Blended**

# Chivas Regal 18

Criado pelo master blender Colin Scott, o Chivas Regal 18 é conhecido por ter mais de 85 notas sensoriais. Então, não se sinta pressionado por esse número; pelo contrário, o Chivas Regal 18 é um ótimo whisky para se degustar, explorar sabores e treinar seus sentidos. Digo que não há treino melhor.

**Teor alcoólico:** 40%

**Cor:** âmbar

| **Grupo** | Pernod Ricard |
|---|---|
| **Destilaria** | – |
| **Localização** | – |
| **Centro de visitas** | Strathisla Distillery |
| **Site** | chivas.com |
| **Preço** | R$ 480 |

Nota: 7,8

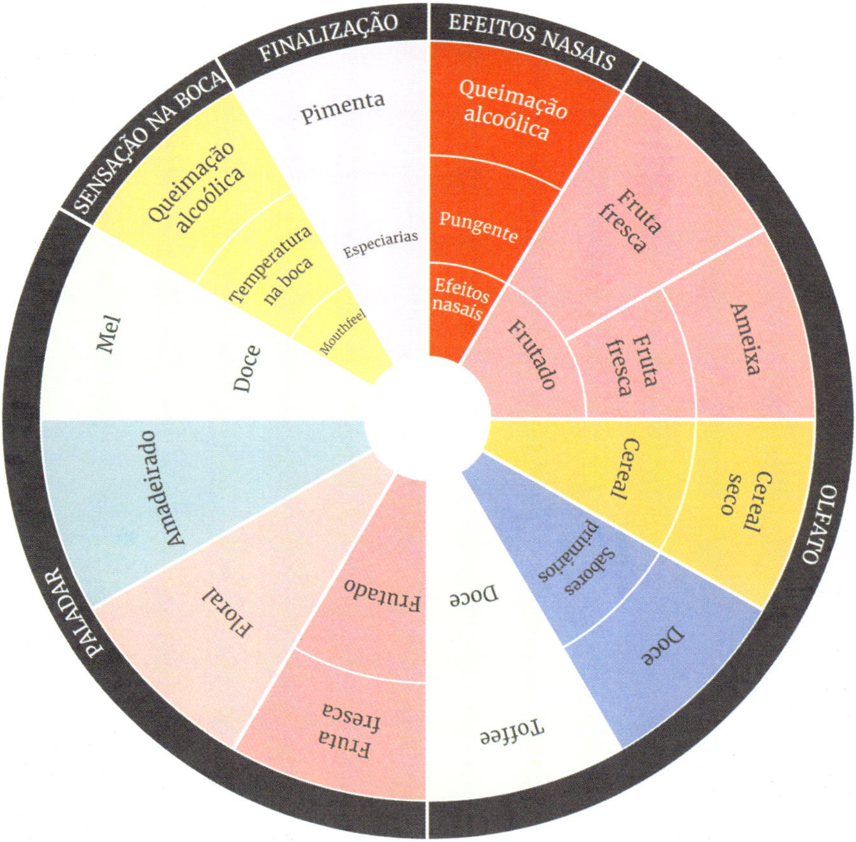
FINALIZAÇÃO
Pimenta
Especiarias
EFEITOS NASAIS
Queimação alcoólica
Pungente
Efeitos nasais
OLFATO
Fruta fresca
Frutado
Fruta fresca
Ameixa
Cereal
Cereal seco
Sabores primários
Doce
Doce
Toffee
PALADAR
Frutado
Fruta fresca
Floral
Amadeirado
Doce
Mel
SENSAÇÃO NA BOCA
Queimação alcoólica
Temperatura na boca
Mouthfeel

Escócia | **Blended**

# Cutty Sark

Lançado em 1923 pela Berry Bros. & Rudd, o Cutty Sark foi criado para o mercado americano durante a Lei Seca. Contrabandeado pelo capitão Bill McCoy, que passou a ser considerado um símbolo de autenticidade, tornou-se o primeiro whisky escocês a ter mais de 1 milhão de caixas vendidas nos Estados Unidos. Seu nome é uma homenagem ao veleiro Cutty Sark, o mais veloz na época.

**Teor alcoólico:** 40%

**Cor:** dourado

| | |
|---|---|
| **Grupo** | La Martiniquaise |
| **Destilaria** | – |
| **Localização** | – |
| **Centro de visitas** | Não disponível |
| **Site** | cutty-sark.com |
| **Preço** | R$ 70 – R$ 120 |

Nota: 6,7

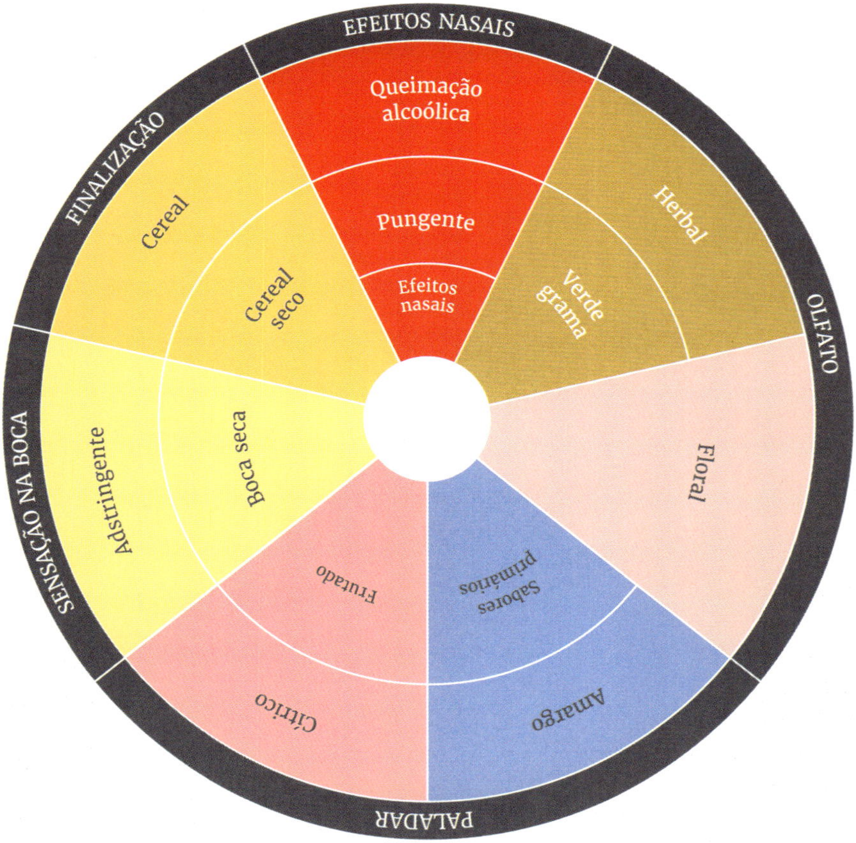
EFEITOS NASAIS
Queimação alcoólica
Pungente
Efeitos nasais
OLFATO
Herbal
Verde grama
Floral
PALADAR
Sabores primários
Amargo
Frutado
Cítrico
SENSAÇÃO NA BOCA
Boca seca
Adstringente
FINALIZAÇÃO
Cereal seco
Cereal

Escócia | **Blended**

# Dewar's 12

O Dewar's 12 é um blend clássico, descendente da assinatura original criada há mais de um século. Desenvolvido pelo renomado master blender Tom Aitken, este whisky é perfeito para quem aprecia um perfil equilibrado entre doçura, amargor e toques cítricos.

**Teor alcoólico:** 40%

**Cor:** dourado

| | |
|---|---|
| **Grupo** | Bacardi Limited |
| **Destilaria** | – |
| **Localização** | – |
| **Centro de visitas** | Aberfeldy Distillery |
| **Site** | dewars.com |
| **Preço** | R$ 100 |

Nota: 7,4

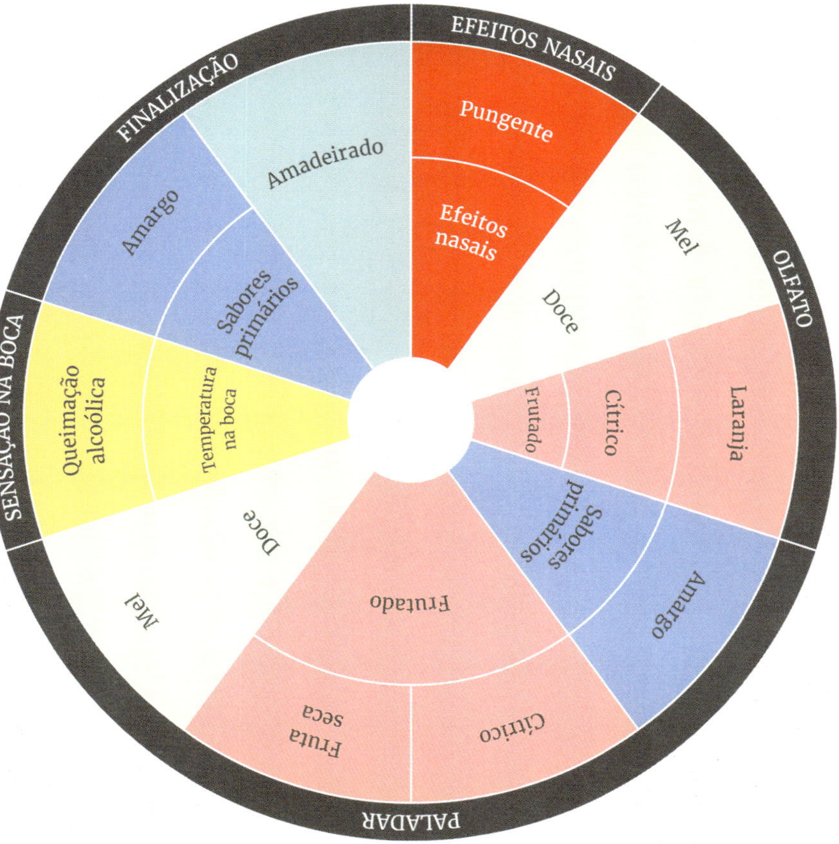
EFEITOS NASAIS
Pungente
Efeitos nasais
OLFATO
Mel
Doce
Laranja
Cítrico
Frutado
PALADAR
Amargo
Sabores primários
Frutado
Cítrico
Fruta seca
Mel
Doce
SENSAÇÃO NA BOCA
Queimação alcoólica
Temperatura na boca
FINALIZAÇÃO
Amargo
Sabores primários
Amadeirado

Escócia | **Blended**

# Dewar's 15

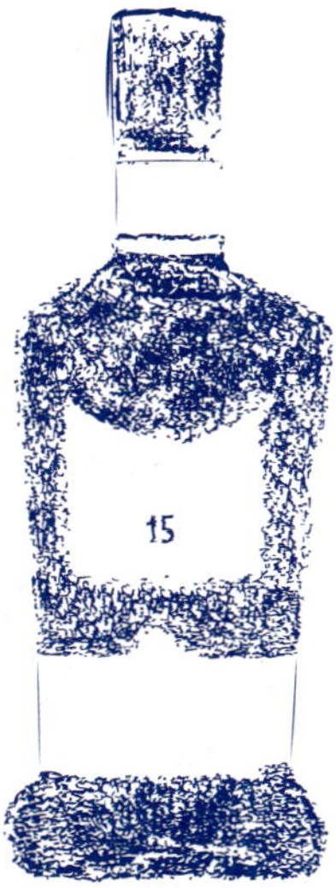


Criado por Stephanie Macleod, o Dewar's 15 foi uma das grandes surpresas que tive em 2024. Esta verdadeira joia, muitas vezes esquecida nas prateleiras, encanta pelo equilíbrio entre doçura, notas florais e toffee. Graças ao processo único de duplo envelhecimento, entrega uma suavidade excepcional que conquista a cada gole.

**Teor alcoólico:** 40%

**Cor:** dourado

| **Grupo** | Bacardi Limited |
|---|---|
| **Destilaria** | – |
| **Localização** | – |
| **Centro de visitas** | Aberfeldy Distillery |
| **Site** | dewars.com |
| **Preço** | R$ 250 – R$ 300 |

# Nota: 8,8

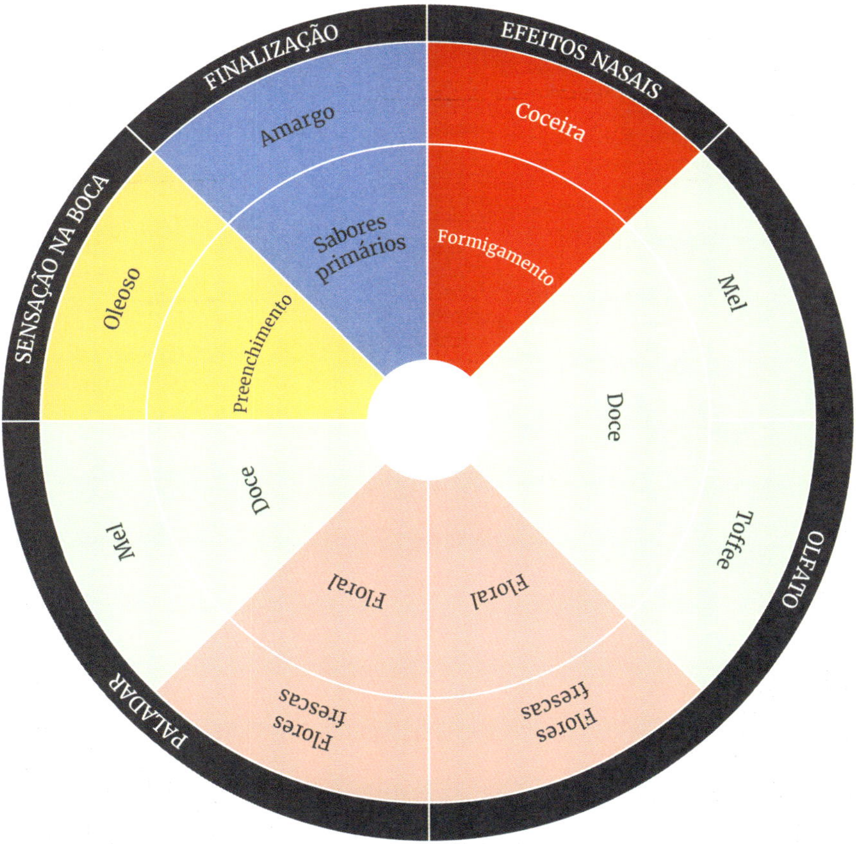
FINALIZAÇÃO
Amargo
Sabores primários
EFEITOS NASAIS
Coceira
Formigamento
OLFATO
Mel
Doce
Toffee
Floral
Flores frescas
PALADAR
Mel
Doce
Floral
Flores frescas
SENSAÇÃO NA BOCA
Oleoso
Preenchimento

Escócia | **Blended**

# Dewar's 18

O Dewar's 18 foi criado em 2003 e tem acumulado prêmios ao redor do mundo. Com notas de mel tão intensas que poderiam ser comparadas a um licor de whisky com mel de alta qualidade, ele é perfeito como digestivo após o jantar, pois proporciona uma experiência suave e luxuosa a cada gole.

**Teor alcoólico:** 40%

**Cor:** âmbar

| | |
|---|---|
| **Grupo** | Bacardi Limited |
| **Destilaria** | – |
| **Localização** | – |
| **Centro de visitas** | Aberfeldy Distillery |
| **Site** | dewars.com |
| **Preço** | R$ 700 |

## Nota: 8,0

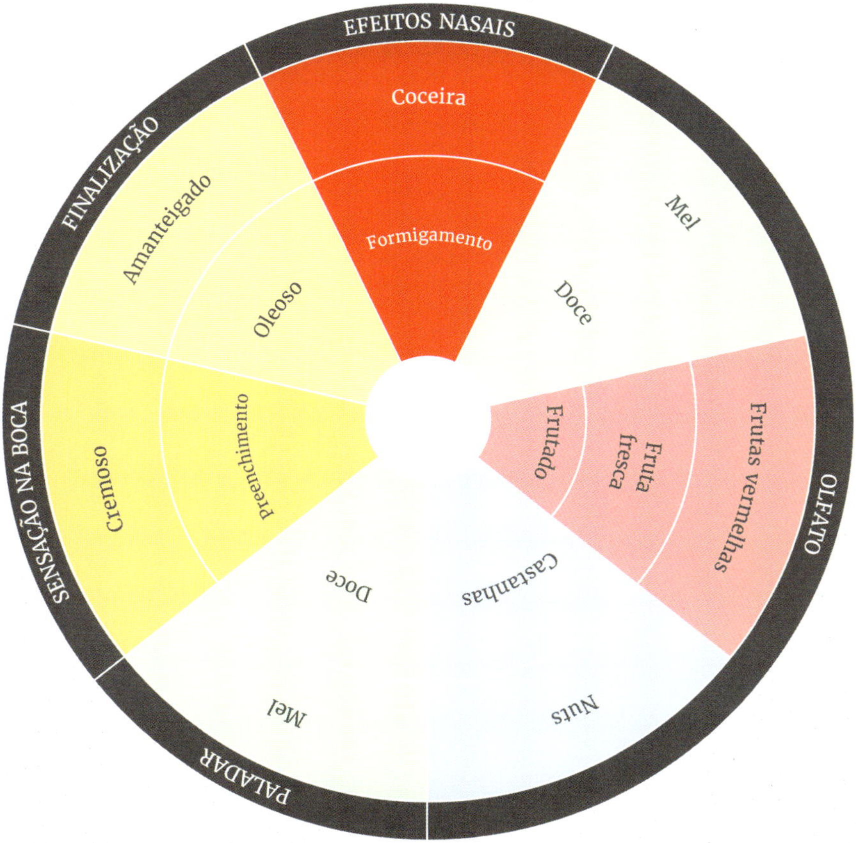
EFEITOS NASAIS
Coceira
Formigamento
OLFATO
Mel
Doce
Frutado
Fruta fresca
Frutas vermelhas
Castanhas
Nuts
PALADAR
Doce
Mel
SENSAÇÃO NA BOCA
Cremoso
Preenchimento
FINALIZAÇÃO
Amanteigado
Oleoso

Escócia | **Blended**

# Dewar's White Label

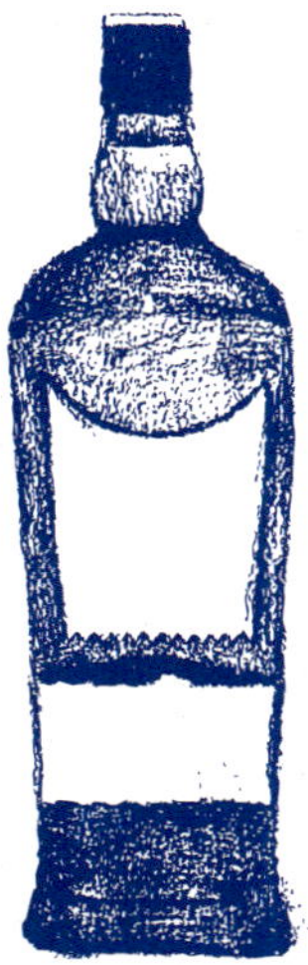

O Dewar's White Label é um blended whisky sem idade declarada, composto de uma impressionante combinação de até 40 maltes e whiskies de grãos diferentes. Criado em 1899 por A. J. Cameron, apenas um ano após o início das operações na destilaria Aberfeldy, ele rapidamente se consolidou um dos gigantes entre os blended whiskies escoceses.

**Teor alcoólico:** 40%

**Cor:** dourado

| **Grupo** | Bacardi Limited |
|---|---|
| **Destilaria** | – |
| **Localização** | – |
| **Centro de visitas** | Aberfeldy Distillery |
| **Site** | dewars.com |
| **Preço** | R$ 80 |

## Nota: 7,0

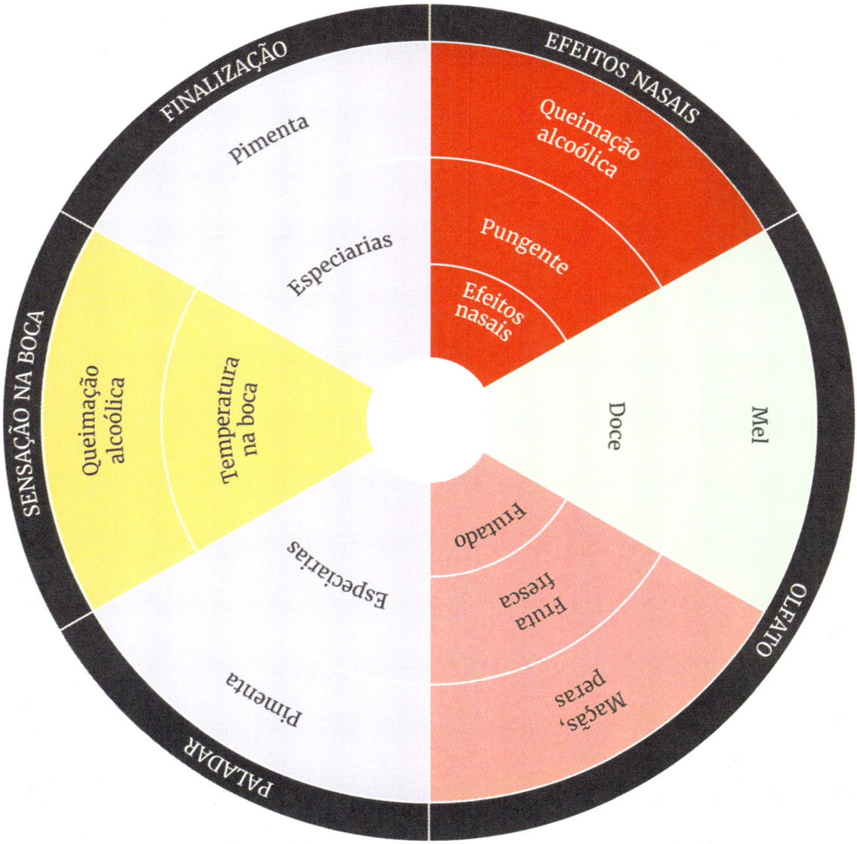
FINALIZAÇÃO
Pimenta
Especiarias
EFEITOS NASAIS
Queimação alcoólica
Pungente
Efeitos nasais
OLFATO
Mel
Doce
Maçãs, peras
Fruta fresca
Frutado
PALADAR
Pimenta
Especiarias
SENSAÇÃO NA BOCA
Queimação alcoólica
Temperatura na boca

Escócia | **Blended**

# The Famous Grouse

Lançado em 1896, The Famous Grouse é um dos blended whiskies mais populares da Escócia; combina maltes renomados como The Macallan e Highland Park. Em 1984, recebeu o Royal Warrant, reconhecimento de excelência pela família real britânica. Em setembro de 2024, a Edrington anunciou a venda das marcas The Famous Grouse e Naked Malt para a William Grant & Sons, sujeita a aprovações regulatórias.

**Teor alcoólico:** 40%

**Cor:** dourado claro

| | |
|---|---|
| **Grupo** | William Grant & Sons |
| **Destilaria** | The Glenturret, Highland Park, The Macallan |
| **Localização** | – |
| **Centro de visitas** | – |
| **Site** | thefamousgrouse.com |
| **Preço** | R$ 100 – R$ 150 |

Nota: 6,8

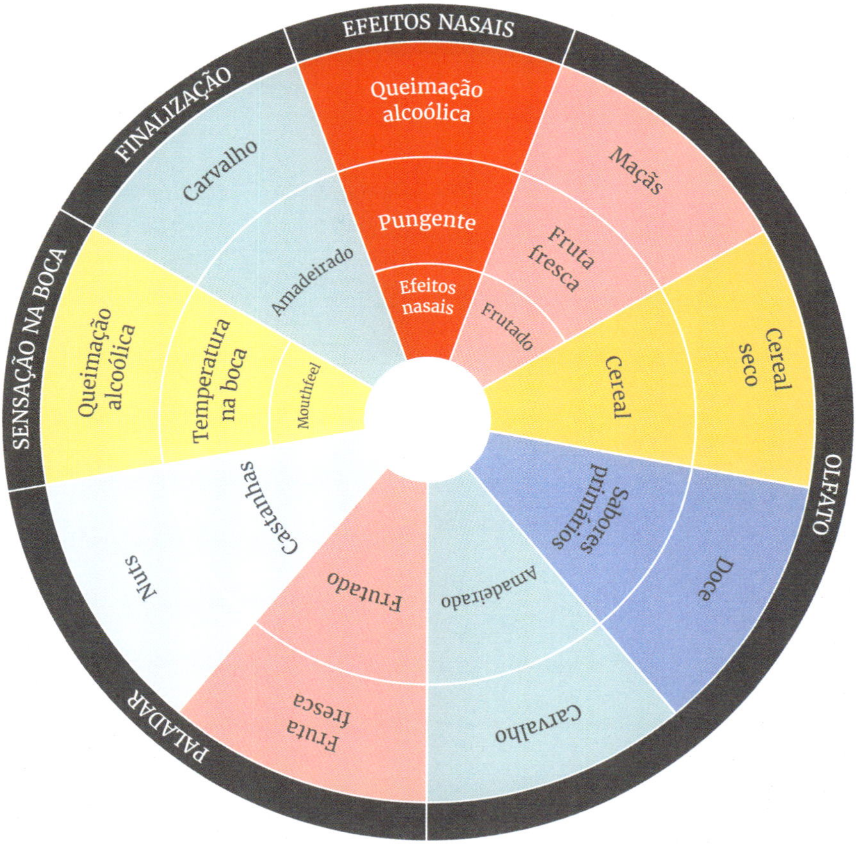
EFEITOS NASAIS
Queimação alcoólica
Pungente
Efeitos nasais
OLFATO
Maçãs
Fruta fresca
Frutado
Cereal seco
Cereal
Doce
Sabores primários
PALADAR
Carvalho
Amadeirado
Fruta fresca
Frutado
Nuts
Castanhas
SENSAÇÃO NA BOCA
Queimação alcoólica
Temperatura na boca
Mouthfeel
FINALIZAÇÃO
Carvalho
Amadeirado

Escócia | **Blended**

# Grant's Triple Wood

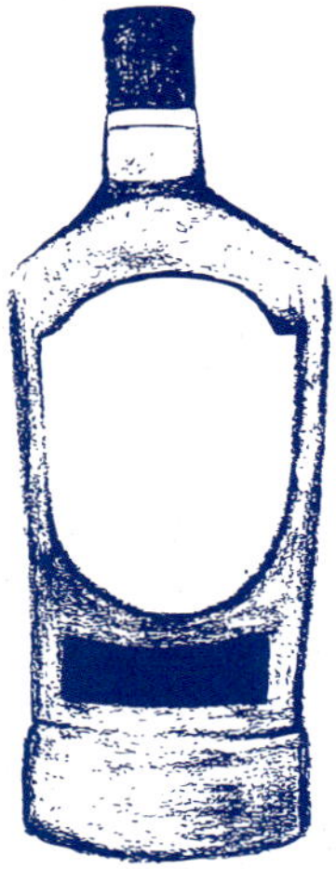

Criado em 1887 por William Grant, o Grant's Triple Wood deve seu nome ao amadurecimento em três tipos distintos de barris, que conferem complexidade e equilíbrio ao whisky. Vale ressaltar que o Grant's degustado por mim veio de uma garrafa lacrada há 20 anos, então é possível que existam diferenças em relação à versão disponível no mercado atualmente.

**Teor alcoólico:** 40%

**Cor:** dourado

| | |
|---|---|
| **Grupo** | William Grant & Sons |
| **Destilaria** | Girvan Distillery (grãos) e seleção de maltes de diversas destilarias |
| **Localização** | – |
| **Centro de visitas** | – |
| **Site** | grantswhisky.com |
| **Preço** | R$ 80 – R$ 120 |

Nota: 7,2

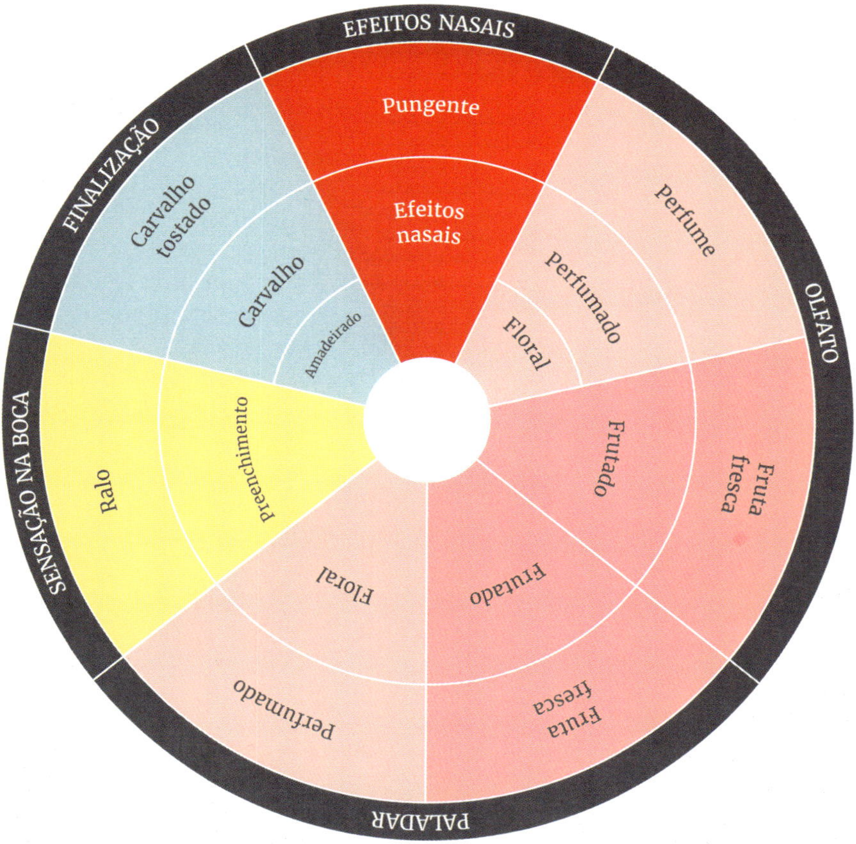
EFEITOS NASAIS
Pungente
Efeitos nasais
OLFATO
Perfume
Perfumado
Floral
Fruta fresca
Frutado
PALADAR
Fruta fresca
Frutado
Perfumado
Floral
SENSAÇÃO NA BOCA
Ralo
preenchimento
FINALIZAÇÃO
Carvalho tostado
Carvalho
Amadeirado

Escócia | **Blended**

# Johnnie Walker Black Label 12

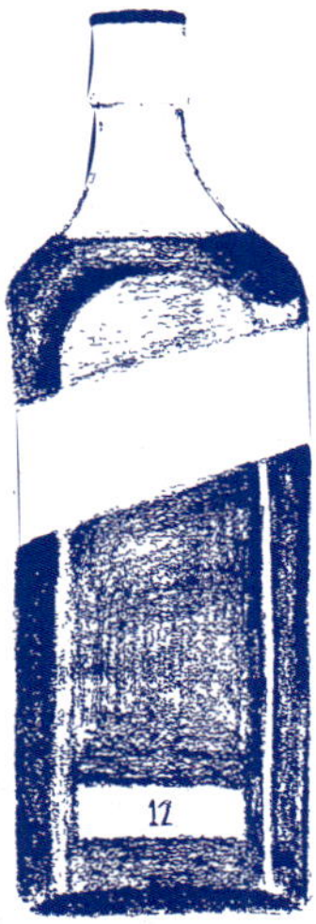

Criado em 1909, o Johnnie Walker Black Label 12 é um clássico atemporal. Combinando whiskies envelhecidos por, pelo menos, 12 anos, oferece grande versatilidade e é ideal para ser apreciado puro, com gelo ou em coquetéis. Minha preferência é apreciar o Black Label puro acompanhado de um bom churrasco.

**Teor alcoólico:** 40%

**Cor:** âmbar

| | |
|---|---|
| **Grupo** | Diageo |
| **Destilaria** | Blend de maltes de Cardhu, Clynelish e outros grãos |
| **Localização** | – |
| **Centro de visitas** | Johnnie Walker Princes Street |
| **Site** | johnniewalker.com |
| **Preço** | R$ 120 |

Nota: 7,8

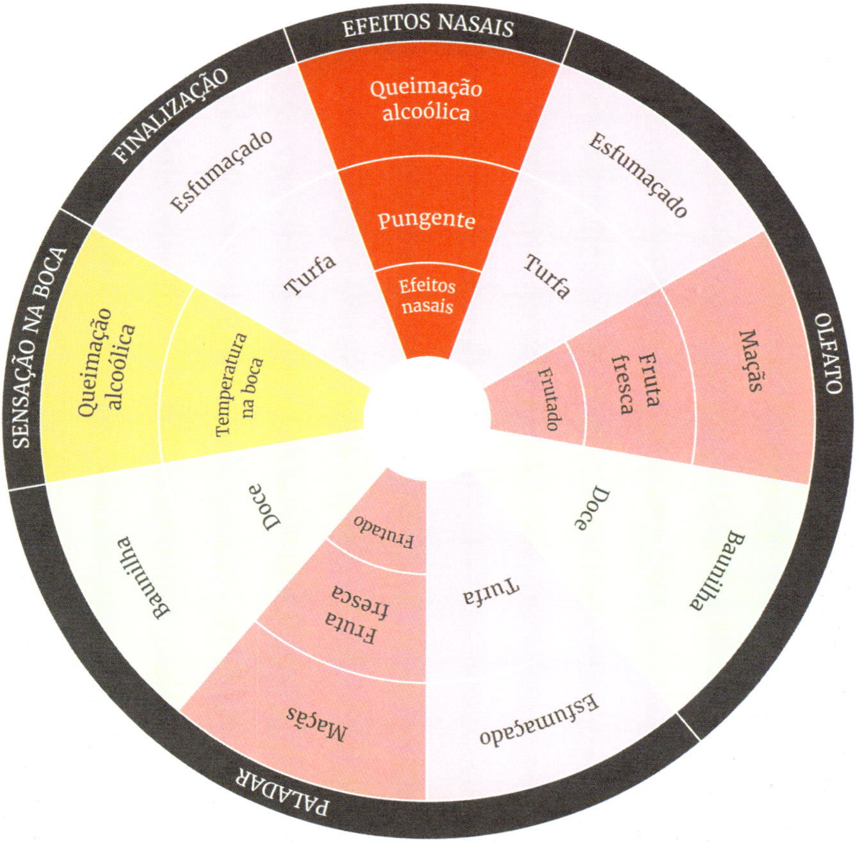
EFEITOS NASAIS
Queimação alcoólica
Pungente
Efeitos nasais
OLFATO
Esfumaçado
Turfa
Maçãs
Fruta fresca
Frutado
Doce
Baunilha
PALADAR
Esfumaçado
Turfa
Maçãs
Fruta fresca
Frutado
Doce
Baunilha
SENSAÇÃO NA BOCA
Queimação alcoólica
Temperatura na boca
FINALIZAÇÃO
Esfumaçado
Turfa

Escócia | **Blended**

# Johnnie Walker Black Label Sherry Finish 12

O Johnnie Walker Black Label Sherry Finish é uma variação especial do Black Label tradicional, finalizada em barris de xerez. Harmoniza muito bem com chocolate e frutas secas. A experiência olfativa me agradou mais que a do paladar.

**Teor alcoólico:** 40%

**Cor:** âmbar

| | |
|---|---|
| **Grupo** | Diageo |
| **Destilaria** | Blend de maltes de Cardhu, Clynelish e outros grãos |
| **Localização** | – |
| **Centro de visitas** | Johnnie Walker Princes Street |
| **Site** | johnniewalker.com |
| **Preço** | R$ 120 |

Nota: 7,0

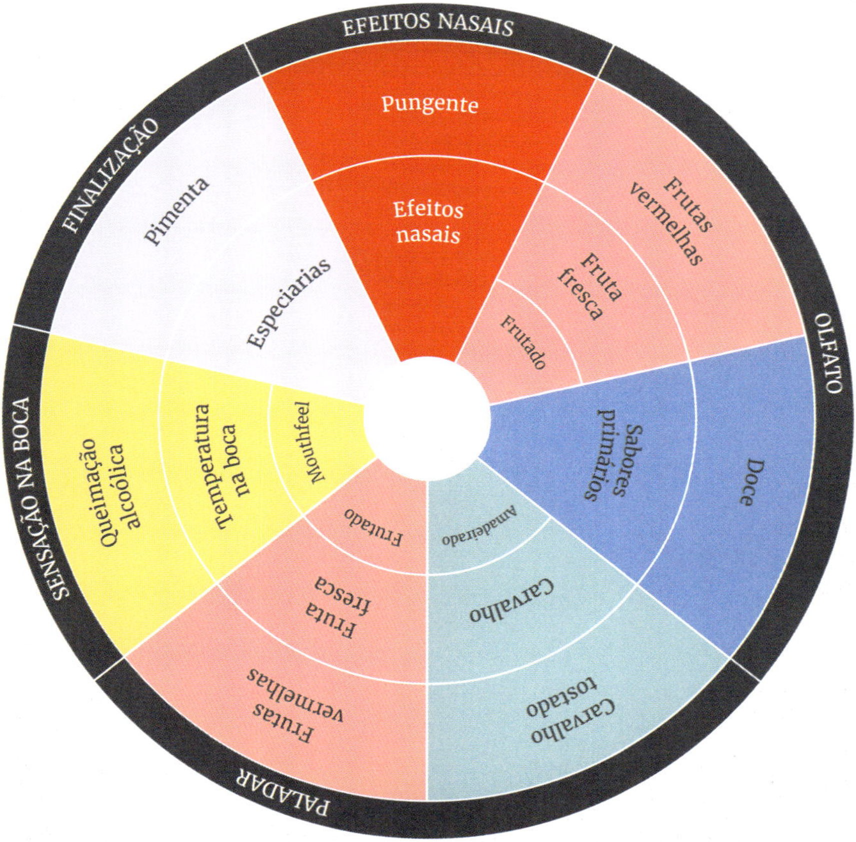
EFEITOS NASAIS
Pungente
Efeitos nasais
OLFATO
Frutas vermelhas
Fruta fresca
Frutado
Doce
Sabores primários
Carvalho tostado
Carvalho
Amadeirado
PALADAR
Frutas vermelhas
Fruta fresca
Frutado
SENSAÇÃO NA BOCA
Queimação alcoólica
Temperatura na boca
Mouthfeel
FINALIZAÇÃO
Pimenta
Especiarias

Escócia | **Blended**

# Johnnie Walker Blonde

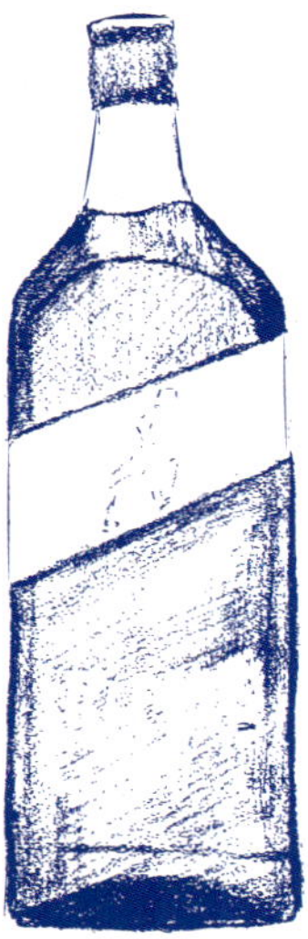

O Johnnie Walker Blonde é um whisky feito para misturar e criar drinques. Mesmo assim, acredito que degustar ele puro e tentar entender seus aromas e sabores pode nos ajudar a criar drinques melhores e mais equilibrados.

**Teor alcoólico:** 40%

**Cor:** dourado

| | |
|---|---|
| **Grupo** | Diageo |
| **Destilaria** | – |
| **Localização** | – |
| **Centro de visitas** | Johnnie Walker Princes Street |
| **Site** | johnniewalker.com |
| **Preço** | R$ 80 – R$ 120 |

Nota: 6,8

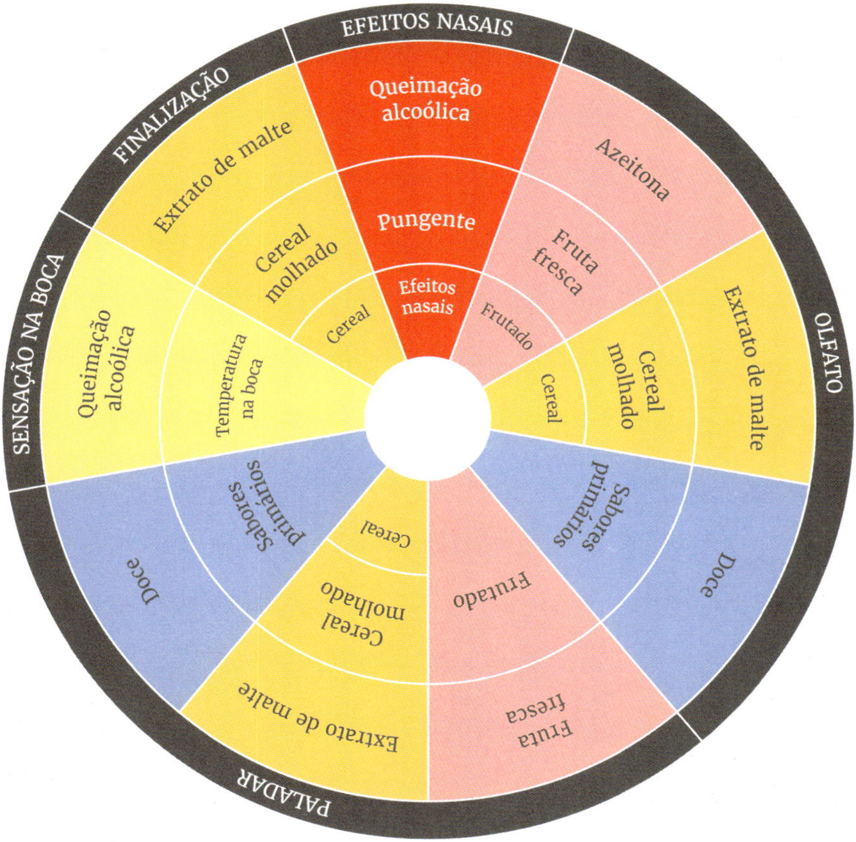
EFEITOS NASAIS
Queimação alcoólica
Pungente
Efeitos nasais
OLFATO
Azeitona
Fruta fresca
Frutado
Extrato de malte
Cereal molhado
Cereal
PALADAR
Doce
Sabores primários
Frutado
Fruta fresca
Extrato de malte
Cereal molhado
Cereal
SENSAÇÃO NA BOCA
Queimação alcoólica
Temperatura na boca
Doce
Sabores primários
FINALIZAÇÃO
Extrato de malte
Cereal molhado
Cereal

Escócia | **Blended**

# Johnnie Walker Blue Label

Diferentemente do que muitos imaginam, o Johnnie Walker Blue Label não tem idade declarada. No entanto, isso não é indicativo de menor qualidade - na verdade, é exatamente o oposto. Apenas um em cada dez mil barris apresenta a excelência necessária para ser selecionado, garantindo o caráter, a personalidade e o sabor únicos que definem esse whisky icônico.

**Teor alcoólico:** 40%

**Cor:** âmbar

| | |
|---|---|
| **Grupo** | Diageo |
| **Destilaria** | – |
| **Localização** | – |
| **Centro de visitas** | Johnnie Walker Princes Street |
| **Site** | johnniewalker.com |
| **Preço** | R$ 1.000 - R$ 1.200 |

Nota: 7,8

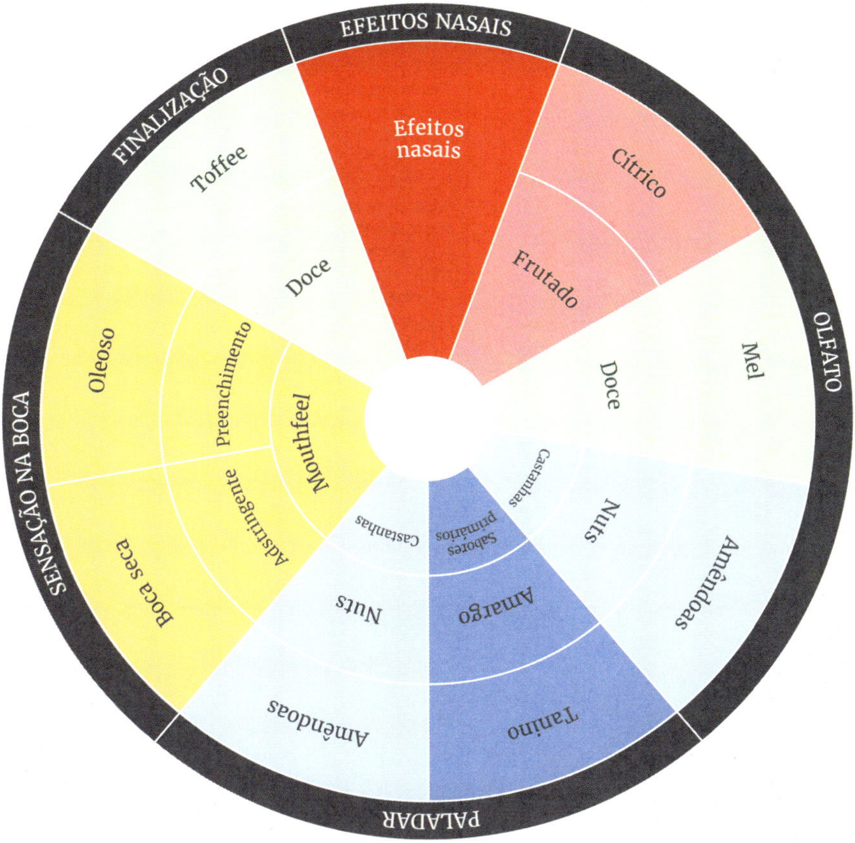
EFEITOS NASAIS
Efeitos nasais
OLFATO
Cítrico
Frutado
Mel
Doce
Castanhas
Nuts
Amêndoas
PALADAR
Sabores primários
Amargo
Tanino
Castanhas
Nuts
Amêndoas
SENSAÇÃO NA BOCA
Oleoso
Preenchimento
Mouthfeel
Adstringente
Boca seca
FINALIZAÇÃO
Toffee
Doce

Escócia | **Blended**

# Johnnie Walker Blue Label Elusive Umami

Diferentemente do que muitos imaginam, o Johnnie Walker Blue Label Elusive Umami também não tem idade declarada, mas isso não significa qualidade inferior – é justamente o contrário. Para alcançar seu perfil gustativo único, são examinados 25 mil barris, dos quais apenas um revela o caráter umami ideal – raridade ainda maior em relação ao Blue Label comum, que seleciona 1 em 10 mil barris. Essa busca implacável garante um blend extraordinário, com barris que trazem notas salgadas e defumadas, resultando em uma expressão singular e refinada do mítico sabor umami.

**Teor alcoólico:** 43%

**Cor:** Âmbar

| | |
|---|---|
| **Grupo** | Diageo |
| **Destilaria** | – |
| **Localização** | – |
| **Centro de visitas** | Johnnie Walker Princes Street |
| **Site** | johnniewalker.com |
| **Preço** | R$ 2.500 – R$ 3.000 |

## Nota: 8,0

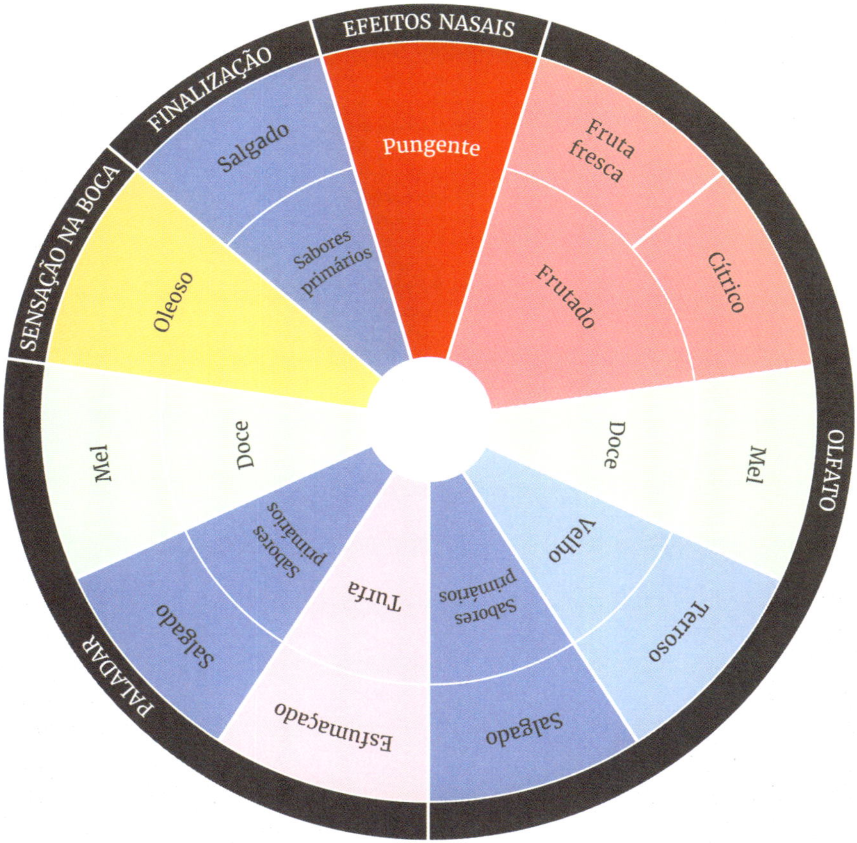
EFEITOS NASAIS
Pungente
OLFATO
Fruta fresca
Frutado
Cítrico
Doce
Mel
Velho
Terroso
Sabores primários
Salgado
PALADAR
Turfa
Esfumaçado
Sabores primários
Salgado
Doce
Mel
SENSAÇÃO NA BOCA
Oleoso
FINALIZAÇÃO
Salgado
Sabores primários

Escócia | **Blended**

# Johnnie Walker Double Black

Inspirado no clássico Black Label, o Johnnie Walker Double Black eleva a intensidade com um perfil mais defumado e encorpado. Este blend potente destaca a turfa de modo marcante, oferecendo uma experiência robusta e única. Com excelente custo-benefício, é a escolha ideal para quem busca o sabor característico da turfa em blends escoceses.

**Teor alcoólico:** 40%

**Cor:** âmbar

| **Grupo** | Diageo |
|---|---|
| **Destilaria** | – |
| **Localização** | – |
| **Centro de visitas** | Johnnie Walker Princes Street |
| **Site** | johnniewalker.com |
| **Preço** | R$ 180 – R$ 230 |

Nota: 8,0

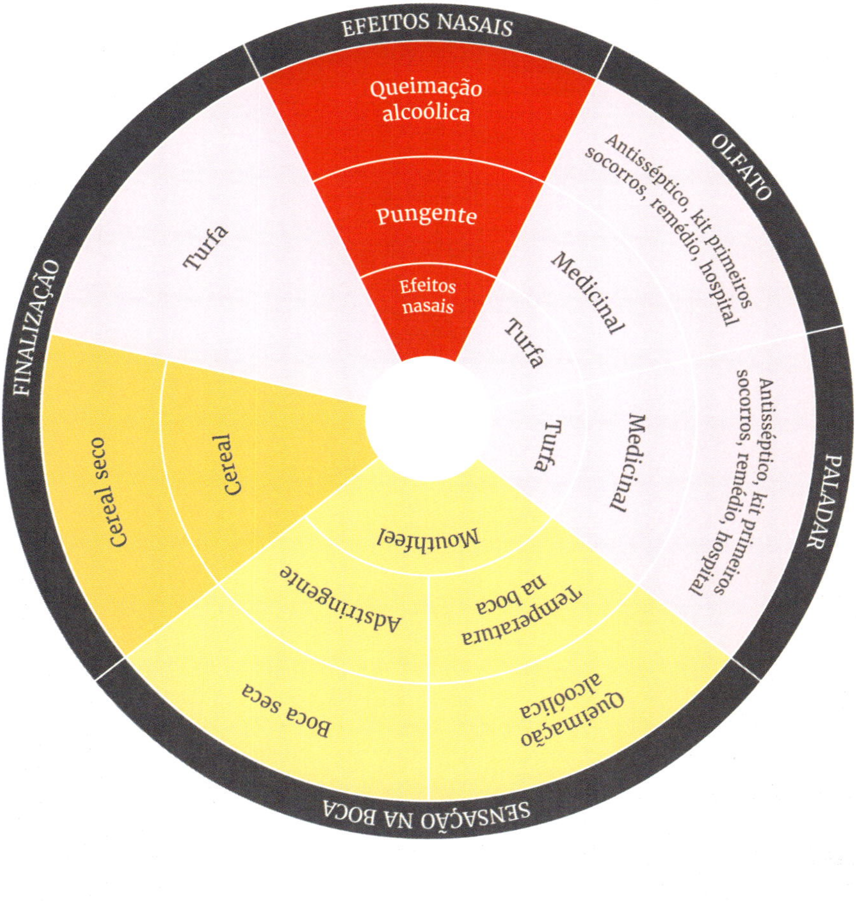
EFEITOS NASAIS
Queimação alcoólica
Pungente
Efeitos nasais
OLFATO
Antisséptico, kit primeiros socorros, remédio, hospital
Medicinal
Turfa
PALADAR
Antisséptico, kit primeiros socorros, remédio, hospital
Medicinal
Turfa
SENSAÇÃO NA BOCA
Mouthfeel
Temperatura na boca
Adstringente
Queimação alcoólica
Boca seca
FINALIZAÇÃO
Cereal
Cereal seco
Turfa

Escócia | **Blended**

# Johnnie Walker Gold Label Reserve

O Johnnie Walker Gold Label Reserve se destaca pela suavidade e riqueza de sabores; é a escolha perfeita para celebrações. Com perfil mais acessível ao paladar, tem menos presença de turfa em comparação a outros rótulos da marca, o que o torna mais fácil de agradar em ocasiões especiais. Se a turfa for o que você busca, talvez seja melhor explorar outras opções da linha Johnnie Walker.

**Teor alcoólico:** 40%

**Cor:** dourado

| | |
|---|---|
| **Grupo** | Diageo |
| **Destilaria** | – |
| **Localização** | – |
| **Centro de visitas** | Johnnie Walker Princes Street |
| **Site** | johnniewalker.com |
| **Preço** | R$ 250 – R$ 300 |

Nota: 8,0

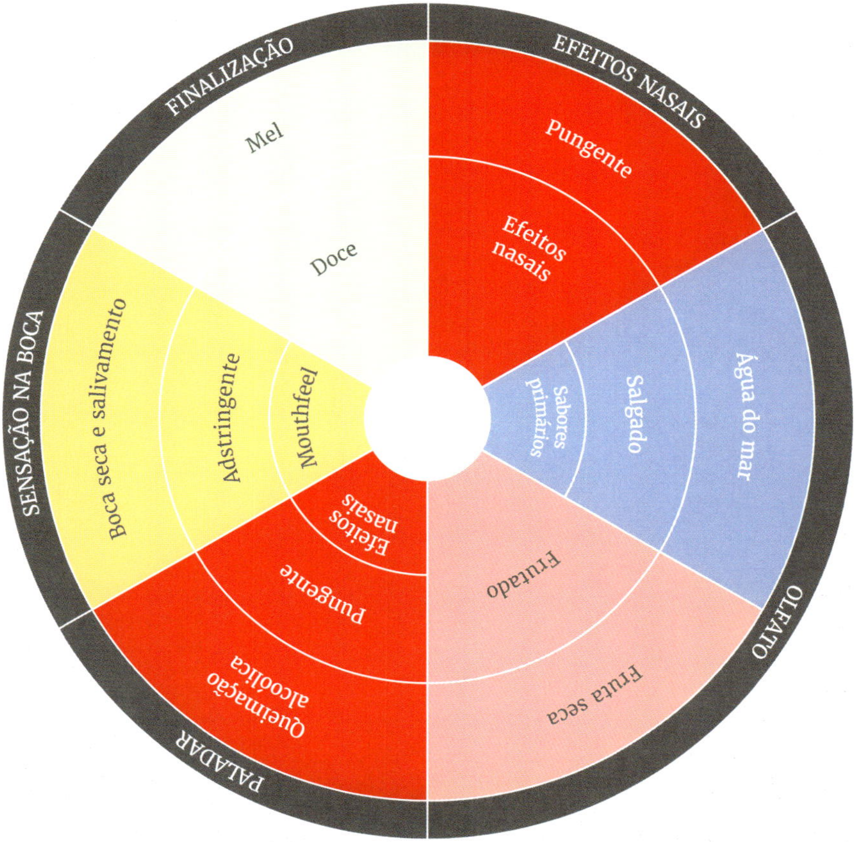
FINALIZAÇÃO
Mel
Doce
EFEITOS NASAIS
Pungente
Efeitos nasais
OLFATO
Água do mar
Salgado
Sabores primários
Fruta seca
Frutado
PALADAR
Queimação alcoólica
Pungente
Efeitos nasais
SENSAÇÃO NA BOCA
Boca seca e salivamento
Adstringente
Mouthfeel

Escócia | **Blended**

# Johnnie Walker Green Label 15

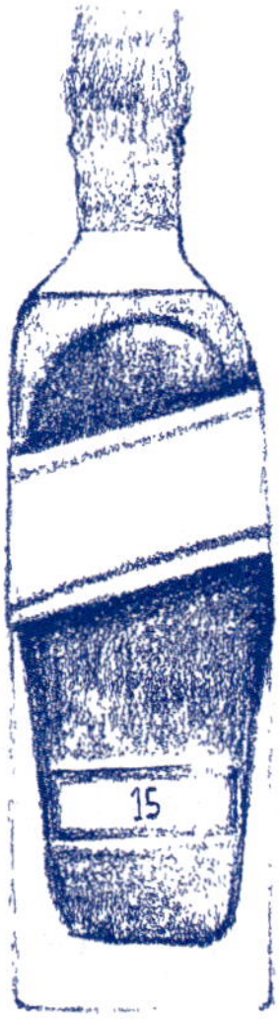


O Johnnie Walker Green Label 15 é o único blended malt deste livro, o que justifica sua presença na seção de blends. No entanto, sua categoria correta é a de blended malt, composto exclusivamente de single malts de destilarias renomadas. Cada malte que integra o Green Label é envelhecido por, no mínimo, 15 anos. Não à toa, ele é considerado por muitos o melhor de toda a linha Johnnie Walker.

**Teor alcoólico:** 43%

**Cor:** âmbar

| **Grupo** | Diageo |
|---|---|
| **Destilaria** | Blend de single malts de destilarias renomadas, incluindo Talisker, Linkwood, Cragganmore e Caol Ila |
| **Localização** | – |
| **Centro de visitas** | Johnnie Walker Princes Street |
| **Site** | johnniewalker.com |
| **Preço** | R$ 400 – R$ 500 |

Nota: 8,5

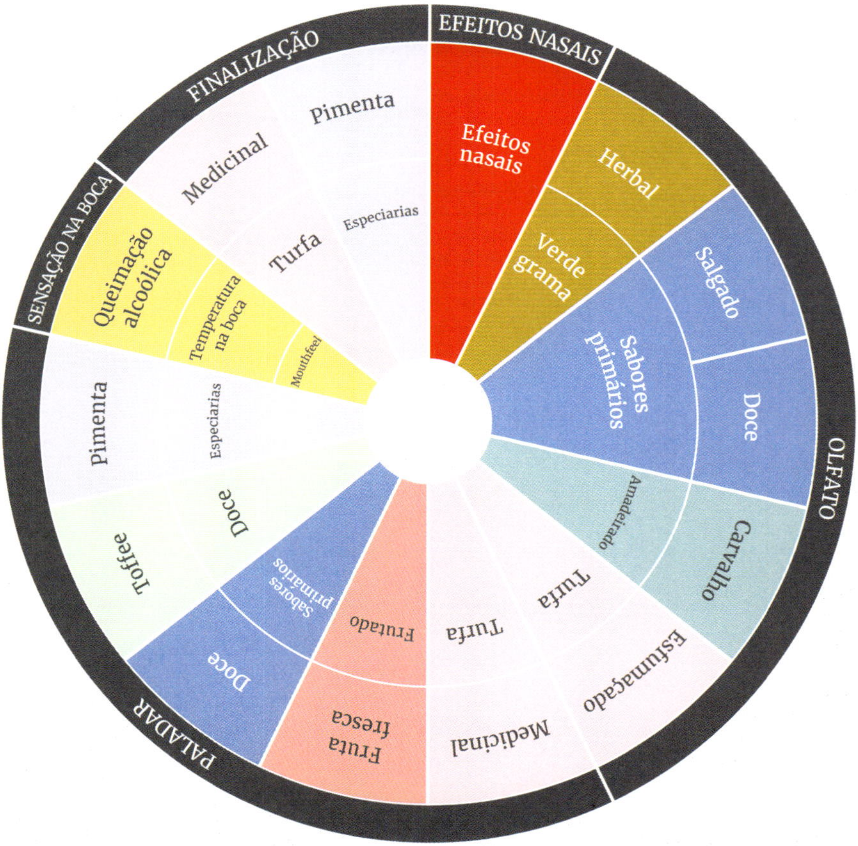
EFEITOS NASAIS
Efeitos nasais
Herbal
Verde grama
Salgado
Sabores primários
Doce
OLFATO
Amadeirado
Carvalho
Turfa
Esfumaçado
Turfa
Medicinal
Frutado
Fruta fresca
Sabores primários
Doce
PALADAR
Doce
Toffee
Especiarias
Pimenta
SENSAÇÃO NA BOCA
Queimação alcoólica
Temperatura na boca
Mouthfeel
FINALIZAÇÃO
Medicinal
Pimenta
Turfa
Especiarias

Escócia | **Blended**

# Johnnie Walker Red Label

O Johnnie Walker Red Label é o whisky escocês mais vendido no mundo, e não seria surpresa se ele tiver sido seu primeiro contato com a marca. Que tal revisitá-lo e degustá-lo novamente? Desde 1909, ele conquista paladares ao redor do mundo, e não por acaso. A versatilidade, o sabor marcante e a história centenária desse whisky explicam seu sucesso.

**Teor alcoólico:** 40%

**Cor:** dourado

| | |
|---|---|
| **Grupo** | Diageo |
| **Destilaria** | – |
| **Localização** | – |
| **Centro de visitas** | Johnnie Walker Princes Street |
| **Site** | johnniewalker.com |
| **Preço** | R$ 80 – R$ 120 |

Nota: 7,5

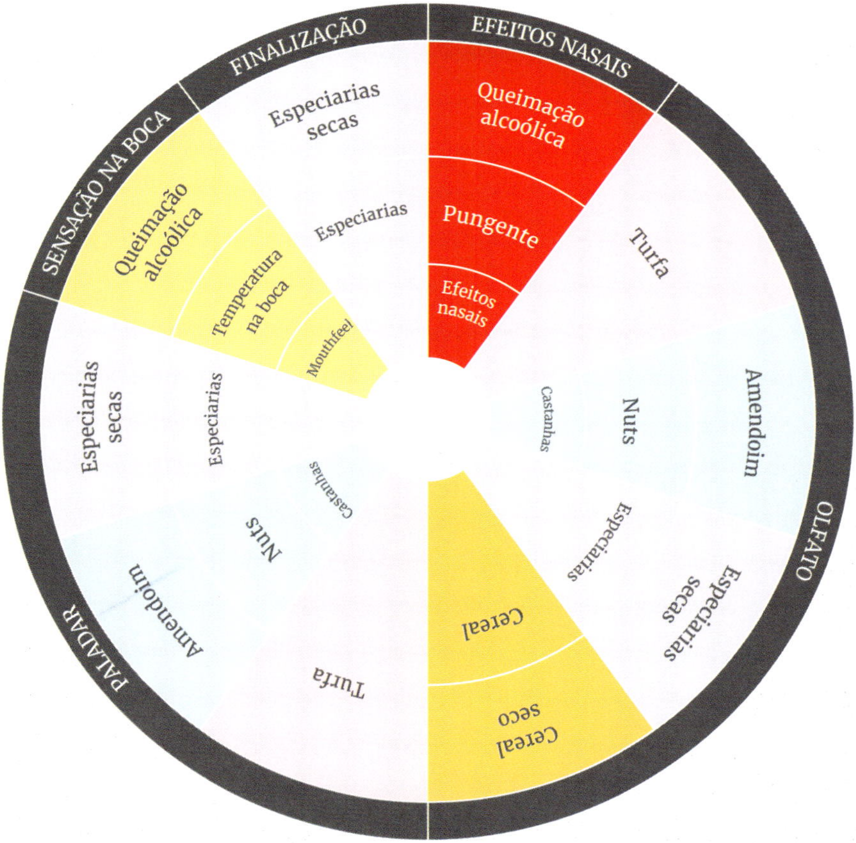
FINALIZAÇÃO
EFEITOS NASAIS
SENSAÇÃO NA BOCA
OLFATO
PALADAR
Especiarias secas
Especiarias
Queimação alcoólica
Pungente
Efeitos nasais
Queimação alcoólica
Temperatura na boca
Mouthfeel
Turfa
Amendoim
Nuts
Castanhas
Especiarias
Especiarias secas
Cereal
Cereal seco
Especiarias secas
Especiarias
Castanhas
Nuts
Amendoim
Turfa

Escócia | **Blended**

# Johnnie Walker Ultimate 18

Para mim, o Johnnie Walker Ultimate 18 anos é uma versão refinada do Black Label, mas sem a pimenta. Ele traz uma turfa leve, suave e bem equilibrada. Pode ser uma ótima porta de entrada para quem deseja explorar os whiskies turfados, especialmente aqueles que não estão acostumados ou preferem um perfil menos intenso. No entanto, quando se trata de custo-benefício para esse objetivo, talvez existam opções mais acessíveis. Vale lembrar que o Johnnie Walker Ultimate 18 anos já foi conhecido como Johnnie Walker Platinum Label e mantém a qualidade e sofisticação que o nome carrega.

**Teor alcoólico:** 40%

**Cor:** âmbar

| | |
|---|---|
| **Grupo** | Diageo |
| **Destilaria** | – |
| **Localização** | – |
| **Centro de visitas** | Johnnie Walker Princes Street |
| **Site** | johnniewalker.com |
| **Preço** | R$ 500 – R$ 550 |

Nota: 8,7

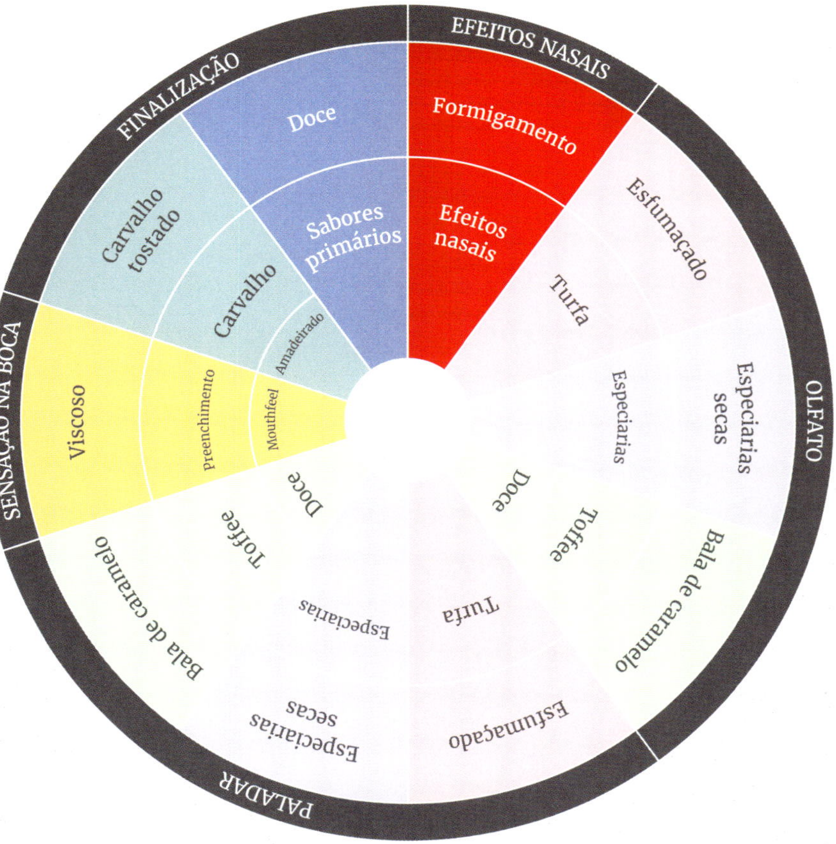
EFEITOS NASAIS
Formigamento
Efeitos nasais
OLFATO
Esfumaçado
Turfa
Especiarias secas
Especiarias
Doce
Toffee
Bala de caramelo
PALADAR
Turfa
Esfumaçado
Especiarias
Especiarias secas
Doce
Toffee
Bala de caramelo
SENSAÇÃO NA BOCA
Viscoso
Preenchimento
Mouthfeel
FINALIZAÇÃO
Carvalho tostado
Carvalho
Amadeirado
Doce
Sabores primários

Escócia | **Blended**

# Old Parr 12

Lançado em 1909, o Old Parr 12 anos é um blended scotch whisky que homenageia Thomas Parr, figura lendária conhecida por ter vivido 152 anos, falecendo em 1635. Com forte presença histórica na América Latina, os primeiros envios desse whisky para a região datam de 1921. Hoje, a América Latina representa a maior parte das vendas globais do Old Parr.

**Teor alcoólico:** 40%

**Cor:** dourado

| | |
|---|---|
| **Grupo** | Diageo |
| **Destilaria** | – |
| **Localização** | – |
| **Centro de visitas** | – |
| **Site** | oldparrscotch.com |
| **Preço** | R$ 120 – R$ 150 |

Nota: 7,5

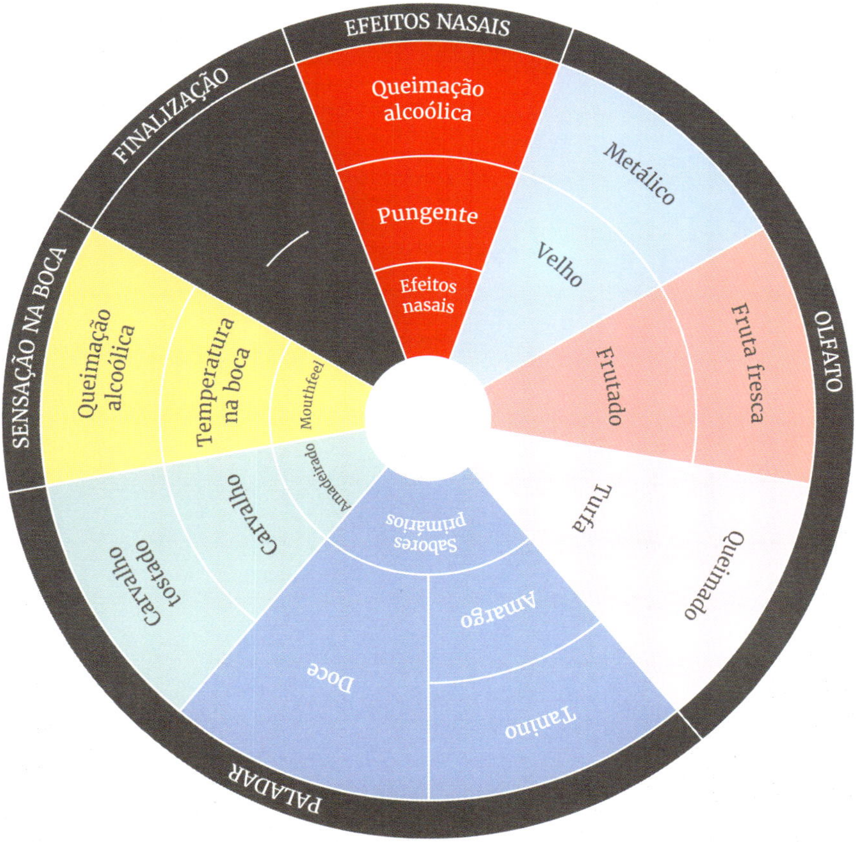
EFEITOS NASAIS
Queimação alcoólica
Pungente
Efeitos nasais
OLFATO
Metálico
Velho
Fruta fresca
Frutado
Turfa
Queimado
PALADAR
Sabores primários
Amargo
Tanino
Doce
Amadeirado
Carvalho
Carvalho tostado
SENSAÇÃO NA BOCA
Queimação alcoólica
Temperatura na boca
Mouthfeel
FINALIZAÇÃO

Escócia | **Blended**

# Old Parr 18

Quando provei o Old Parr 18 pela primeira vez, minhas expectativas estavam tão altas que acredito ter sido mais crítico que o necessário. Revisando minhas anotações, percebi a riqueza de suas notas sensoriais e a suavidade no paladar, com um amargor muito sutil. Para alguém como eu, que não é fã de sabores amargos, esse detalhe se tornou um ponto positivo que me fez apreciá-lo ainda mais.

**Teor alcoólico:** 40%

**Cor:** âmbar

| | |
|---|---|
| **Grupo** | Diageo |
| **Destilaria** | Blend de maltes e grãos selecionados de diversas destilarias escocesas |
| **Localização** | - |
| **Centro de visitas** | - |
| **Site** | oldparrscotch.com |
| **Preço** | R$ 350 - R$ 400 |

Nota: 7,5

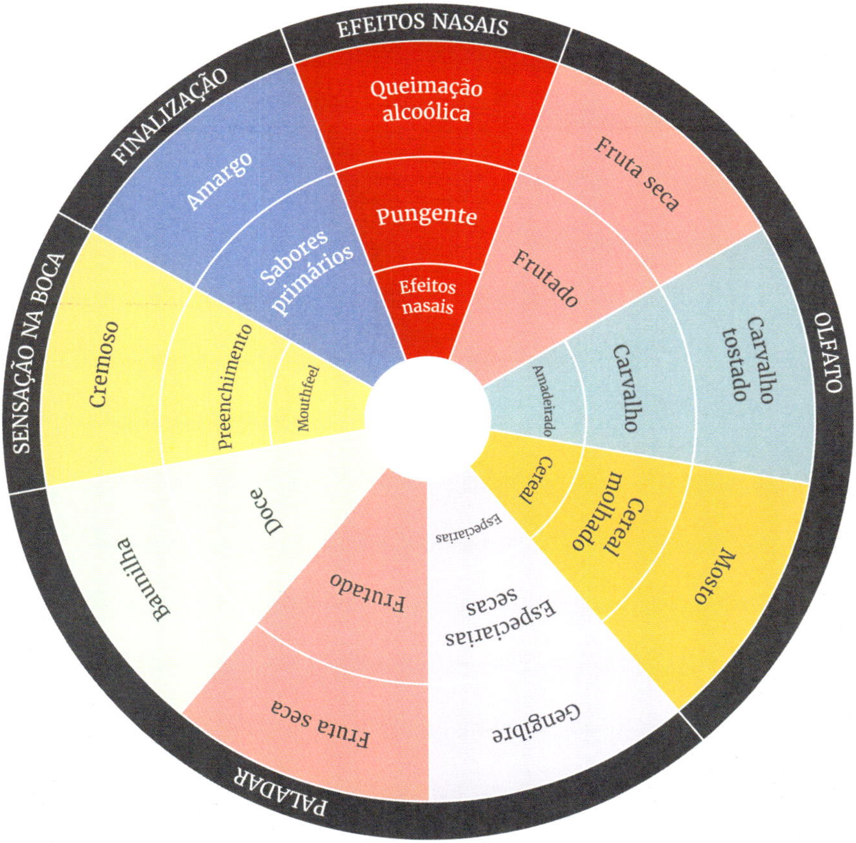
EFEITOS NASAIS
Queimação alcoólica
Pungente
Efeitos nasais
OLFATO
Fruta seca
Frutado
Carvalho tostado
Carvalho
Amadeirado
Mosto
Cereal molhado
Cereal
PALADAR
Gengibre
Especiarias secas
Especiarias
Fruta seca
Frutado
Baunilha
Doce
SENSAÇÃO NA BOCA
Cremoso
Preenchimento
Mouthfeel
FINALIZAÇÃO
Amargo
Sabores primários

Escócia | **Blended**

# Royal Salute 21

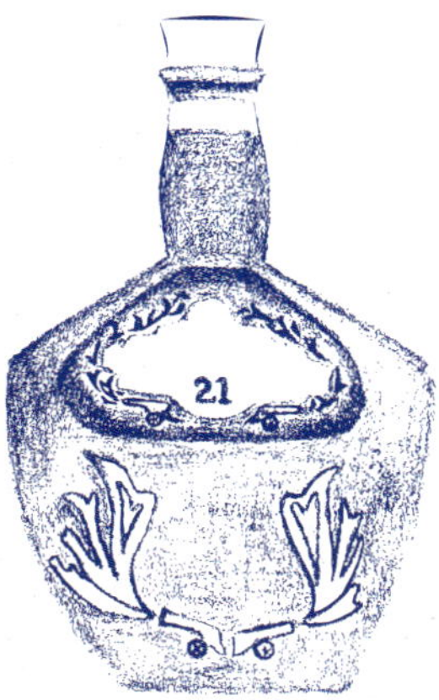

Lançado em 1953 pela Chivas Brothers para celebrar a coroação da rainha Elizabeth II, o Royal Salute 21 anos é um blended scotch whisky para ocasiões especiais. Seu nome faz referência à tradicional salva de 21 tiros de canhão disparados em tributo à realeza britânica.

Envelhecido por, no mínimo, 21 anos, o Royal Salute 21 anos é apresentado em garrafas de porcelana artesanal nas cores azul (safira), verde (esmeralda) e vermelho (rubi), cada uma representando uma joia da coroa britânica.

Neste livro, tenho como foco a versão de garrafa azul, que simboliza a safira.

**Teor alcoólico:** 40%

**Cor:** âmbar dourado

| | |
|---|---|
| **Grupo** | Pernod Ricard |
| **Destilaria** | – |
| **Localização** | – |
| **Centro de visitas** | Strathisla Distillery |
| **Site** | royalsalute.com |
| **Preço** | R$ 900 – R$ 1.300 |

Nota: 9,2

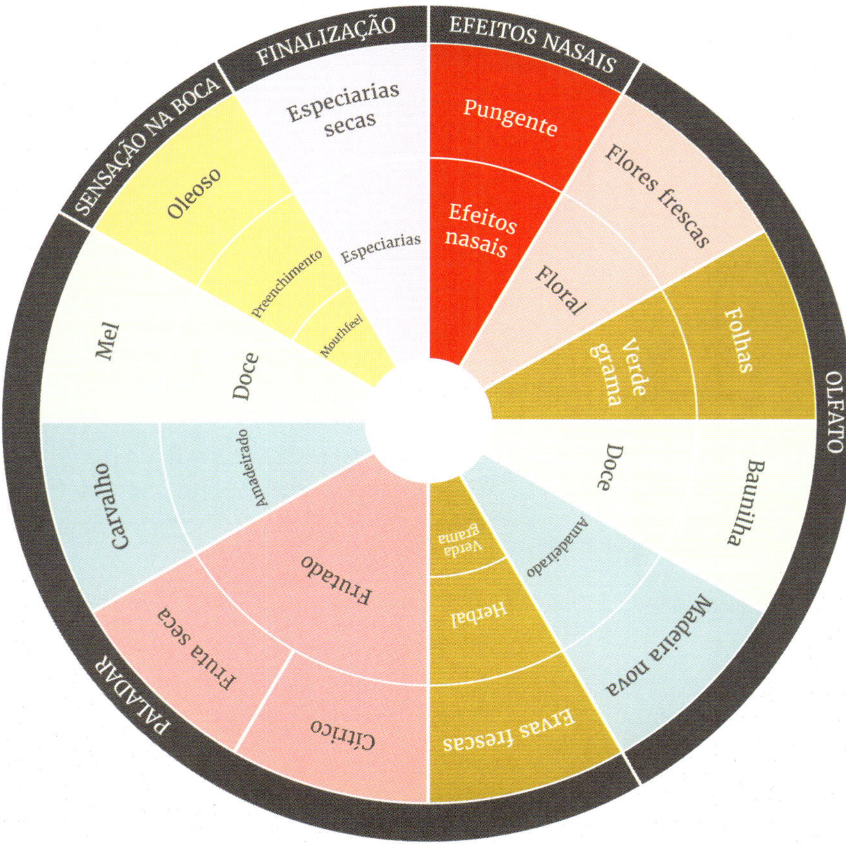
FINALIZAÇÃO
EFEITOS NASAIS
OLFATO
PALADAR
SENSAÇÃO NA BOCA
Especiarias secas
Especiarias
Pungente
Efeitos nasais
Flores frescas
Floral
Folhas
Verde grama
Doce
Baunilha
Amadeirado
Madeira nova
Verde grama
Herbal
Ervas frescas
Frutado
Cítrico
Fruta seca
Amadeirado
Carvalho
Mel
Doce
Oleoso
Preenchimento
Mouthfeel

Escócia | **Blended**

# White Horse

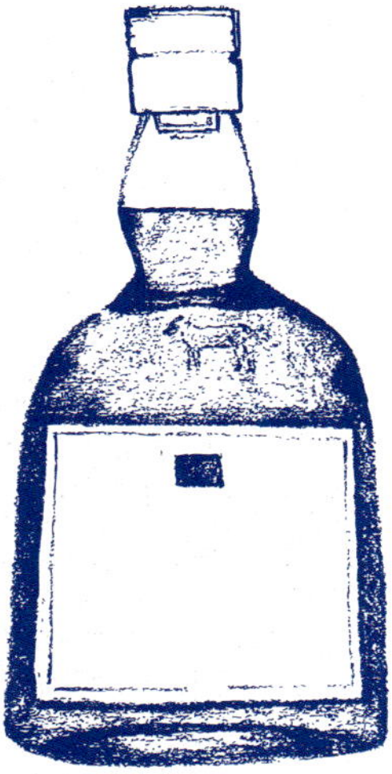

O White Horse carrega uma história rica e tradicional que remonta a 1883, quando James Logan Mackie fundou seu comércio homônimo. Com raízes firmes na destilaria Lagavulin, em Islay, da qual James era sócio desde 1835, o legado foi ampliado com a entrada de seu sobrinho, Peter Mackie, em 1878.

Foi Peter que, em 1890, enxergou o potencial de criar um blended whisky de alta qualidade para o mercado internacional. Nesse mesmo ano, a empresa foi renomeada para Mackie & Co. e o White Horse ganhou o mundo. O coração do White Horse é o malte de Lagavulin, que confere ao whisky seu toque defumado e sua robustez.

**Teor alcoólico:** 40%

**Cor:** dourado claro

| | |
|---|---|
| **Grupo** | Diageo |
| **Destilaria** | Blend de grãos e de maltes de destilarias renomadas, como a Lagavulin |
| **Localização** | – |
| **Centro de visitas** | – |
| **Site** | diageobaracademy.com |
| **Preço** | R$ 70 – R$ 100 |

Nota: 6,8

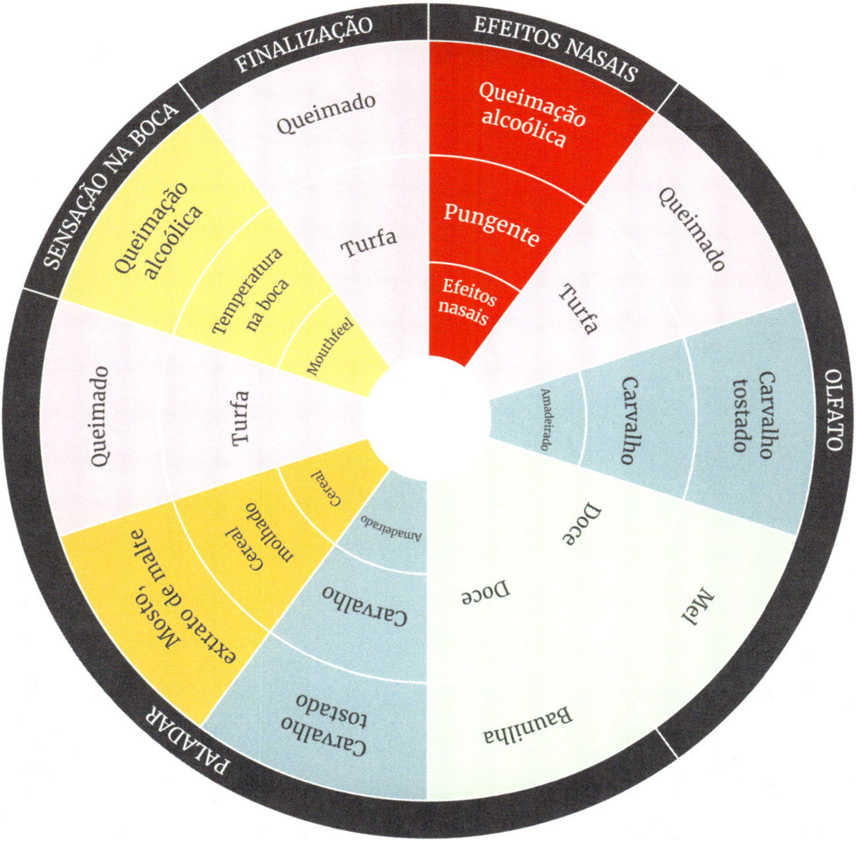
EFEITOS NASAIS
Queimação alcoólica
Pungente
Efeitos nasais
OLFATO
Queimado
Turfa
Carvalho tostado
Carvalho
Amadeirado
Doce
Mel
PALADAR
Baunilha
Doce
Carvalho tostado
Carvalho
Amadeirado
Mosto, extrato de malte
Cereal molhado
Cereal
Queimado
Turfa
SENSAÇÃO NA BOCA
Queimação alcoólica
Temperatura na boca
Mouthfeel
FINALIZAÇÃO
Queimado
Turfa

Escócia | **Blended**

# William Lawson's

Criado em 1849 por William Lawson, o William Lawson's é um blended scotch whisky conhecido por não apresentar notas defumadas.

**Teor alcoólico:** 40%

**Cor:** dourado

| **Grupo** | Bacardi Limited |
|---|---|
| **Destilaria** | Blend de maltes e grãos (Macduff Distillery) |
| **Localização** | – |
| **Centro de visitas** | – |
| **Site** | williamlawsons.com |
| **Preço** | R$ 50 – R$ 100 |

Nota: 6,5

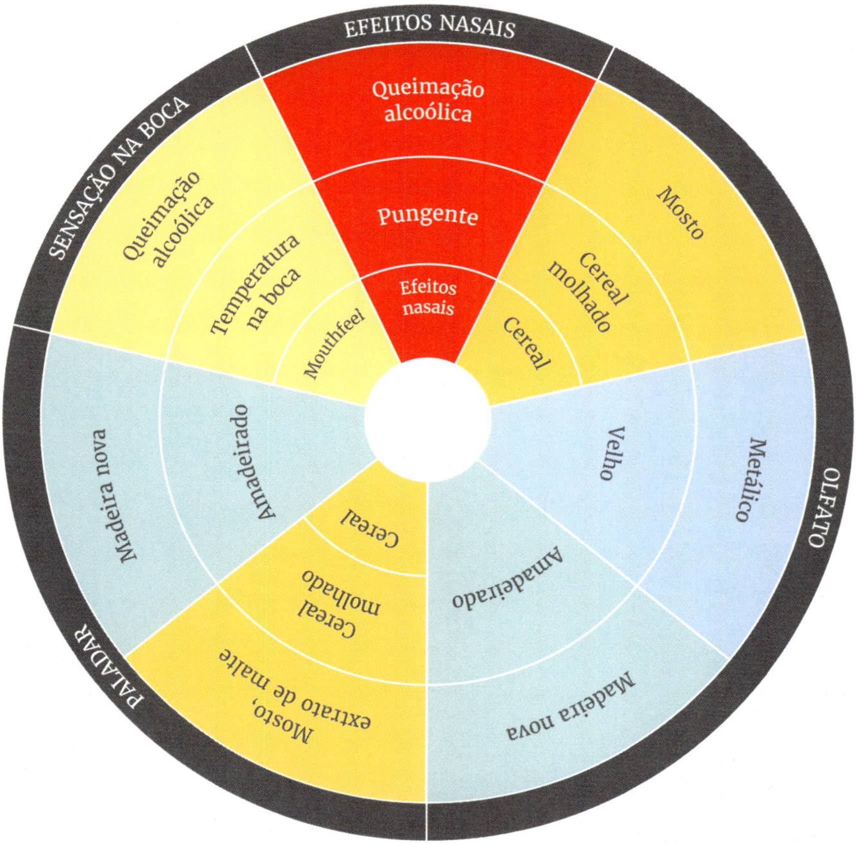
EFEITOS NASAIS
Queimação alcoólica
Pungente
Efeitos nasais
OLFATO
Mosto
Cereal molhado
Cereal
Velho
Metálico
Amadeirado
Madeira nova
PALADAR
Cereal
Cereal molhado
Mosto, extrato de malte
Amadeirado
Madeira nova
SENSAÇÃO NA BOCA
Queimação alcoólica
Temperatura na boca
Mouthfeel

Escócia | **Single malt**

# Aberlour 14

O Aberlour 14 anos é um excelente single malt escocês da região de Speyside, conhecido por seu equilíbrio entre riqueza e suavidade. Envelhecido em uma combinação de barris de carvalho americano de primeiro uso e barris de xerez Oloroso, apresenta um cheiro que me lembrou maçã do amor caramelizada e, no paladar, traz dulçor com especiarias.

**Teor alcoólico:** 40%

**Cor:** âmbar profundo

| | |
|---|---|
| **Grupo** | Pernod Ricard |
| **Destilaria** | Aberlour Distillery |
| **Localização** | – |
| **Centro de visitas** | Aberlour Distillery |
| **Site** | aberlour.com |
| **Preço** | R$ 440 - R$ 500 |

Nota: 8,8

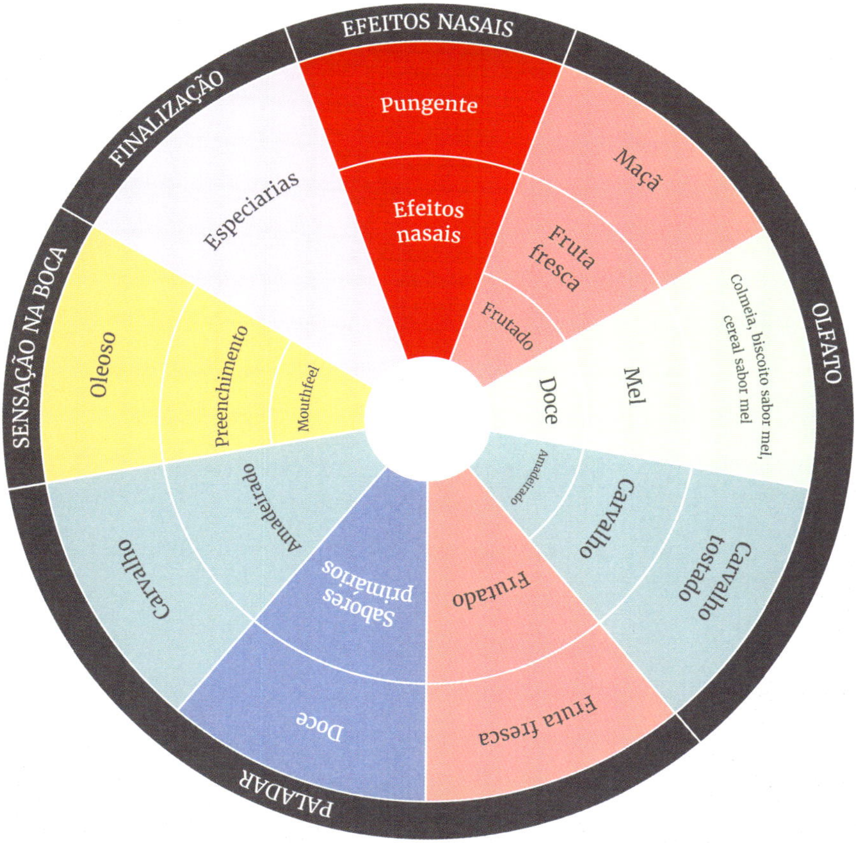
EFEITOS NASAIS
Pungente
Efeitos nasais
OLFATO
Maçã
Fruta fresca
Frutado
Colmeia, biscoito sabor mel, cereal sabor mel
Mel
Doce
Carvalho tostado
Carvalho
Amadeirado
PALADAR
Fruta fresca
Frutado
Doce
Sabores primários
Carvalho
Amadeirado
SENSAÇÃO NA BOCA
Oleoso
Preenchimento
Mouthfeel
FINALIZAÇÃO
Especiarias

Escócia | **Single malt**

# Auchentoshan American Oak

O Auchentoshan American Oak é um dos raros single malts da região das Lowlands, reconhecido pela suavidade e doçura. Envelhecido exclusivamente em barris de carvalho americano de primeiro e segundo usos, ele se diferencia pela tripla destilação - prática pouco comum no universo dos single malts escoceses. No entanto, minha experiência inicial foi diferente da que se promete. Não encontrei a suavidade esperada. Em vez disso, percebi notas de queijo, metal e cereal. Talvez seja o meu nariz, ou talvez precise revisitá-lo algumas vezes para ajustar minha percepção.

**Teor alcoólico:** 40%

**Cor:** dourado claro

| | |
|---|---|
| **Grupo** | Suntory Global Spirits |
| **Destilaria** | Auchentoshan Distillery |
| **Localização** | - |
| **Centro de visitas** | Auchentoshan Visitor Center |
| **Site** | auchentoshan.com |
| **Preço** | R$ 250 |

Nota: 6,5

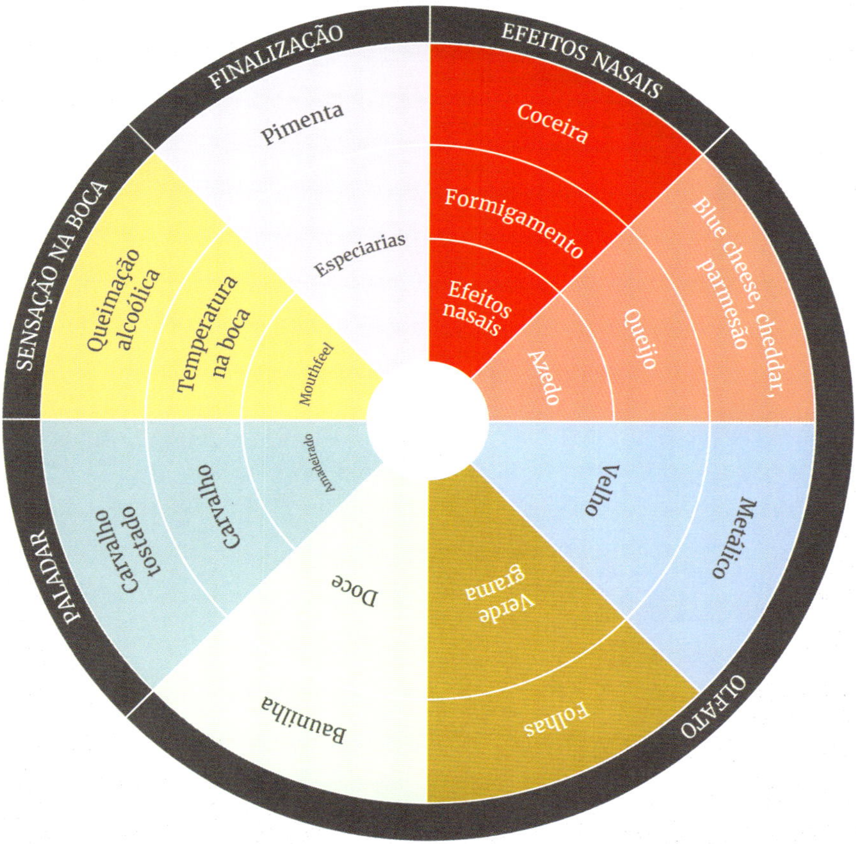
FINALIZAÇÃO
EFEITOS NASAIS
OLFATO
PALADAR
SENSAÇÃO NA BOCA
Pimenta
Especiarias
Coceira
Formigamento
Efeitos nasais
Blue cheese, cheddar, parmesão
Queijo
Azedo
Velho
Metálico
Verde grama
Folhas
Doce
Baunilha
Carvalho tostado
Carvalho
Amadeirado
Queimação alcoólica
Temperatura na boca
Mouthfeel

Escócia | **Single malt**

# Bowmore 12

O Bowmore 12 anos é muito mais que um single malt – é uma jornada ao coração da ilha de Islay. Produzido na destilaria mais antiga da ilha, em operação desde 1779, o Bowmore carrega séculos de história e maestria.

Envelhecido em barris de ex-bourbon e ex-xerez, o Bowmore 12 apresenta uma rica complexidade de sabores e aromas. No icônico No. 1 Vaults, o mais antigo armazém de maturação de whisky à beira-mar, deve ser possível sentir o passado presente em cada momento. Um dos locais que estão em minha lista de prioridades para conhecer.

**Teor alcoólico:** 40%

**Cor:** âmbar dourado

| | |
|---|---|
| **Grupo** | Suntory Global Spirits |
| **Destilaria** | Bowmore Distillery |
| **Localização** | Islay |
| **Centro de visitas** | Bowmore Distillery Visitor Center |
| **Site** | bowmore.com |
| **Preço** | R$ 450 – R$ 500 |

Nota: 8,5

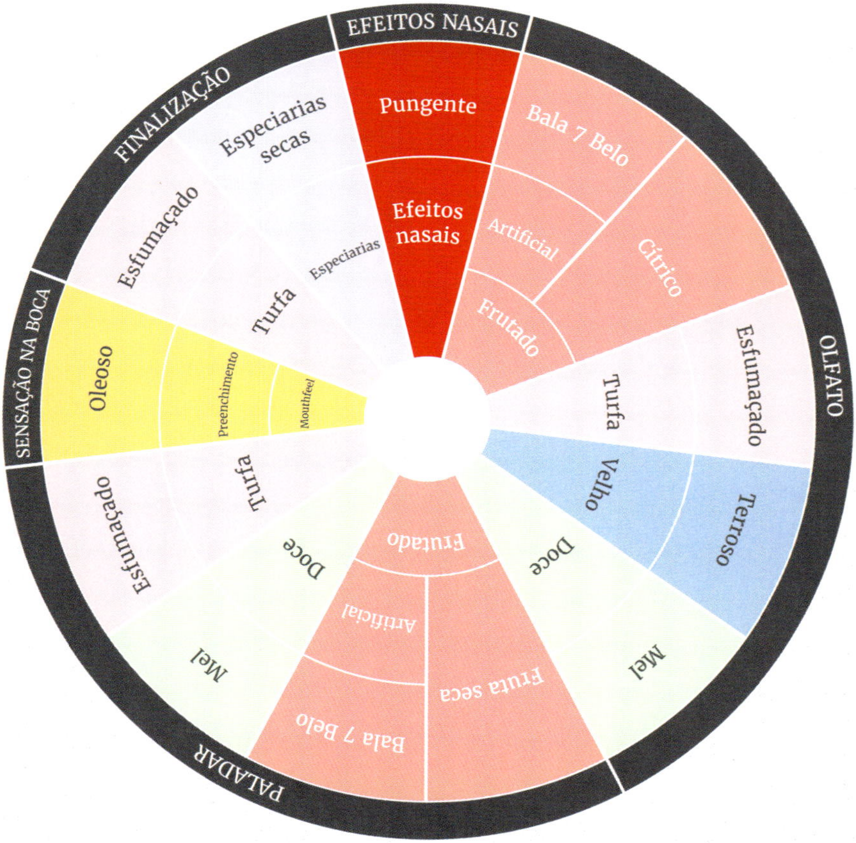
EFEITOS NASAIS
Pungente
Efeitos nasais
OLFATO
Bala 7 Belo
Artificial
Frutado
Cítrico
Turfa
Esfumaçado
Velho
Terroso
Doce
Mel
PALADAR
Frutado
Artificial
Bala 7 Belo
Fruta seca
Doce
Mel
Turfa
Esfumaçado
SENSAÇÃO NA BOCA
Oleoso
Preenchimento
Mouthfeel
FINALIZAÇÃO
Especiarias secas
Especiarias
Turfa
Esfumaçado

Escócia | **Single malt**

# Glenfiddich 12

Criado em 1887 por William Grant, o Glenfiddich 12 anos é um dos single malts mais icônicos e vendidos do mundo - e não é à toa. Sua suavidade, leveza e facilidade de beber conquistam até quem não está acostumado a consumir destilados. Se alguém pedir uma recomendação de whisky, aqui vai uma dica: pergunte se a pessoa gosta de vinho branco. Se a resposta for "sim", você tem pelo menos 51% de chance de acertar ao indicar o Glenfiddich 12 anos. O perfil fresco e frutado desse whisky costuma agradar quem aprecia notas leves e refrescantes.

**Teor alcoólico:** 40%

**Cor:** dourado claro

| | |
|---|---|
| **Grupo** | William Grant & Sons |
| **Destilaria** | Glenfiddich Distillery |
| **Localização** | - |
| **Centro de visitas** | Glenfiddich Visitor Center |
| **Site** | glenfiddich.com |
| **Preço** | R$ 350 - R$ 450 |

Nota: 8,5

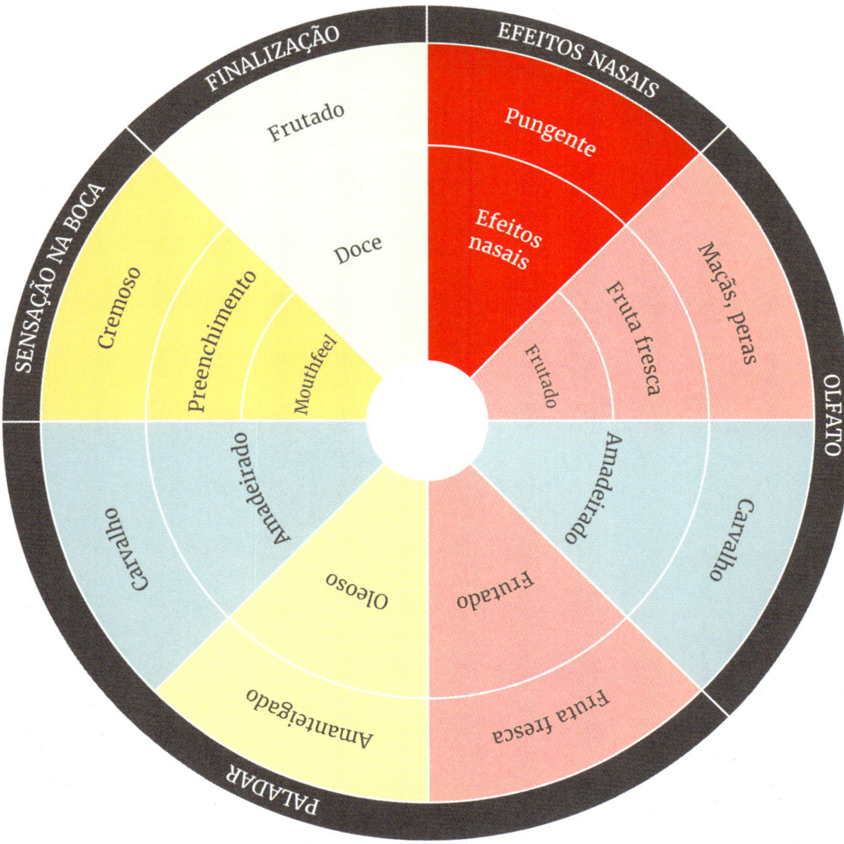
FINALIZAÇÃO
Frutado
Doce
EFEITOS NASAIS
Pungente
Efeitos nasais
OLFATO
Maçãs, peras
Fruta fresca
Frutado
Amadeirado
Carvalho
Frutado
Fruta fresca
PALADAR
Oleoso
Amanteigado
Amadeirado
Carvalho
SENSAÇÃO NA BOCA
Cremoso
Preenchimento
Mouthfeel

Escócia | **Single malt**

# Glenfiddich 15

O Glenfiddich 15 anos se destaca pelo processo de maturação único, graças ao exclusivo sistema Solera Vat, inspirado na técnica de envelhecimento de vinhos de xerez.
O whisky passa por uma combinação de três tipos de barris - ex-bourbon, ex-xerez e novos barris de carvalho - antes de ser finalizado em uma imponente tina de carvalho conhecida como Solera Vat. Desde 1998, essa tina nunca é completamente esvaziada, metade dela está sempre preenchida com whiskies maduros.

Esse método garante notáveis consistência e complexidade de sabores, que refletem o espírito pioneiro e a mentalidade curiosa da família fundadora de Glenfiddich.

**Teor alcoólico:** 40%
**Cor:** âmbar dourado

| | |
|---|---|
| **Grupo** | William Grant & Sons |
| **Destilaria** | Glenfiddich Distillery |
| **Localização** | - |
| **Centro de visitas** | Glenfiddich Visitor Center |
| **Site** | glenfiddich.com |
| **Preço** | R$ 800 - R$ 850 |

Nota: 8,0

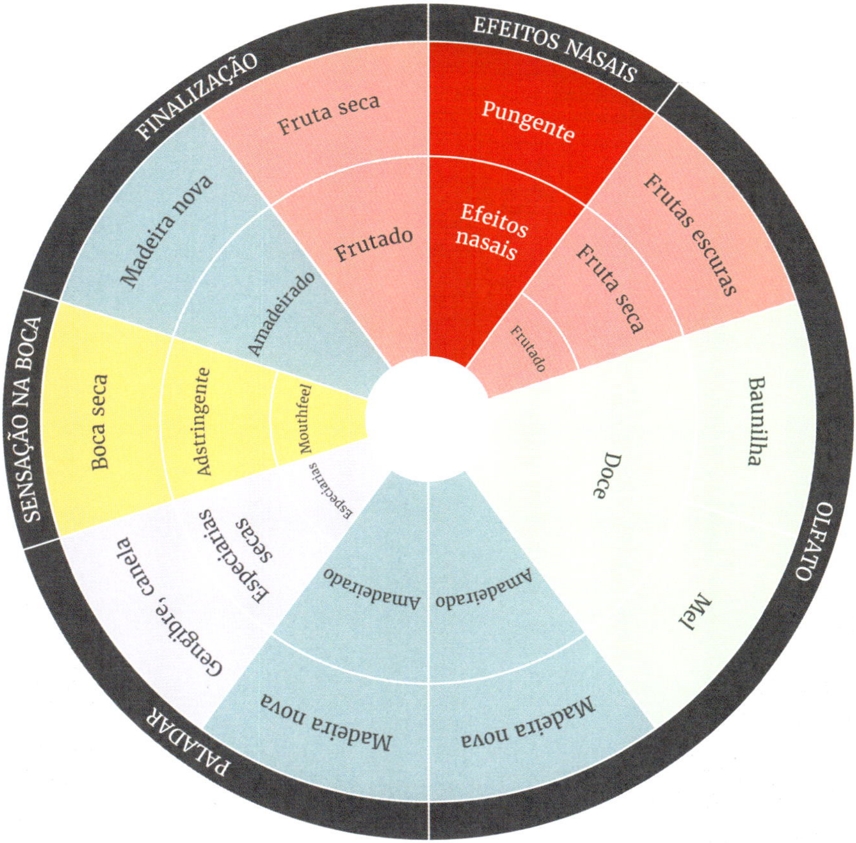
EFEITOS NASAIS
Pungente
Efeitos nasais
Frutas escuras
Fruta seca
Frutado
OLFATO
Baunilha
Doce
Mel
PALADAR
Madeira nova
Amadeirado
Madeira nova
Amadeirado
Gengibre, canela
Especiarias secas
Especiarias
SENSAÇÃO NA BOCA
Boca seca
Adstringente
Mouthfeel
FINALIZAÇÃO
Madeira nova
Amadeirado
Fruta seca
Frutado

Escócia | **Single malt**

# The Glenlivet Caribbean Reserve

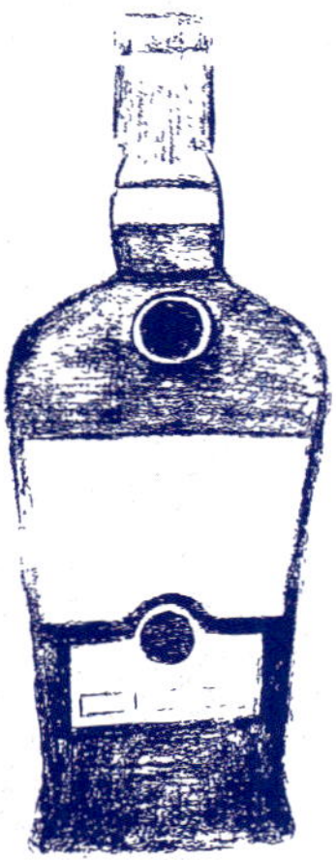

O The Glenlivet Caribbean Reserve é um single malt escocês finalizado em barricas de rum. Apresenta notas clássicas de rum, como melaço e banana. Se você gosta de rum, ou das praias do Caribe, vai gostar do The Glenlivet Caribbean Reserve.

**Teor alcoólico:** 40%

**Cor:** dourado

| | |
|---|---|
| **Grupo** | Pernod Ricard |
| **Destilaria** | The Glenlivet Distillery |
| **Localização** | – |
| **Centro de visitas** | The Glenlivet Visitor Center |
| **Site** | theglenlivet.com |
| **Preço** | R$ 300 – R$ 350 |

Nota: 7,8

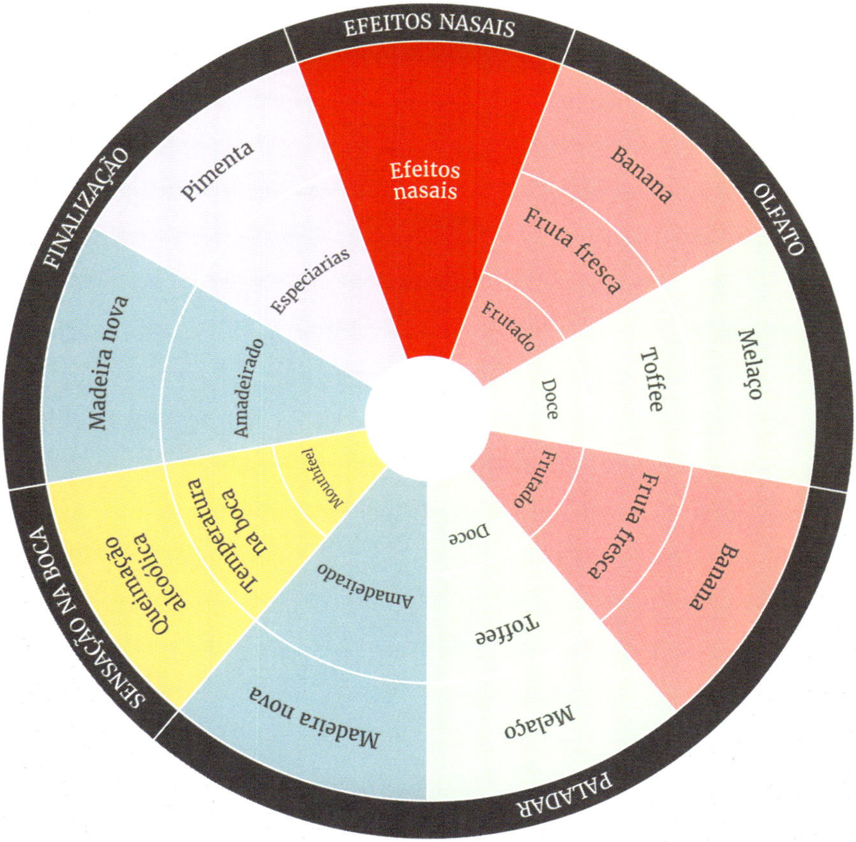
EFEITOS NASAIS
OLFATO
PALADAR
SENSAÇÃO NA BOCA
FINALIZAÇÃO
Efeitos nasais
Banana
Fruta fresca
Frutado
Melaço
Toffee
Doce
Frutado
Fruta fresca
Banana
Doce
Toffee
Melaço
Amadeirado
Madeira nova
Mouthfeel
Temperatura na boca
Queimação alcoólica
Amadeirado
Madeira nova
Especiarias
Pimenta

Escócia | **Single malt**

# The Glenlivet Founder's Reserve

O The Glenlivet Founder's Reserve é uma homenagem a George Smith, homem que deu início a toda a história da destilaria. Inspirado nas origens de The Glenlivet, quando os whiskies não tinham idade declarada e eram selecionados entre barris de diferentes maturações, o Founder's Reserve recria essa liberdade.

É uma excelente escolha para iniciantes que desejam explorar o universo dos single malts. Para os mais experientes, pode ser uma opção interessante para momentos descontraídos, mas talvez falte a complexidade buscada por paladares mais exigentes.

**Teor alcoólico:** 40%

**Cor:** dourado

| **Grupo** | Pernod Ricard |
|---|---|
| **Destilaria** | The Glenlivet Distillery |
| **Localização** | – |
| **Centro de visitas** | The Glenlivet Visitor Center |
| **Site** | theglenlivet.com |
| **Preço** | R$ 250 |

Nota: 7,5

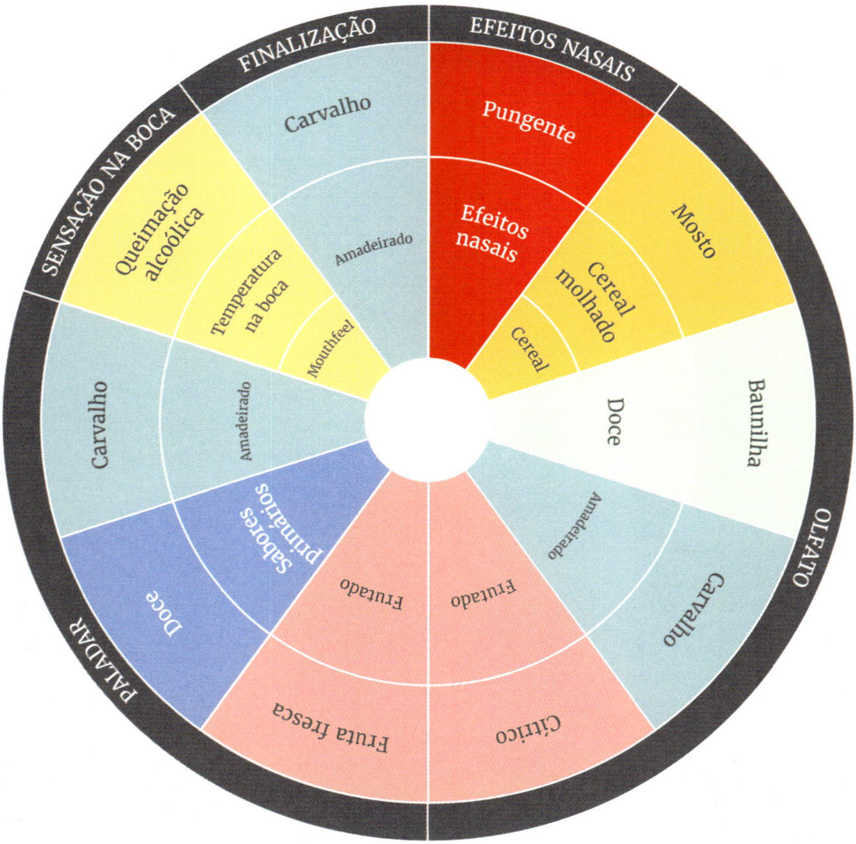
FINALIZAÇÃO
EFEITOS NASAIS
OLFATO
PALADAR
SENSAÇÃO NA BOCA
Carvalho
Amadeirado
Pungente
Efeitos nasais
Mosto
Cereal molhado
Cereal
Baunilha
Doce
Carvalho
Amadeirado
Cítrico
Frutado
Fruta fresca
Frutado
Doce
Sabores primários
Carvalho
Amadeirado
Queimação alcoólica
Temperatura na boca
Mouthfeel

Escócia | **Single malt**

# Laphroaig 10

Fundada oficialmente em 1815 pelos irmãos Donald e Alexander Johnston, a destilaria nasceu quase por acaso. Inicialmente, os irmãos arrendaram terras para a criação de gado, mas, ao cultivarem cevada como alimento para o inverno, depararam-se com um dilema: o que fazer com o excedente de cevada? A resposta é simples: produzir whisky. Até hoje, cada garrafa carrega o nome D. Johnston & Co., homenagem à sua origem.

O Laphroaig também é o único whisky a receber o selo Royal Warrant duas vezes: em 1994, pelo príncipe de Gales, e em 2024, pelo rei Charles III.

**Teor alcoólico:** 43%

**Cor:** dourado

| | |
|---|---|
| **Grupo** | Suntory Global Spirits |
| **Destilaria** | Laphroaig Distillery |
| **Localização** | – |
| **Centro de visitas** | Laphroaig Visitor Center |
| **Site** | laphroaig.com |
| **Preço** | R$ 540 -R$ 600 |

Nota: 8,8

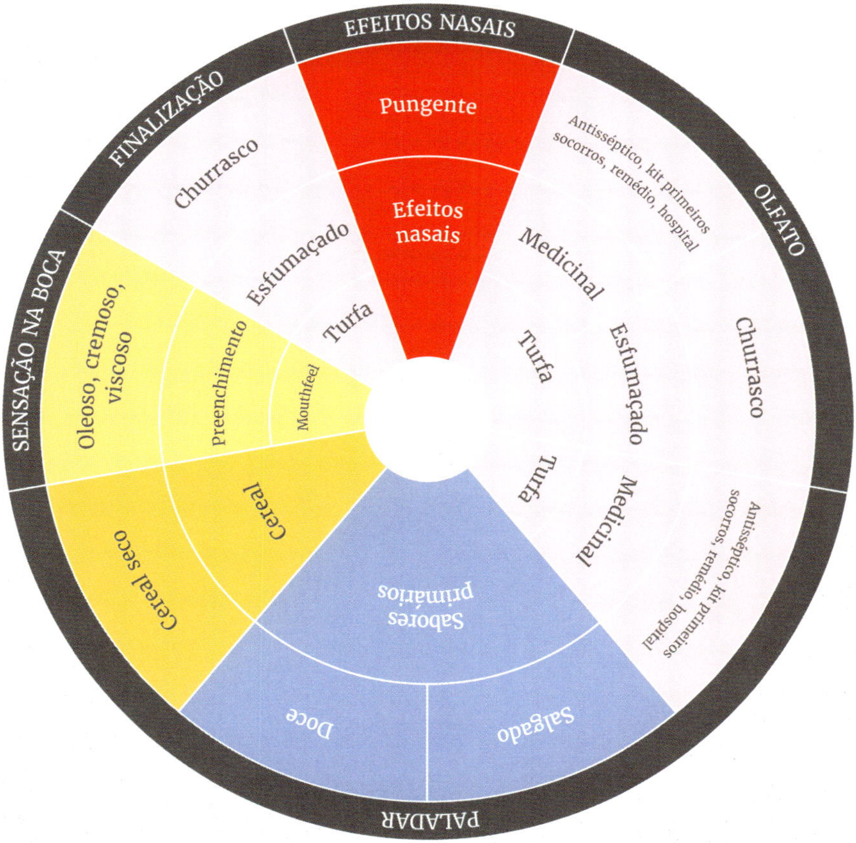
EFEITOS NASAIS
Pungente
Efeitos nasais
OLFATO
Antisséptico, kit primeiros socorros, remédio, hospital
Medicinal
Turfa
Esfumaçado
Churrasco
Turfa
Medicinal
Antisséptico, kit primeiros socorros, remédio, hospital
PALADAR
Sabores primários
Doce
Salgado
Cereal
Cereal seco
SENSAÇÃO NA BOCA
Mouthfeel
Preenchimento
Oleoso, cremoso, viscoso
FINALIZAÇÃO
Turfa
Esfumaçado
Churrasco

Escócia | **Single malt**

# Talisker 10

Com o Talisker 10, você poderá sentir o sabor das ondas do mar de Skye. O Talisker é muito mais que um whisky - é a essência destilada da ilha de Skye. Desde 1830, quando os irmãos Hugh e Kenneth MacAskill fundaram a destilaria em Carbost, o mar e a costa selvagem de Skye têm sido a alma e a inspiração de cada gota. Mesmo após mudanças de proprietários e um incêndio devastador, o compromisso de Talisker com suas raízes permaneceu inabalável.

**Teor alcoólico:** 45,8%

**Cor:** dourado

| **Grupo** | Diageo |
|---|---|
| **Destilaria** | Talisker Distillery |
| **Localização** | - |
| **Centro de visitas** | Talisker Visitor Center |
| **Site** | diageobaracademy.com/pt-br/home/nossas-marcas/talisker |
| **Preço** | R$ 430 - R$ 500 |

Nota: 9,0

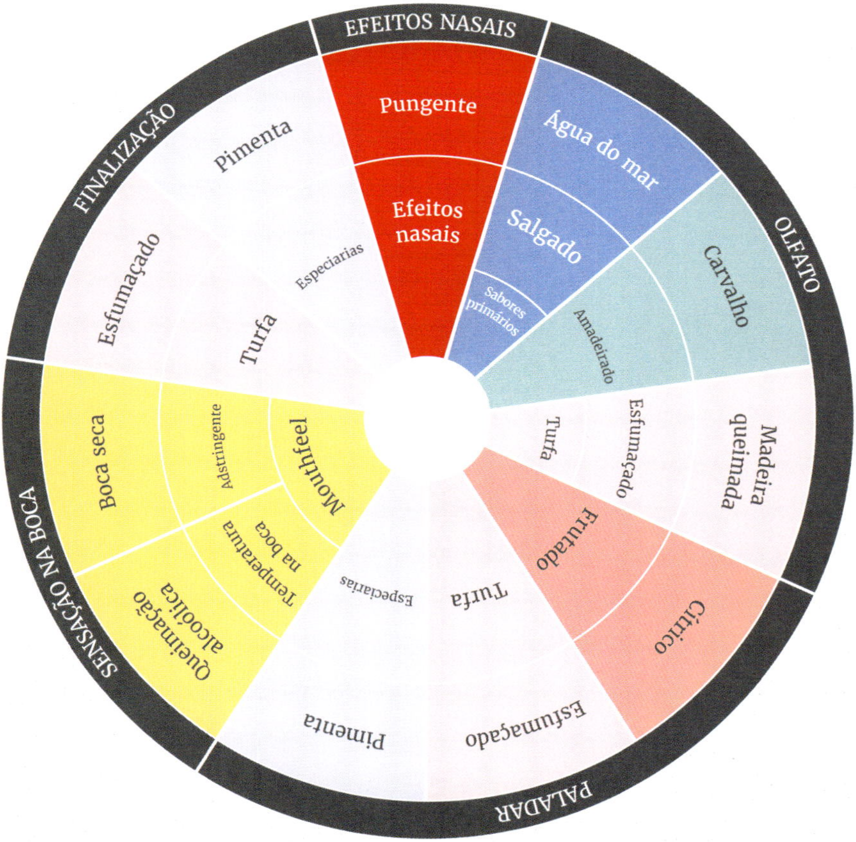
EFEITOS NASAIS
Pungente
Efeitos nasais
OLFATO
Água do mar
Salgado
Sabores primários
Carvalho
Amadeirado
Madeira queimada
Esfumaçado
Turfa
PALADAR
Cítrico
Frutado
Esfumaçado
Turfa
Pimenta
Especiarias
SENSAÇÃO NA BOCA
Queimação alcoólica
Temperatura na boca
Boca seca
Adstringente
Mouthfeel
FINALIZAÇÃO
Esfumaçado
Turfa
Pimenta
Especiarias

Escócia | **Single malt**

# The Dalmore 12

Presente de um rei, o cervo real de 12 pontas orgulhosamente adorna cada garrafa de The Dalmore. Ele encapsula o legado real da destilaria, que remonta a 1263. O emblema foi concedido a Colin de Kintail, primeiro chefe do clã Mackenzie, após ele salvar a vida do rei Alexandre III do ataque furioso de um cervo.

Em 1839, a destilaria The Dalmore foi fundada por Alexander Matheson, comerciante aventureiro determinado a criar um whisky single malt excepcional. Em 1867, os descendentes do clã Mackenzie assumiram o controle da destilaria. Uma das primeiras mudanças feitas por eles foi adornar cada garrafa de The Dalmore com o símbolo do cervo.

**Teor alcoólico:** 40%

**Cor:** âmbar

| | |
|---|---|
| **Grupo** | Whyte & Mackay |
| **Destilaria** | The Dalmore Distillery |
| **Localização** | – |
| **Centro de visitas** | – |
| **Site** | thedalmore.com |
| **Preço** | R$ 950 – R$ 1.000 |

Nota: 8,5

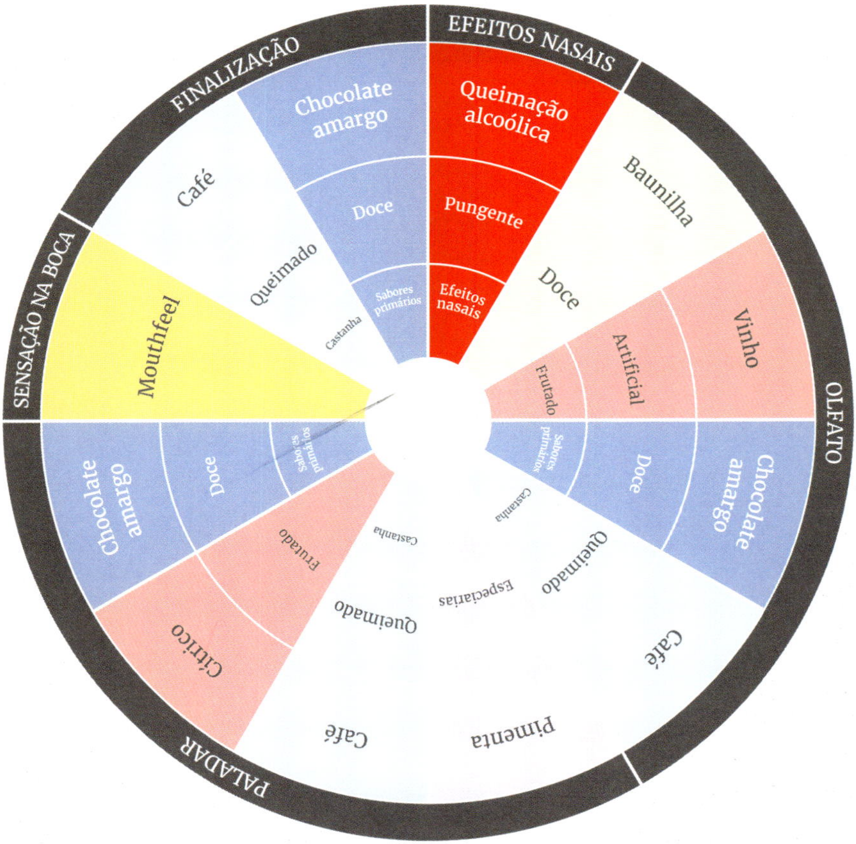
EFEITOS NASAIS
Queimação alcoólica
Pungente
Efeitos nasais
OLFATO
Baunilha
Doce
Vinho
Artificial
Frutado
Sabores primários
Doce
Chocolate amargo
Castanha
Queimado
Café
Especiarias
Pimenta
PALADAR
Castanha
Queimado
Café
Frutado
Cítrico
Sabores primários
Doce
Chocolate amargo
SENSAÇÃO NA BOCA
Mouthfeel
FINALIZAÇÃO
Castanha
Queimado
Café
Sabores primários
Doce
Chocolate amargo

Escócia | **Single malt**

# The Dalmore 15

Por quase 50 anos, The Dalmore foi o lar do lendário master blender Richard Paterson, verdadeira referência no mundo dos whiskies. Seu legado de excelência abriu caminho para o atual master whisky maker Gregg Glass, que dá continuidade a uma linhagem ininterrupta de mestres visionários. Richard Paterson também é o responsável por popularizar a expressão "Clean your glass", em português "Limpe sua taça".

**Teor alcoólico:** 40%

**Cor:** âmbar escuro

| | |
|---|---|
| **Grupo** | Whyte & Mackay |
| **Destilaria** | The Dalmore Distillery |
| **Localização** | – |
| **Centro de visitas** | – |
| **Site** | thedalmore.com |
| **Preço** | R$ 1.900 – R$ 2.500 |

Nota: 8,2

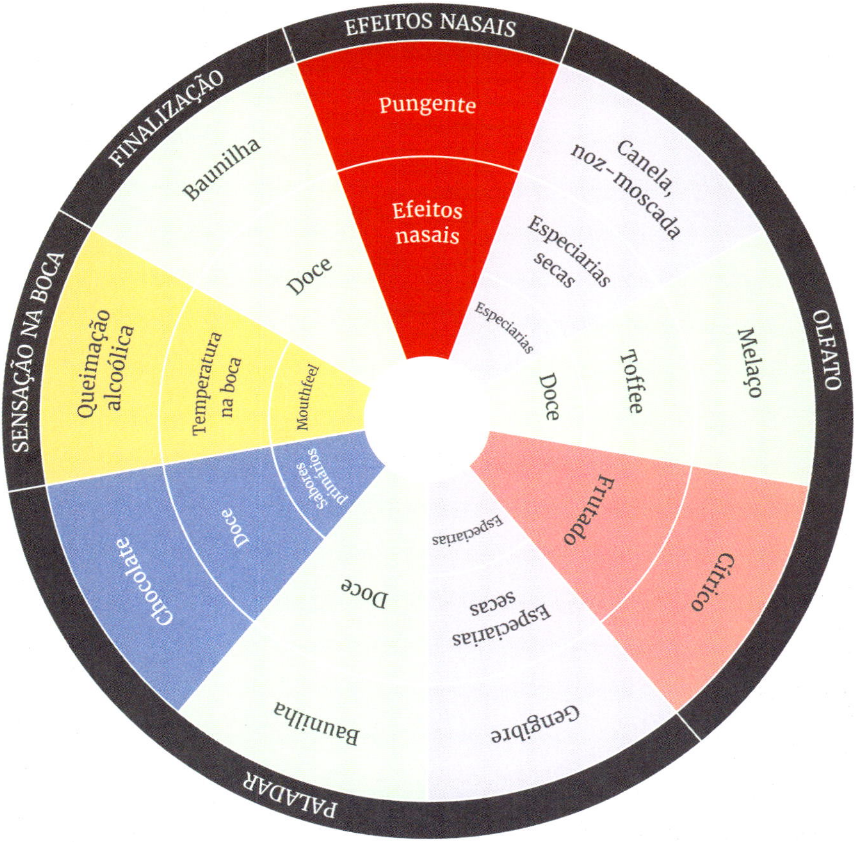
EFEITOS NASAIS
Pungente
Efeitos nasais
OLFATO
Canela, noz-moscada
Especiarias secas
Especiarias
Melaço
Toffee
Doce
Cítrico
Frutado
PALADAR
Gengibre
Especiarias secas
Especiarias
Baunilha
Doce
Chocolate
Doce
Sabores primários
SENSAÇÃO NA BOCA
Queimação alcoólica
Temperatura na boca
Mouthfeel
FINALIZAÇÃO
Baunilha
Doce

Escócia | **Single malt**

# The Dalmore 18

Por razões que vão além das óbvias mencionadas no resumo do The Dalmore 15, essa destilaria foi, por muitos anos, a minha favorita. E a expressão máxima de sua excelência encontra-se no The Dalmore 18. Trata-se de uma experiência única, intensa e memorável - algo que todo amante de whisky deveria vivenciar pelo menos uma vez na vida.

The Dalmore é uma verdadeira obra-prima, criada com um compromisso inabalável de extrair o máximo potencial de cada gota de seu single malt.

**Teor alcoólico:** 43%

**Cor:** âmbar

| | |
|---|---|
| **Grupo** | Whyte & Mackay |
| **Destilaria** | The Dalmore Distillery |
| **Localização** | – |
| **Centro de visitas** | – |
| **Site** | thedalmore.com |
| **Preço** | R$ 2.000 - R$ 2.500 |

Nota: 9,0

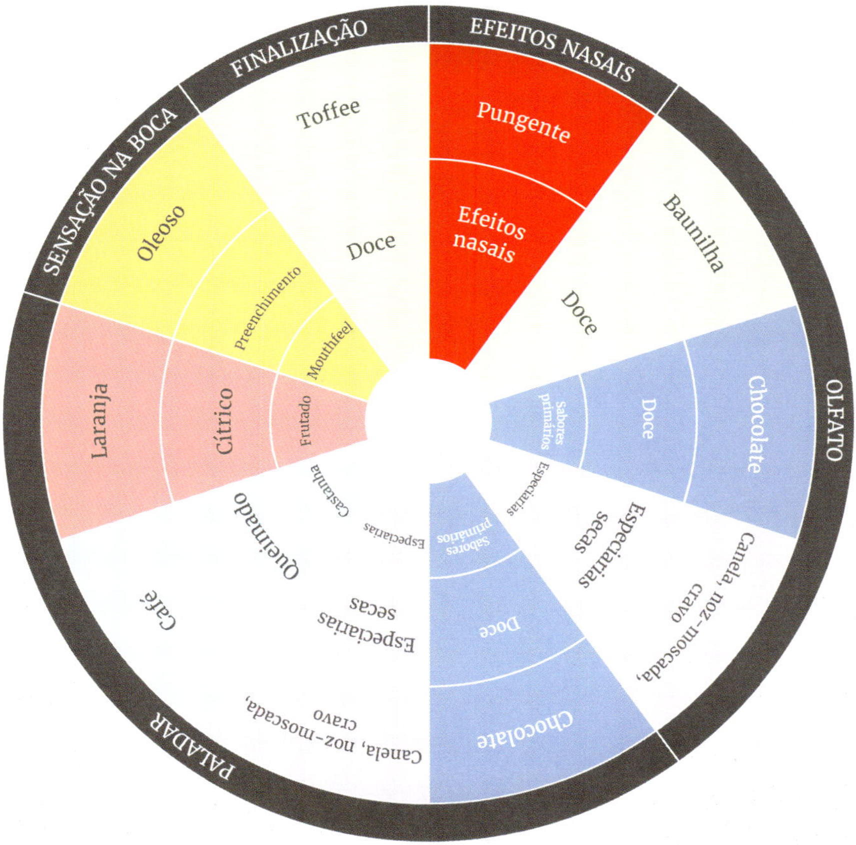
EFEITOS NASAIS
Pungente
Efeitos nasais
OLFATO
Baunilha
Doce
Chocolate
Doce
Sabores primários
Especiarias
Especiarias secas
Canela, noz-moscada, cravo
PALADAR
Chocolate
Doce
Sabores primários
Especiarias
Especiarias secas
Canela, noz-moscada, cravo
Castanha
Queimado
Café
SENSAÇÃO NA BOCA
Laranja
Cítrico
Frutado
Oleoso
Preenchimento
Mouthfeel
FINALIZAÇÃO
Toffee
Doce

Escócia | **Single malt**

# The Macallan 12 Double Cask

Fundada em 1824 por Alexander Reid – agricultor de cevada e professor –, a destilaria The Macallan está localizada na região de Speyside, terra fértil que, por séculos, foi palco da produção de whisky pelos agricultores locais. O nome Macallan tem raiz no gaélico Maghellan, em que "Magh" significa "terreno fértil" e "Ellan" faz referência ao monge Saint Fillan, cuja igreja permaneceu na propriedade da destilaria até o ano de 1400. The Macallan 12 anos Double Cask tem maturação em barris de carvalho europeu e americano, ambos previamente utilizados para xerez.

**Teor alcoólico:** 40%

**Cor:** ouro

| **Grupo** | Edrington Group |
|---|---|
| **Destilaria** | The Macallan Distillery |
| **Localização** | – |
| **Centro de visitas** | The Macallan Visitor Center |
| **Site** | themacallan.com |
| **Preço** | R$ 800 – R$ 1.000 |

Nota: 7,5

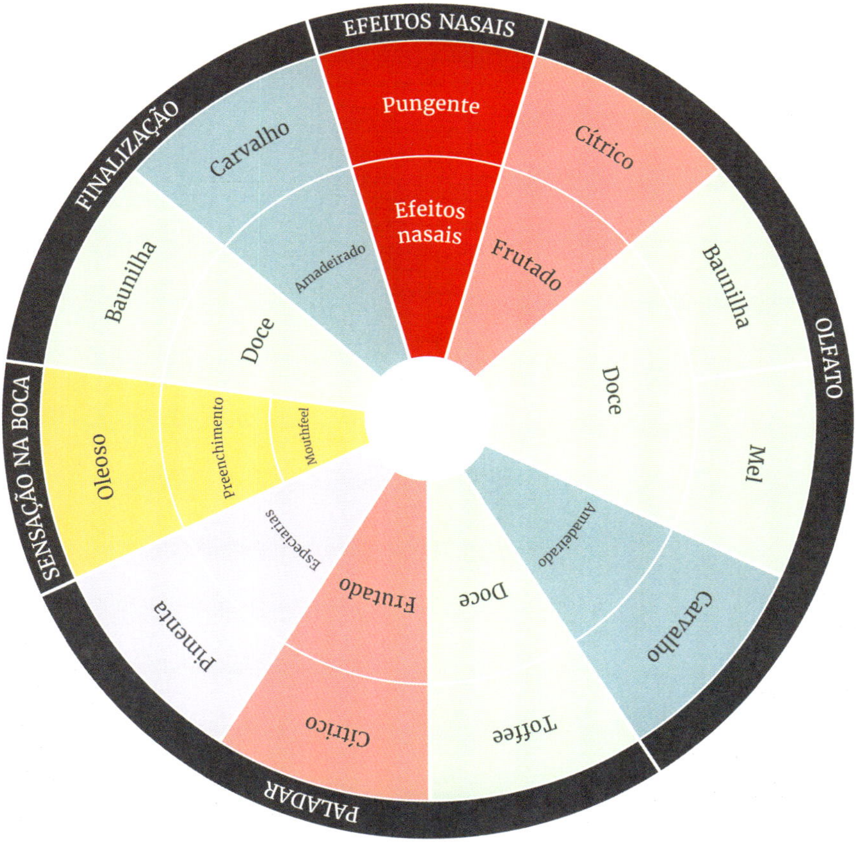
EFEITOS NASAIS
Pungente
Efeitos nasais
OLFATO
Cítrico
Frutado
Baunilha
Doce
Mel
Amadeirado
Carvalho
PALADAR
Doce
Toffee
Frutado
Cítrico
Especiarias
Pimenta
SENSAÇÃO NA BOCA
Mouthfeel
Preenchimento
Oleoso
FINALIZAÇÃO
Doce
Baunilha
Amadeirado
Carvalho

Escócia | **Single malt**

# The Macallan 12 Sherry Oak Cask

A The Macallan foi uma das primeiras destilarias a obter licença legal para produzir whisky na Escócia e, desde então, consolidou sua reputação como uma das maiores referências em single malts do mundo. O The Macallan 12 anos Sherry Oak Cask é uma das expressões mais clássicas de toda a história dos whiskies escoceses. Ele é maturado exclusivamente em barris de carvalho europeu, temperados com xerez Oloroso espanhol.

**Teor alcoólico:** 40%

**Cor:** âmbar

| | |
|---|---|
| **Grupo** | Edrington Group |
| **Destilaria** | The Macallan Distillery |
| **Localização** | – |
| **Centro de visitas** | The Macallan Visitor Center |
| **Site** | themacallan.com |
| **Preço** | R$ 800 - R$ 1.200 |

Nota: 8,8

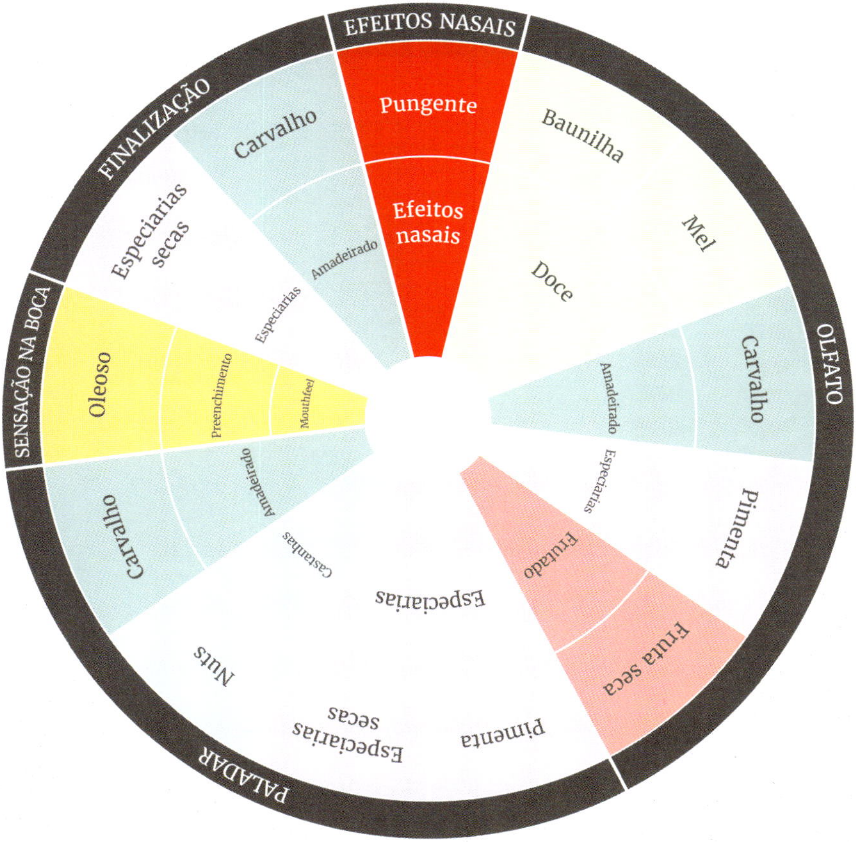
EFEITOS NASAIS
Pungente
Efeitos nasais
OLFATO
Baunilha
Mel
Doce
Carvalho
Amadeirado
Pimenta
Especiarias
Fruta seca
Frutado
PALADAR
Pimenta
Especiarias secas
Nuts
Especiarias
Castanhas
Carvalho
Amadeirado
SENSAÇÃO NA BOCA
Oleoso
Preenchimento
Mouthfeel
FINALIZAÇÃO
Especiarias secas
Especiarias
Carvalho
Amadeirado

# Estados Unidos da América

Embora eu ainda esteja no início de minha jornada no universo do whisky e os whiskies americanos representem um território que estou desbravando, decidi compartilhar com você um resumo histórico que une a evolução do whisky à própria história dos Estados Unidos. Para oferecer uma visão mais completa e precisa, recorri a fontes de renome e autoridade sobre o tema.

Entre os principais materiais de pesquisa, destaca-se o livro *The bourbon bible: the complete low-down on the spirit of America – 140 bourbons tried and tested*, da editora Mitchell Beazley, o qual serviu como referência essencial para a construção desta linha do tempo e a contextualização dos principais eventos históricos:

## Séculos XVI a XVIII: primeiros passos

**1587**: colonos ingleses em Roanoke produzem cerveja de milho como fonte segura de nutrição e álcool.

**1600-1800**: o rum se torna a bebida destilada mais popular nas colônias americanas, com 159 destilarias na Nova Inglaterra em 1770.

*Nota:* a popularidade do rum é atribuída ao comércio triangular de melaço, mas sua predominância é reduzida com o aumento do custo de importação durante a Revolução Americana.

### Revolução Americana e pós-Independência

**1775-1783:** durante a Revolução Americana, a dificuldade de importar melaço ocasiona a substituição do rum por destilados de grãos, como milho e centeio.

**1791:** o governo federal implementa o primeiro imposto sobre bebidas destiladas para financiar a dívida da Revolução, resultando na Rebelião do Whisky, em 1794.

*Nota:* a Rebelião do Whisky foi um marco no fortalecimento do poder federal, mas houve forte resistência por parte dos produtores de fronteira.

### Século XIX: ascensão do bourbon

**Década de 1820:** surge a associação do termo "bourbon" ao whisky do Kentucky. Barris queimados começam a ser usados, mas a origem desse costume é debatida.

**Ressalva:** não há evidência definitiva sobre quem primeiro envelheceu whisky em barris queimados ou quando isso ocorreu.

**1861-1865:** a Guerra Civil americana reduz drasticamente a produção de whisky em razão da escassez de grãos e dos impostos elevados.

**1870:** a Old Forester é a primeira marca a vender bourbon exclusivamente em garrafas seladas, garantindo qualidade e autenticidade.

### *Regulações e modernização*

**1897:** o Bottled-in-Bond Act é aprovado, estabelecendo padrões rigorosos para proteger consumidores contra adulterações.

**1920-1933:** a Lei Seca proíbe a produção e venda de álcool nos Estados Unidos. Algumas destilarias obtêm licença para produzir whisky medicinal.

*Nota:* durante esse período, a destilaria Buffalo Trace continuou operando legalmente como produtora de álcool medicinal.

### *Pós-proibição e Segunda Guerra Mundial*

**1933:** a revogação da Lei Seca ocasiona a retomada da produção de whisky, mas muitas destilarias enfrentam a falta de estoques envelhecidos.

**1941-1945:** durante a Segunda Guerra Mundial, destilarias produzem álcool industrial para esforços militares.

### *Reconhecimento e crise*

**1964:** o Congresso dos Estados Unidos declara o bourbon um destilado Native Spirit da América e impõe critérios específicos para sua produção.

**Década de 1970:** o consumo de bourbon declina após a vodca tornar-se a bebida destilada mais popular nos Estados Unidos.

*Nota:* esse declínio reflete mudanças nos gostos dos consumidores, especialmente entre jovens adultos.

## Renascimento e popularidade global

**Décadas de 1980 e 1990:** o movimento de coquetéis artesanais e o lançamento de edições especiais revitalizam o interesse por bourbon.

**Década de 2000:** ocorre um boom global no consumo de bourbon, impulsionado pelo marketing internacional e pela alta qualidade do produto.

**2008 a década de 2020:** o bourbon se firma como um dos destilados premium mais reconhecidos, com maior demanda que nunca.

*Nota:* há mais barris de bourbon envelhecendo no Kentucky que a população do estado.

# Estados Unidos da América

Gostaria de dedicar um agradecimento especial às icônicas marcas Jack Daniel's e Woodford Reserve pela generosa contribuição para este livro por meio de entrevistas com dois dos mais renomados profissionais da indústria do whisky americano: Chris Fletcher, master distiller da Jack Daniel's, e Elizabeth McCall, master distiller da Woodford Reserve.

Veterano da Brown-Forman, *empresa que administra a Jack Daniel's*, Chris Fletcher é a terceira geração de sua família envolvida na produção de whisky. Ele traz um olhar autêntico e apaixonado sobre o legado e a produção do Tennessee whiskey, compartilhando histórias que vão desde as tradições familiares até as inovações que moldam a marca.

Elizabeth McCall é a primeira mulher a ocupar o cargo de master distiller na Woodford Reserve. Mestre em psicologia e especialista certificada em destilados, ela iniciou a carreira em 2009 como técnica sensorial na Brown-Forman, empresa-mãe da Woodford Reserve. Sua ascensão reflete dedicação e paixão pelo whisky.

As conversas com esses dois mestres destiladores foram muito mais que informativas; foram inspiradoras. Eles me ajudaram a compreender profundamente não apenas os aspectos técnicos da produção do whisky americano mas também a rica história, tradições e a forte comunidade que existe por trás de cada garrafa de bourbon ou rye whisky. Esse legado, cuidadosamente preservado e constantemente reinventado, reflete a alma e a paixão de uma cultura enraizada no coração dos Estados Unidos.

Ouvir diretamente de Chris e Elizabeth foi uma experiência transformadora. Suas palavras não só transbordam conhecimento mas também refletem a paixão e o legado que carregam em cada gota de whisky que produzem. Espero que, ao virar estas páginas, você sinta essa mesma conexão e descubra o universo do whisky americano com a mesma admiração que eles me inspiraram.

EUA | **Bourbon**

# 1792 Small Batch Bourbon

O 1792 Small Batch é produzido artesanalmente na histórica Barton 1792 Distillery, fundada em 1879 em Bardstown, Kentucky. Seu nome homenageia o ano em que Kentucky se tornou estado americano. Feito de milho e cevada maltada, o alto teor alcoólico e de centeio deixam o 1792 Small Batch mais apropriado para quem gosta de comida apimentada ou já está acostumado com destilados mais fortes.

**Teor alcoólico:** 46,85%

**Cor:** âmbar

| | |
|---|---|
| **Grupo** | Sazerac Company |
| **Destilaria** | Barton 1792 Distillery |
| **Localização** | Bardstown |
| **Centro de visitas** | – |
| **Site** | 1792bourbon.com |
| **Preço** | R$ 230 – R$ 250 |

Nota: 7,3

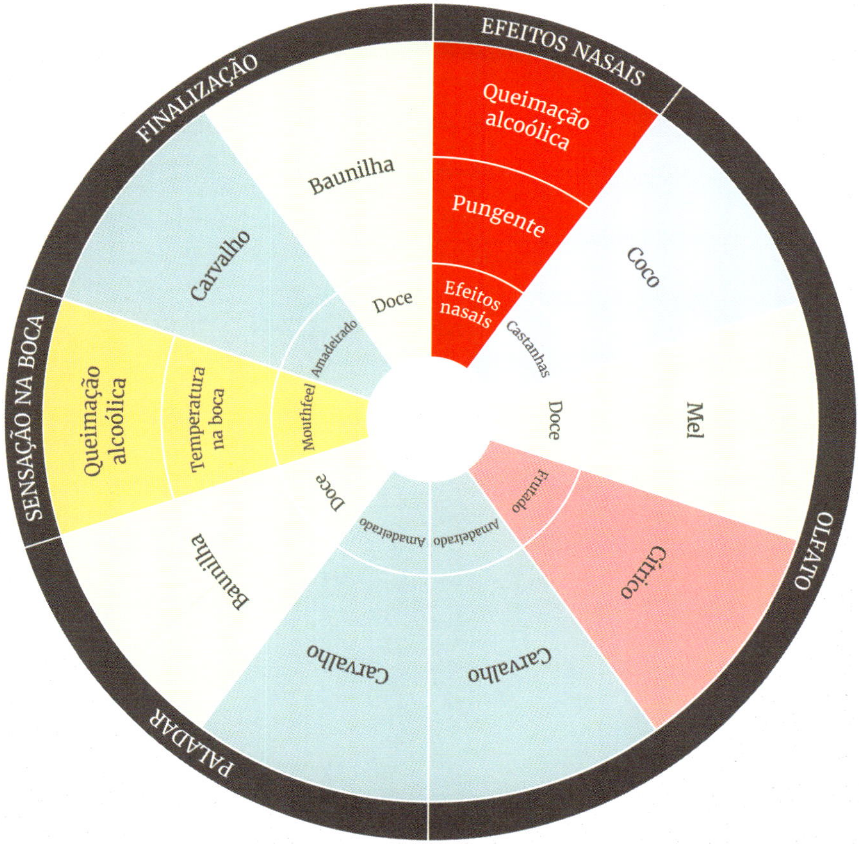
EFEITOS NASAIS
Queimação alcoólica
Pungente
Efeitos nasais
OLFATO
Coco
Castanhas
Doce
Mel
Frutado
Cítrico
Amadeirado
Carvalho
PALADAR
Amadeirado
Carvalho
Doce
Baunilha
SENSAÇÃO NA BOCA
Queimação alcoólica
Temperatura na boca
Mouthfeel
FINALIZAÇÃO
Carvalho
Amadeirado
Baunilha
Doce

EUA | **Bourbon**

# Basil Hayden's Kentucky Straight Bourbon Whiskey

O Basil Hayden foi criado em 1992 por Booker Noe como parte da coleção Small Batch e traz um perfil de bourbon suave e acessível. A inspiração veio de Meredith Basil Hayden Senior, pioneiro de 1792, conhecido por utilizar um mash bill com alto teor de centeio. Booker Noe resgatou essa tradição, criando um whisky que agrada tanto iniciantes quanto entusiastas. Hoje, o Basil Hayden é visto como uma homenagem ao legado de Meredith Basil e à visão de Booker Noe; é um dos rótulos mais respeitados da coleção Small Batch.

**Teor alcoólico:** 40%

**Cor:** dourado

| | |
|---|---|
| **Grupo** | Suntory Global Spirits |
| **Destilaria** | Jim Beam Distillery |
| **Localização** | Clermont |
| **Centro de visitas** | – |
| **Site** | basilhaydenbourbon.com |
| **Preço** | R$ 300 – R$ 550 |

Nota: 7,5

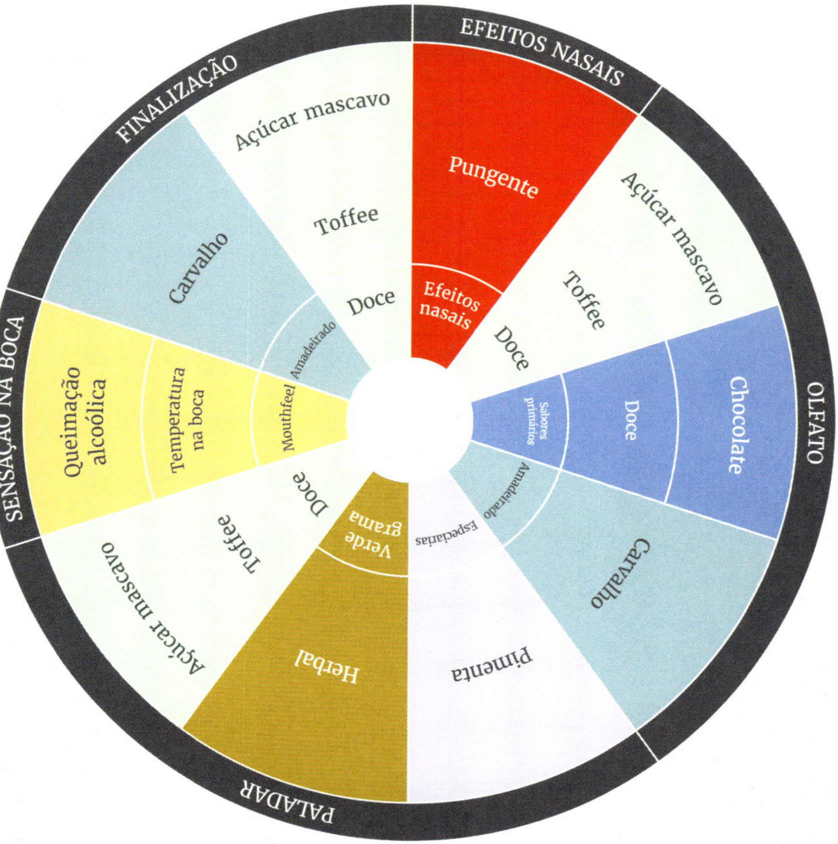
EFEITOS NASAIS
Efeitos nasais
Pungente
OLFATO
Doce
Toffee
Açúcar mascavo
Sabores primários
Doce
Chocolate
Amadeirado
Carvalho
PALADAR
Especiarias
Pimenta
Verde grama
Herbal
Doce
Toffee
Açúcar mascavo
SENSAÇÃO NA BOCA
Mouthfeel
Temperatura na boca
Queimação alcoólica
FINALIZAÇÃO
Amadeirado
Carvalho
Doce
Toffee
Açúcar mascavo

EUA | **Bourbon**

# Buffalo Trace Bourbon

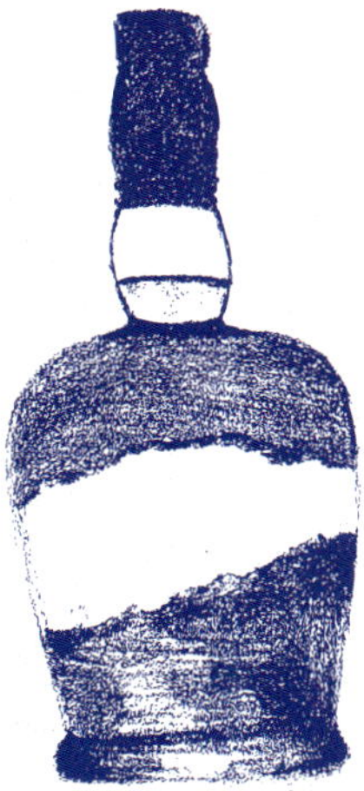

A Buffalo Trace Distillery nasceu antes mesmo de o conceito de bourbon consolidar-se. Desde 1792, a destilaria vem produzindo whisky de maneira ininterrupta, superando desafios históricos, como a Lei Seca (1920-1933). Durante esse período, conseguiu uma licença especial para continuar destilando álcool com fins medicinais - raridade na época.

Seu nome é uma homenagem às trilhas (*traces*) percorridas por manadas de búfalos que cruzavam o rio Kentucky, símbolo de força e perseverança. Essa mesma essência está presente em cada garrafa, refletindo a tradição, a resiliência e a excelência da Buffalo Trace, uma das destilarias mais icônicas e respeitadas do mundo do bourbon.

**Teor alcoólico:** 45%

**Cor:** âmbar

| | |
|---|---|
| **Grupo** | Sazerac Company |
| **Destilaria** | Buffalo Trace Distillery |
| **Localização** | Frankfort |
| **Centro de visitas** | Buffalo Trace Visitor Center |
| **Site** | buffalotracedistillery.com |
| **Preço** | R$ 160 - R$ 200 |

Nota: 8,5

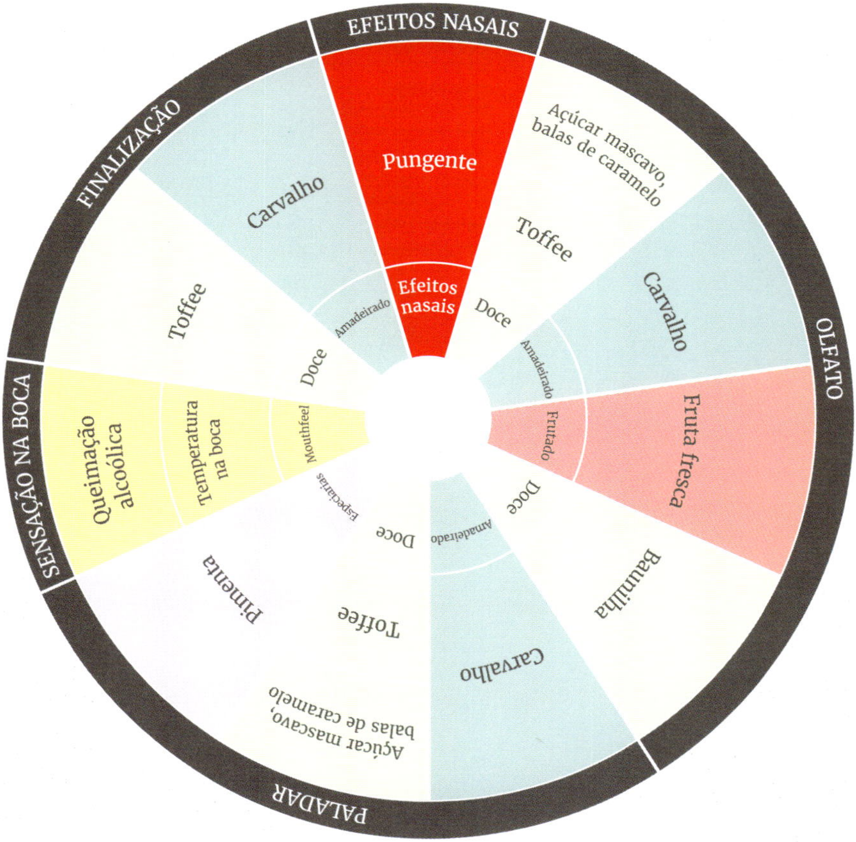
EFEITOS NASAIS
Pungente
Efeitos nasais
OLFATO
Açúcar mascavo, balas de caramelo
Toffee
Doce
Carvalho
Amadeirado
Fruta fresca
Frutado
Baunilha
Doce
PALADAR
Carvalho
Amadeirado
Açúcar mascavo, balas de caramelo
Toffee
Doce
Pimenta
Especiarias
SENSAÇÃO NA BOCA
Queimação alcoólica
Temperatura na boca
Mouthfeel
FINALIZAÇÃO
Toffee
Doce
Carvalho
Amadeirado

EUA | **Bourbon**

# Bulleit Bourbon

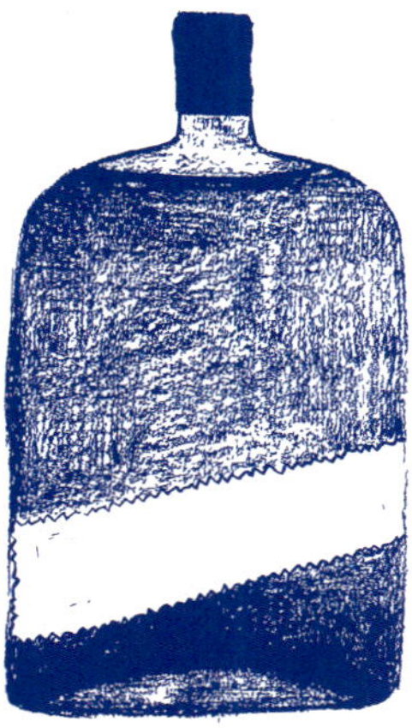

O Bulleit Bourbon foi criado em 1987 por Tom Bulleit, advogado em Frankfort (Kentucky). Sem provas de sua alegada receita familiar centenária, Tom usou bourbon terceirizado para vender no Japão. Em 1997, a Seagram comprou a marca, mantendo Tom e sua família como embaixadores. Em 2000, a Diageo assumiu e passou a usar a destilaria Four Roses até 2017. Para atender à demanda, abriu a destilaria Bulleit em Shelbyville (Kentucky), com uma coluna de destilação de 107 cm.

**Teor alcoólico:** 45%

**Cor:** âmbar

| | |
|---|---|
| **Grupo** | Diageo |
| **Destilaria** | – |
| **Localização** | – |
| **Centro de visitas** | – |
| **Site** | bulleit.com |
| **Preço** | R$ 200 – R$ 300 |

Nota: 8,0

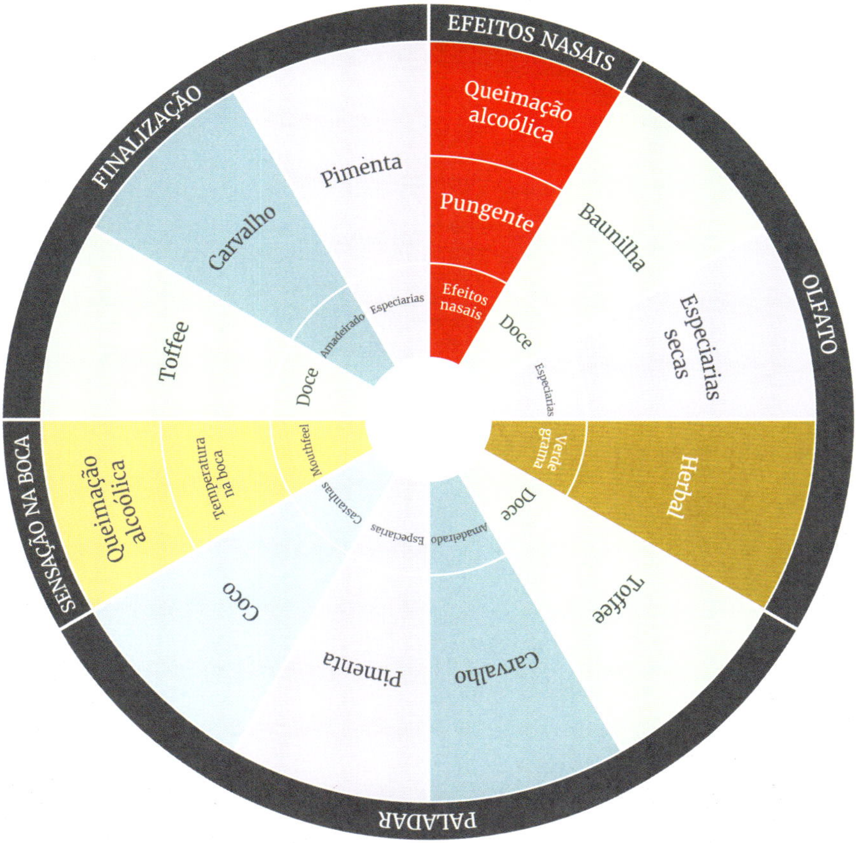
EFEITOS NASAIS
Queimação alcoólica
Pungente
Efeitos nasais
OLFATO
Baunilha
Especiarias secas
Doce
Especiarias
Verde grama
Herbal
Doce
Toffee
Carvalho
Amadeirado
PALADAR
Pimenta
Especiarias
Coco
Castanhas
SENSAÇÃO NA BOCA
Queimação alcoólica
Temperatura na boca
Mouthfeel
FINALIZAÇÃO
Toffee
Doce
Carvalho
Amadeirado
Pimenta
Especiarias

EUA | **Bourbon**

# Eagle Rare 10

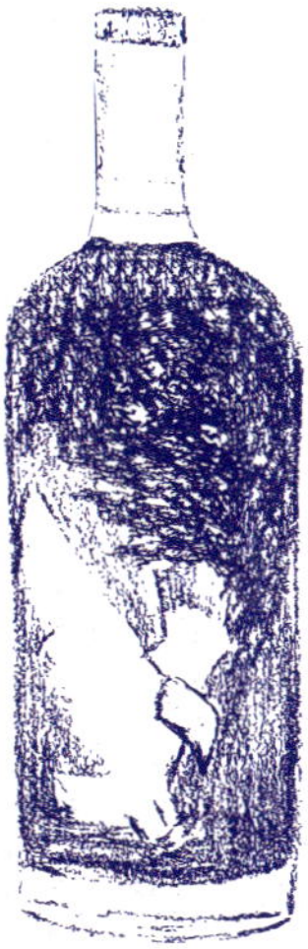

O Eagle Rare 10 anos foi lançado em 1975 pela Seagram's como um dos primeiros bourbons single barrel do mercado. Em 1989, a marca foi adquirida pelo Grupo Sazerac, que transferiu a produção para a Buffalo Trace Distillery. Com a mudança, o Eagle Rare passou a ser um small batch (pequenos lotes), mas manteve sua essência. Ganhou reconhecimento internacional, acumulando prêmios como a medalha Double Gold na competição San Francisco World Spirits.

**Teor alcoólico:** 45%

**Cor:** âmbar escuro

| | |
|---|---|
| **Grupo** | Sazerac Company |
| **Destilaria** | Buffalo Trace Distillery |
| **Localização** | Frankfort |
| **Centro de visitas** | - |
| **Site** | eaglerare.com |
| **Preço** | R$ 250 - R$ 300 |

Nota: 9,2

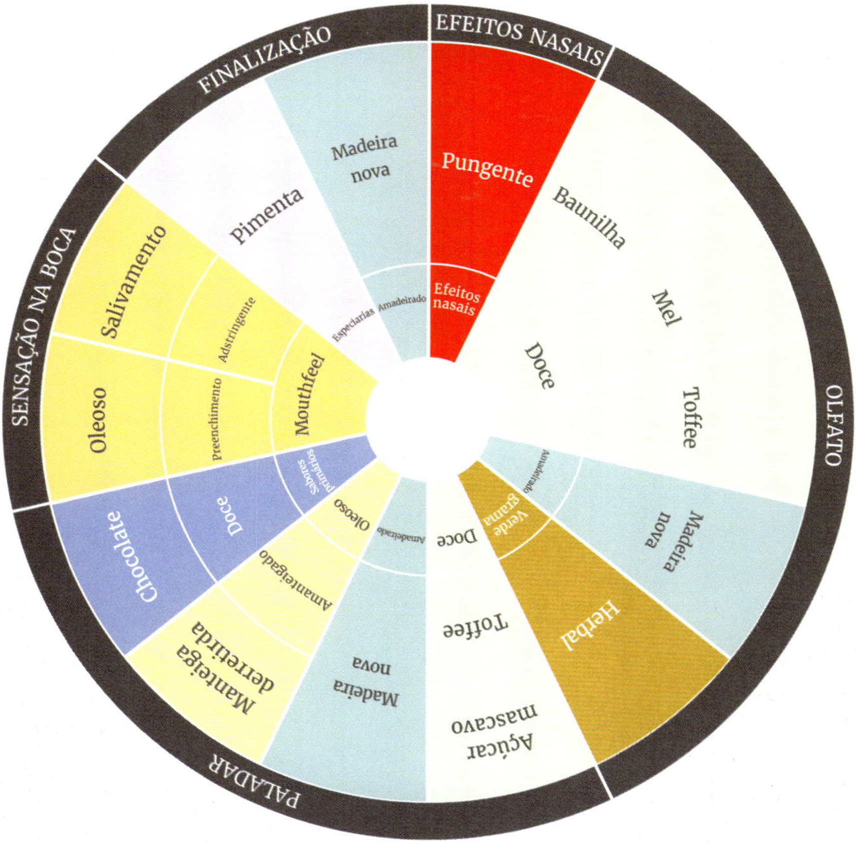
EFEITOS NASAIS
OLFATO
PALADAR
SENSAÇÃO NA BOCA
FINALIZAÇÃO
Pungente
Efeitos nasais
Baunilha
Mel
Toffee
Doce
Madeira nova
Amadeirado
Herbal
Verde grama
Açúcar mascavo
Toffee
Doce
Madeira nova
Amadeirado
Manteiga derretida
Amanteigado
Oleoso
Chocolate
Doce
Sabores primários
Oleoso
Preenchimento
Mouthfeel
Salivamento
Adstringente
Pimenta
Especiarias
Madeira nova
Amadeirado

EUA | **Bourbon**

# Evan Williams Black Label

O Evan Williams Black Label, lançado em 1957, é o principal bourbon da Heaven Hill. O nome homenageia Evan Williams, destilador galês que construiu uma destilaria em Louisville (Kentucky). Embora a marca afirme ter sido a primeira destilaria comercial do estado, não há provas históricas concretas. O bourbon, conhecido pela qualidade, gerou mais de US$ 50 milhões em vendas em 2016.

**Teor alcoólico:** 43%

**Cor:** âmbar

| | |
|---|---|
| **Grupo** | Heaven Hill Distilleries |
| **Destilaria** | Heaven Hill Distillery |
| **Localização** | Bardstown |
| **Centro de visitas** | – |
| **Site** | evanwilliams.com |
| **Preço** | R$ 150 – R$ 200 |

Nota: 7,5

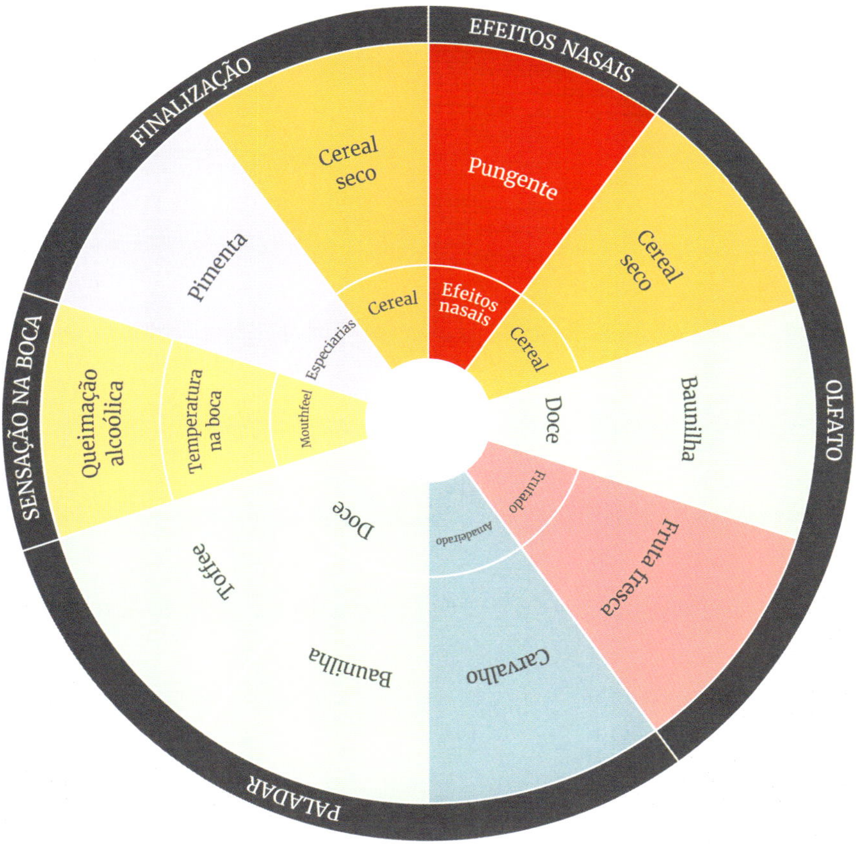
EFEITOS NASAIS
OLFATO
PALADAR
SENSAÇÃO NA BOCA
FINALIZAÇÃO
Pungente
Efeitos nasais
Cereal seco
Cereal
Baunilha
Doce
Fruta fresca
Frutado
Carvalho
Amadeirado
Baunilha
Toffee
Doce
Queimação alcoólica
Temperatura na boca
Mouthfeel
Pimenta
Especiarias
Cereal seco
Cereal

EUA | **Bourbon**

# High West Bourbon

O High West Bourbon é a essência da inovação e do artesanato da High West Distillery, fundada em 2006 por David e sua esposa, Jane Perkins, em Park City (Utah). A destilaria fez história ao se tornar a primeira destilaria legalizada do estado desde 1870, resgatando a herança do whisky no Velho Oeste.

O diferencial do High West está na abordagem única de produção. Em vez de depender exclusivamente da própria destilação, a marca adota uma estratégia híbrida: adquire bourbons de outras destilarias e os combina com os próprios whiskies, produzidos em suas duas destilarias. Essa prática possibilita criar blends únicos e consistentes.

**Teor alcoólico:** 46%

**Cor:** âmbar

| | |
|---|---|
| **Grupo** | Constellation Brands |
| **Destilaria** | High West Distillery |
| **Localização** | Park City |
| **Centro de visitas** | - |
| **Site** | highwest.com |
| **Preço** | R$ 400 - R$ 450 |

Nota: 8,5

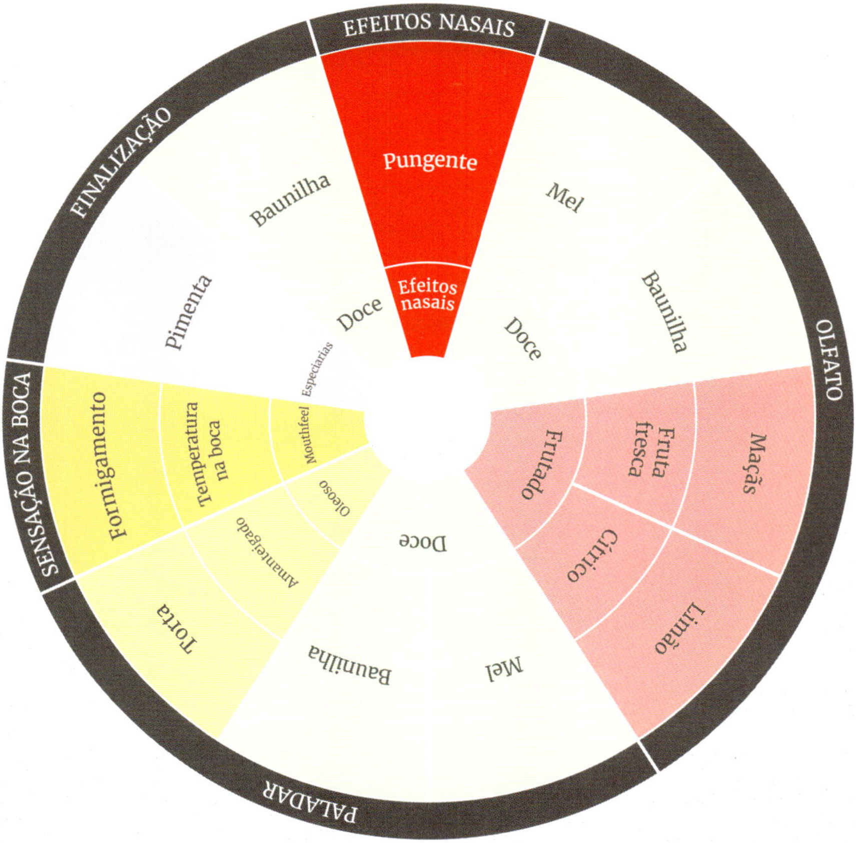
EFEITOS NASAIS
Pungente
Efeitos nasais
OLFATO
Mel
Baunilha
Doce
Maçãs
Fruta fresca
Frutado
Cítrico
Limão
PALADAR
Doce
Mel
Baunilha
SENSAÇÃO NA BOCA
Formigamento
Temperatura na boca
Mouthfeel
Oleoso
Amanteigado
Torta
FINALIZAÇÃO
Baunilha
Pimenta
Doce
Especiarias

EUA | **Bourbon**

# Jack Daniel's Old No. 7

Fundada em 1866 por Jasper Newton "Jack" Daniel em Lynchburg (Tennessee), a Jack Daniel's Distillery é o berço do icônico Jack Daniel's Old No. 7. Embora a data exata de seu lançamento não seja clara, o Old No. 7 se destacou pelo processo de produção exclusivo, já que é um Tennessee whiskey. Seu grande diferencial é o Charcoal Mellowing, filtragem gota a gota por 3 metros de carvão de maple, que suaviza o whiskey antes do envelhecimento. Uma curiosidade revelada pelo master distiller Chris Fletcher: Frank Sinatra era um grande fã do Old No. 7, e a bebida se tornou símbolo de sofisticação e rebeldia.

**Teor alcoólico:** 40%

**Cor:** dourado

| | |
|---|---|
| **Grupo** | Brown-Forman Corporation |
| **Destilaria** | Jack Daniel's Distillery |
| **Localização** | Lynchburg |
| **Centro de visitas** | Jack Daniel's Distillery |
| **Site** | jackdaniels.com |
| **Preço** | R$ 120 - R$ 180 |

Nota: 7,0

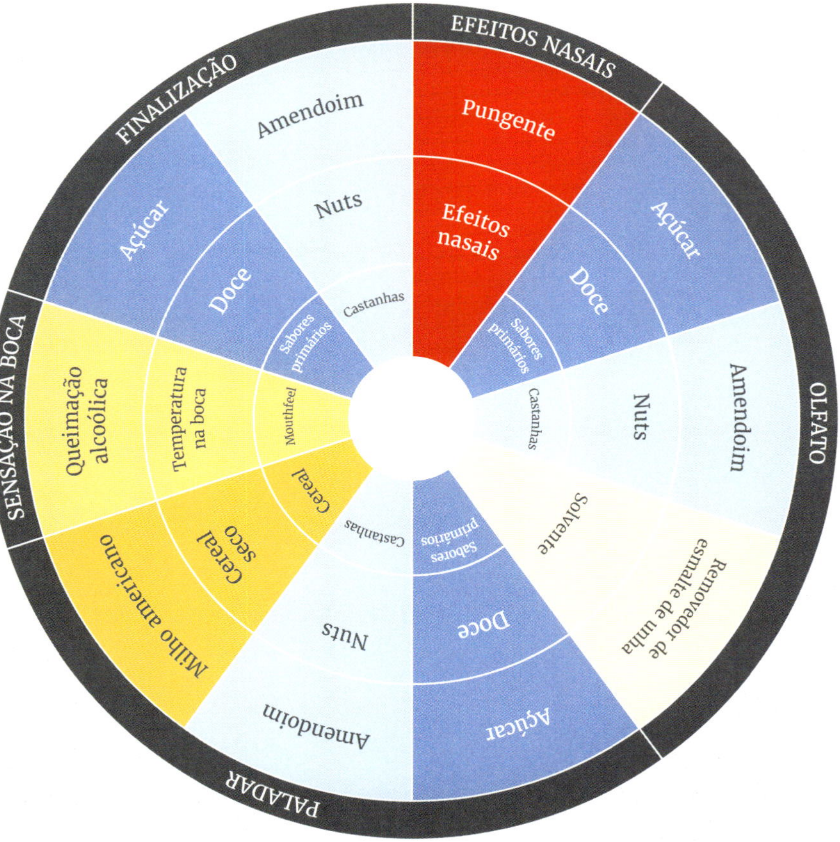
EFEITOS NASAIS
Pungente
Efeitos nasais
OLFATO
Açúcar
Doce
Sabores primários
Amendoim
Nuts
Castanhas
Removedor de esmalte de unha
Solvente
PALADAR
Açúcar
Doce
Sabores primários
Amendoim
Nuts
Castanhas
SENSAÇÃO NA BOCA
Milho americano
Cereal seco
Cereal
Queimação alcoólica
Temperatura na boca
Mouthfeel
FINALIZAÇÃO
Açúcar
Doce
Sabores primários
Amendoim
Nuts
Castanhas

EUA | **Bourbon**

# Jack Daniel's Gentleman Jack

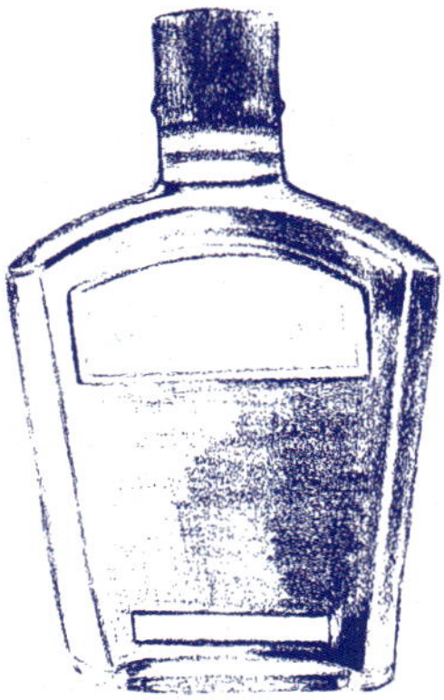

O Gentleman Jack é uma versão mais refinada do Jack Daniel's Old No. 7. Lançado em 1988, ele se diferencia também pelo processo de dupla filtragem em carvão de maple, conhecido como Charcoal Mellowing. A primeira filtragem ocorre antes do envelhecimento e a segunda, após o whisky ter sido maturado em barris de carvalho.

**Teor alcoólico:** 40%

**Cor:** dourado

| **Grupo** | Brown-Forman Corporation |
|---|---|
| **Destilaria** | Jack Daniel's Distillery |
| **Localização** | Lynchburg |
| **Centro de visitas** | Jack Daniel's Distillery |
| **Site** | jackdaniels.com |
| **Preço** | R$ 230 - R$ 300 |

Nota: 7,0

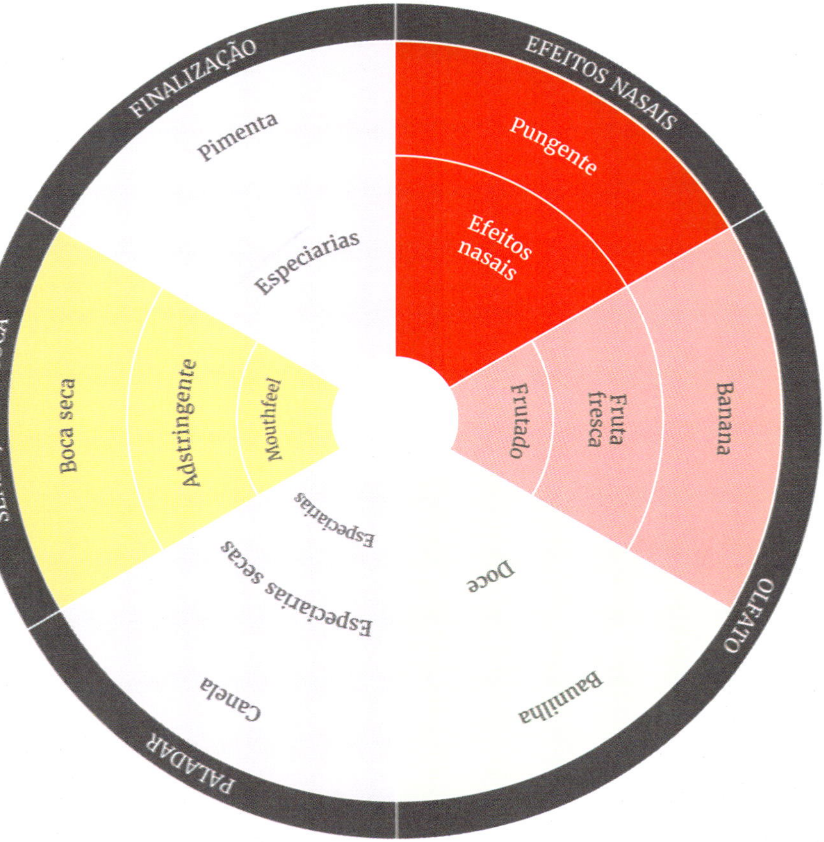
EFEITOS NASAIS
Pungente
Efeitos nasais
OLFATO
Banana
Fruta fresca
Frutado
Baunilha
Doce
PALADAR
Canela
Especiarias secas
Especiarias
SENSAÇÃO NA BOCA
Boca seca
Adstringente
Mouthfeel
FINALIZAÇÃO
Pimenta
Especiarias

EUA | **Bourbon**

# Jack Daniel's Single Barrel Select

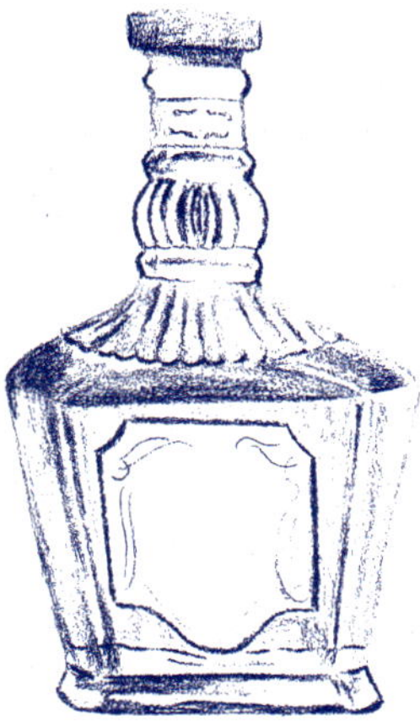

O Jack Daniel's Single Barrel é a expressão mais premium e exclusiva da linha Jack Daniel's. Diferentemente dos outros rótulos, cada lote de garrafas vem de um único barril (single barrel). Se você tiver um single barrel, pode ver que existe uma numeração impressa na garrafa para assegurar o tracking de qual barril ele veio. Esse é o meu Jack Daniel's preferido.

**Teor alcoólico:** 47%

**Cor:** âmbar

| | |
|---|---|
| **Grupo** | Brown-Forman Corporation |
| **Destilaria** | Jack Daniel's Distillery |
| **Localização** | Lynchburg |
| **Centro de visitas** | Jack Daniel's Distillery |
| **Site** | jackdaniels.com |
| **Preço** | R$ 300 - R$ 400 |

Nota: 8,0

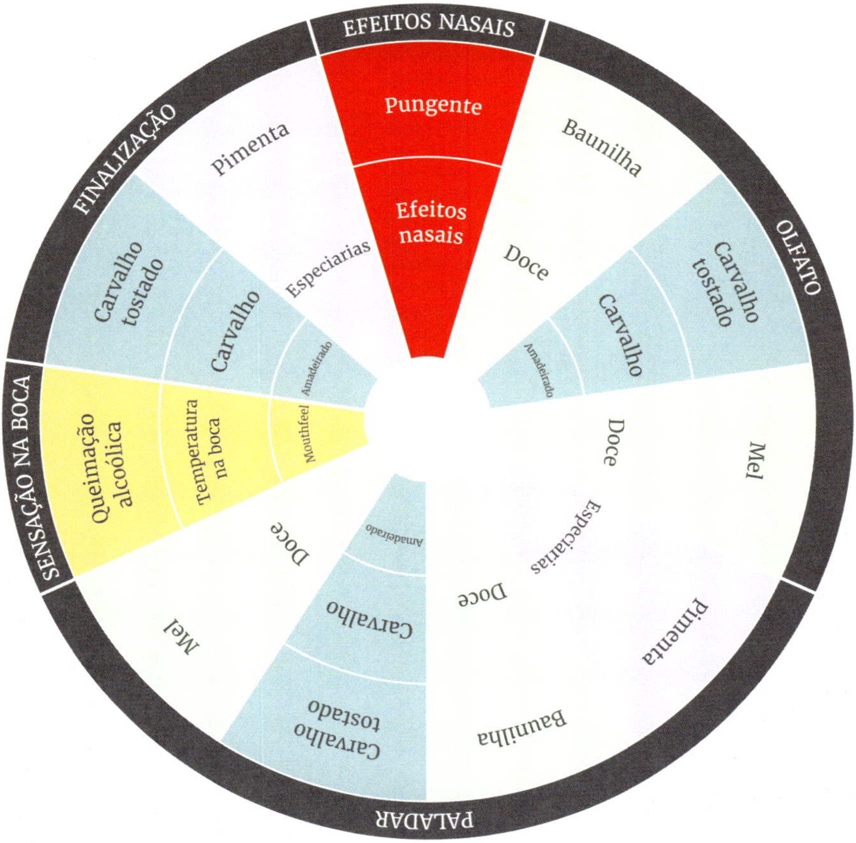
EFEITOS NASAIS
Pungente
Efeitos nasais
OLFATO
Baunilha
Doce
Carvalho tostado
Carvalho
Amadeirado
Mel
Doce
Pimenta
Especiarias
Doce
PALADAR
Baunilha
Carvalho tostado
Carvalho
Amadeirado
Mel
Doce
SENSAÇÃO NA BOCA
Queimação alcoólica
Temperatura na boca
Mouthfeel
FINALIZAÇÃO
Carvalho tostado
Carvalho
Amadeirado
Pimenta
Especiarias

EUA | **Bourbon**

# Jim Beam White Label

O Jim Beam White Label é um dos bourbons mais icônicos e o bourbon mais vendido do mundo. Produzido desde 1795, ele carrega o legado de sete gerações da família Beam e é uma das marcas mais tradicionais do Kentucky. Eu particularmente curto um Jim Beam White Label como acompanhamento de um churrasco ou em drinques.

**Teor alcoólico:** 40%

**Cor:** dourado

| **Grupo** | Suntory Global Spirits |
|---|---|
| **Destilaria** | Jim Beam Distillery |
| **Localização** | Clermont |
| **Centro de visitas** | Jim Beam American Stillhouse |
| **Site** | jimbeam.com |
| **Preço** | R$ 90 – R$ 120 |

## Nota: 7,0

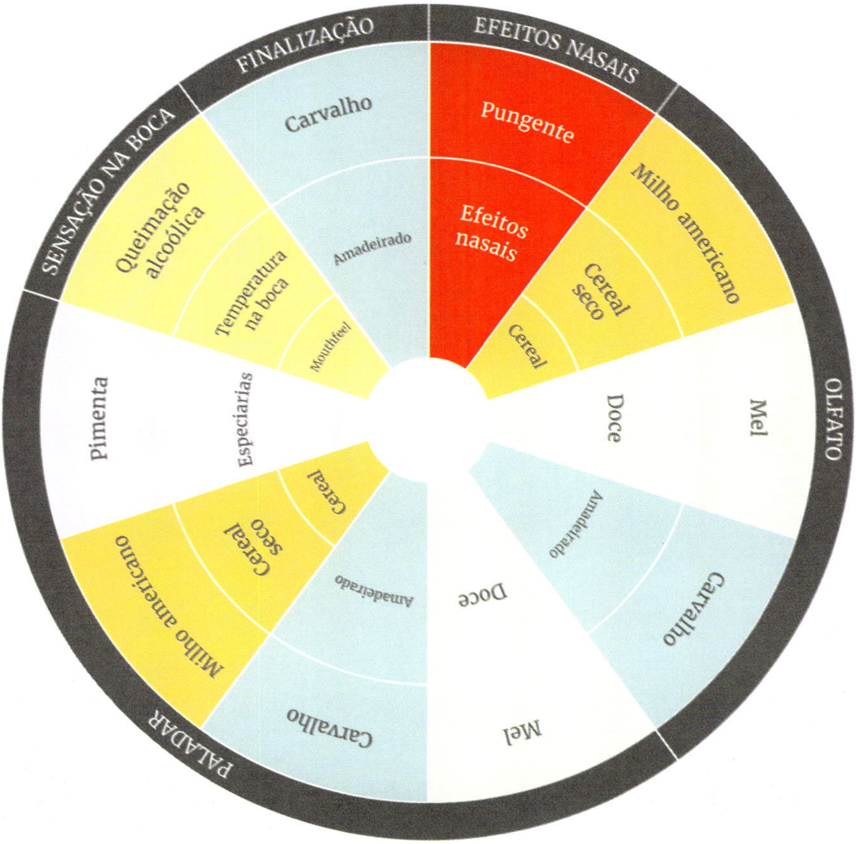
EFEITOS NASAIS
Pungente
Efeitos nasais
OLFATO
Milho americano
Cereal seco
Cereal
Mel
Doce
Carvalho
Amadeirado
PALADAR
Mel
Doce
Carvalho
Amadeirado
Milho americano
Cereal seco
Cereal
Pimenta
Especiarias
SENSAÇÃO NA BOCA
Queimação alcoólica
Temperatura na boca
Mouthfeel
FINALIZAÇÃO
Carvalho
Amadeirado

EUA | **Bourbon**

# Jim Beam Black Extra-Aged

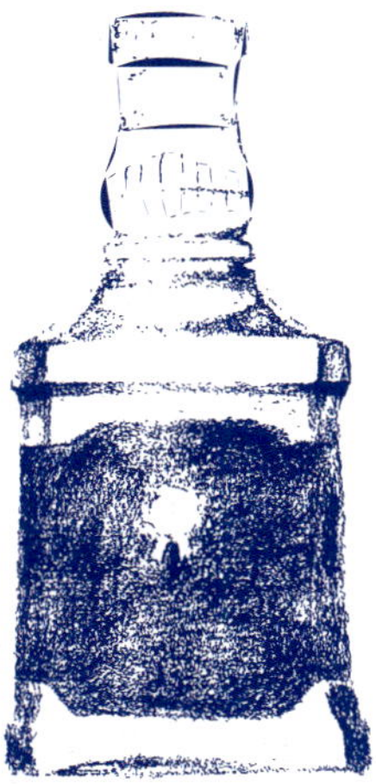

O Jim Beam Black Extra-Aged é uma versão mais refinada e encorpada do clássico Jim Beam. Envelhecido por 6 anos em barris de carvalho virgem carbonizados, ele ganha profundidade e intensidade de sabor. Essa maturação extra proporcionou ao whisky o título de melhor bourbon do mundo em 2016, concedido pela International Wine & Spirit Competition (IWSC).

**Teor alcoólico:** 43%

**Cor:** âmbar

| | |
|---|---|
| **Grupo** | Suntory Global Spirits |
| **Destilaria** | Jim Beam Distillery |
| **Localização** | Clermont |
| **Centro de visitas** | Jim Beam American Stillhouse |
| **Site** | jimbeam.com |
| **Preço** | R$ 150 - R$ 200 |

Nota: 7,5

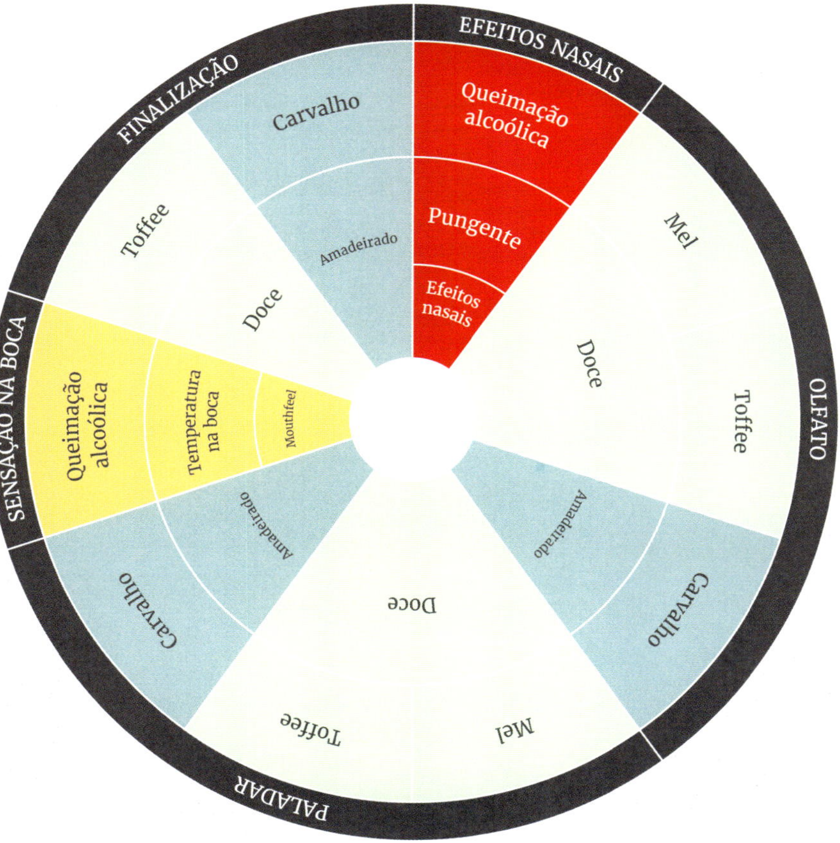
EFEITOS NASAIS
Queimação alcoólica
Pungente
Efeitos nasais
OLFATO
Mel
Doce
Toffee
Amadeirado
Carvalho
PALADAR
Doce
Mel
Toffee
Amadeirado
Carvalho
SENSAÇÃO NA BOCA
Queimação alcoólica
Temperatura na boca
Mouthfeel
FINALIZAÇÃO
Carvalho
Amadeirado
Toffee
Doce

EUA | **Bourbon**

# Maker's Mark

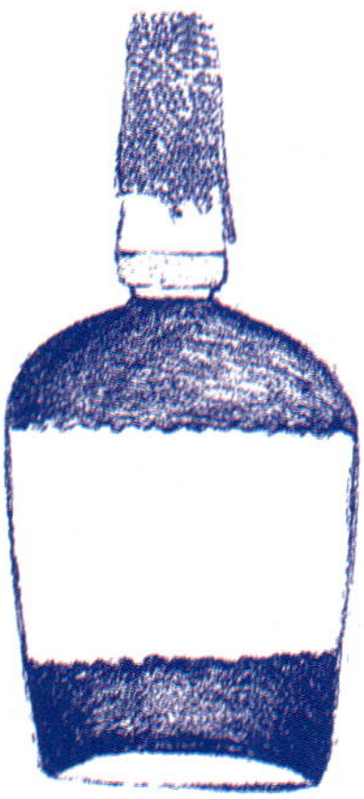

O Maker's Mark é um Kentucky straight bourbon whiskey icônico, conhecido mundialmente pelo seu selo de cera vermelha artesanal, símbolo de tradição e qualidade. Criado por Bill Samuels Senior em 1953, o Maker's Mark inovou ao substituir o centeio tradicional do mash bill por trigo vermelho de inverno, o que resulta em um bourbon mais suave e aveludado.

A icônica cera vermelha, criada por Margie Samuels, esposa de Bill, tornou-se um dos maiores símbolos da marca. Cada garrafa é selada manualmente, isso garante que nenhuma seja exatamente igual à outra e reforça o caráter artesanal e exclusivo do Maker's Mark.

**Teor alcoólico:** 45%

**Cor:** âmbar

| | |
|---|---|
| **Grupo** | Suntory Global Spirits |
| **Destilaria** | Maker's Mark Distillery |
| **Localização** | Loretto |
| **Centro de visitas** | Maker's Mark Distillery |
| **Site** | makersmark.com |
| **Preço** | R$ 140 - R$ 200 |

Nota: 8,0

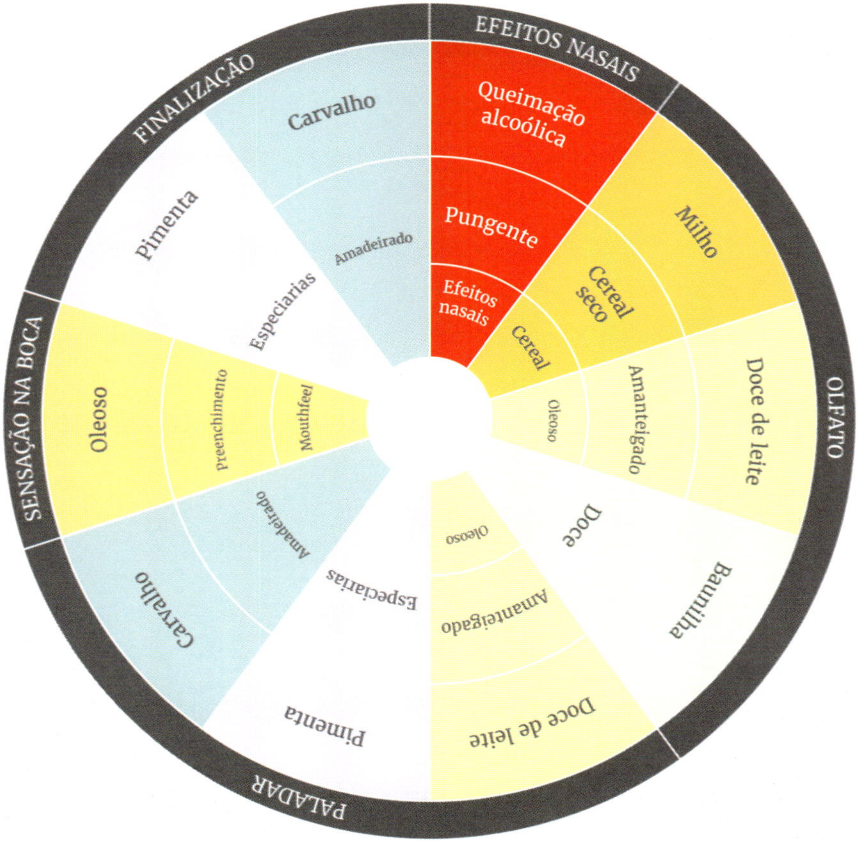
EFEITOS NASAIS
Queimação alcoólica
Pungente
Efeitos nasais
Milho
Cereal seco
Cereal
OLFATO
Doce de leite
Amanteigado
Oleoso
Baunilha
Doce
PALADAR
Doce de leite
Amanteigado
Oleoso
Pimenta
Especiarias
Carvalho
Amadeirado
SENSAÇÃO NA BOCA
Oleoso
Preenchimento
Mouthfeel
FINALIZAÇÃO
Pimenta
Especiarias
Carvalho
Amadeirado

EUA | **Bourbon**

# Wild Turkey 101

Dizem que tudo começou em uma caçada de perus selvagens em 1940. Thomas McCarthy, executivo da Austin Nichols, levou algumas amostras de bourbon para compartilhar com os amigos. O whisky fez tanto sucesso que, em 1942, decidiram lançar a bebida oficialmente, batizando-a de Wild Turkey em homenagem à caçada.

A partir daí, a lenda só cresceu. Após passar pela Pernod Ricard, a marca foi adquirida pelo Grupo Campari em 2009, que investiu algo em torno de US$ 100 milhões na modernização da destilaria. Mas o verdadeiro guardião do Wild Turkey é Jimmy Russell, o master distiller mais longevo da indústria, que desde a década de 1960 mantém o espírito original do bourbon vivo.

**Teor alcoólico:** 50,5%

**Cor:** âmbar

| | |
|---|---|
| **Grupo** | Campari Group |
| **Destilaria** | Wild Turkey Distillery |
| **Localização** | Lawrenceburg |
| **Centro de visitas** | Wild Turkey Distillery |
| **Site** | wildturkeybourbon.com |
| **Preço** | R$ 180 - R$ 280 |

Nota: 8,2

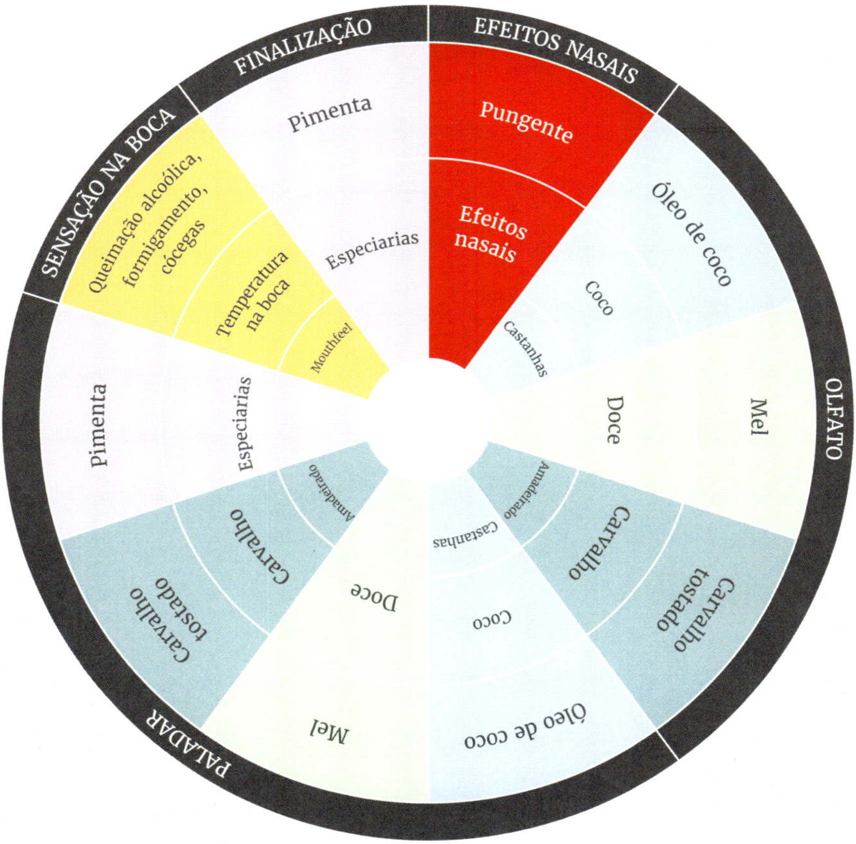
FINALIZAÇÃO
EFEITOS NASAIS
OLFATO
PALADAR
SENSAÇÃO NA BOCA
Pimenta
Especiarias
Pungente
Efeitos nasais
Óleo de coco
Coco
Castanhas
Mel
Doce
Carvalho tostado
Carvalho
Amadeirado
Coco
Castanhas
Óleo de coco
Mel
Doce
Carvalho tostado
Carvalho
Amadeirado
Pimenta
Especiarias
Queimação alcoólica, formigamento, cócegas
Temperatura na boca
Mouthfeel

EUA | **Bourbon**

# Wild Turkey 81

O Wild Turkey 81 é a versão mais suave e acessível do icônico Wild Turkey 101. Criado por Jimmy Russell e seu filho Eddie Russell, ele se destaca pelo equilíbrio entre sabor e versatilidade. O nome faz referência ao seu teor alcoólico de 40,5% (81 proof), que proporciona uma experiência menos intensa, mas ainda carregada da essência marcante da marca. Se o Wild Turkey 101 parece forte demais para seu paladar, o Wild Turkey 81 pode ser a porta de entrada perfeita para conhecer os bourbons da família. Ideal para consumir puro, com gelo ou em coquetéis.

**Teor alcoólico:** 40,5%
**Cor:** âmbar claro

| | |
|---|---|
| **Grupo** | Campari Group |
| **Destilaria** | Wild Turkey Distillery |
| **Localização** | Lawrenceburg |
| **Centro de visitas** | Wild Turkey Distillery |
| **Site** | wildturkeybourbon.com |
| **Preço** | R$ 120 - R$ 180 |

Nota: 7,0

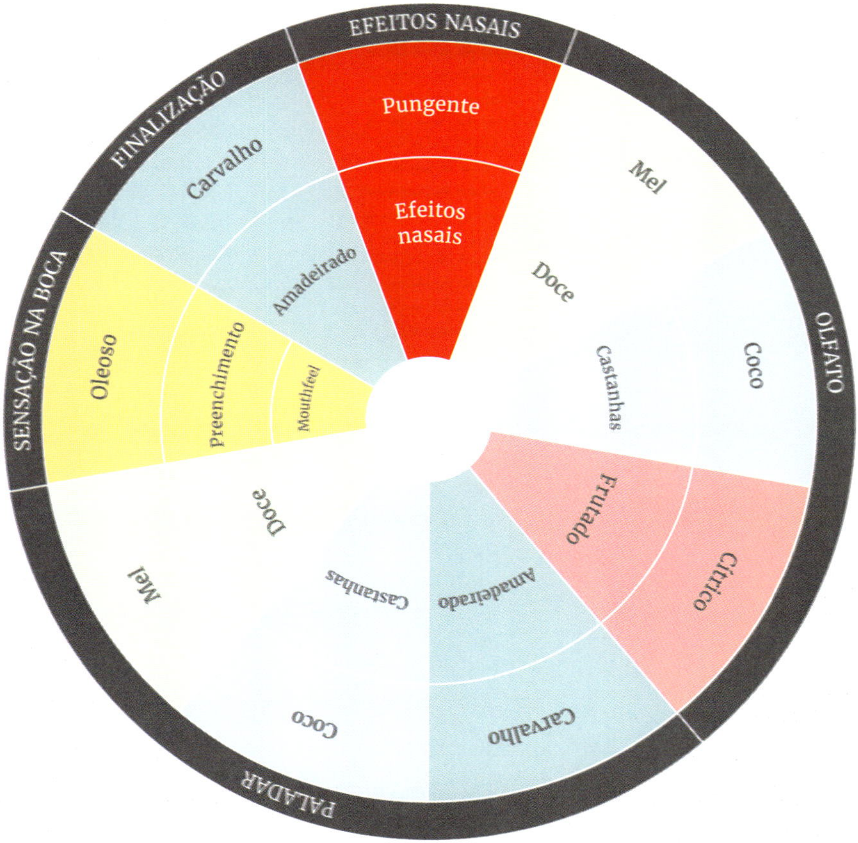
EFEITOS NASAIS
Pungente
Efeitos nasais
OLFATO
Mel
Doce
Coco
Castanhas
Frutado
Cítrico
PALADAR
Amadeirado
Carvalho
Doce
Mel
Castanhas
Coco
SENSAÇÃO NA BOCA
Oleoso
Preenchimento
Mouthfeel
FINALIZAÇÃO
Carvalho
Amadeirado

EUA | **Bourbon**

# Woodford Reserve

O Woodford Reserve tem suas origens na histórica Old Oscar Pepper Distillery, fundada em 1812 e uma das destilarias mais antigas e emblemáticas de Kentucky. Após um período de inatividade, o local foi recuperado pela Brown-Forman e, em 1996, o Woodford Reserve foi oficialmente lançado, marcando uma nova era para a marca.

Durante minha conversa com a master distiller Elizabeth McCall, descobri que o Woodford Reserve vai além do convencional. Sua produção combina tripla destilação em alambiques escoceses de cobre e destilação em colunas tradicionais, unindo o melhor dos dois métodos. O mash bill é composto de 72% de milho, 18% de centeio e 10% de malte de cevada, o que resulta em um bourbon de sabor rico e complexo.

**Teor alcoólico:** 45,2%

**Cor:** âmbar

| | |
|---|---|
| **Grupo** | Brown-Forman Corporation |
| **Destilaria** | Woodford Reserve Distillery |
| **Localização** | Versailles |
| **Centro de visitas** | Woodford Reserve Distillery |
| **Site** | woodfordreserve.com |
| **Preço** | R$ 200 |

Nota: 8,0

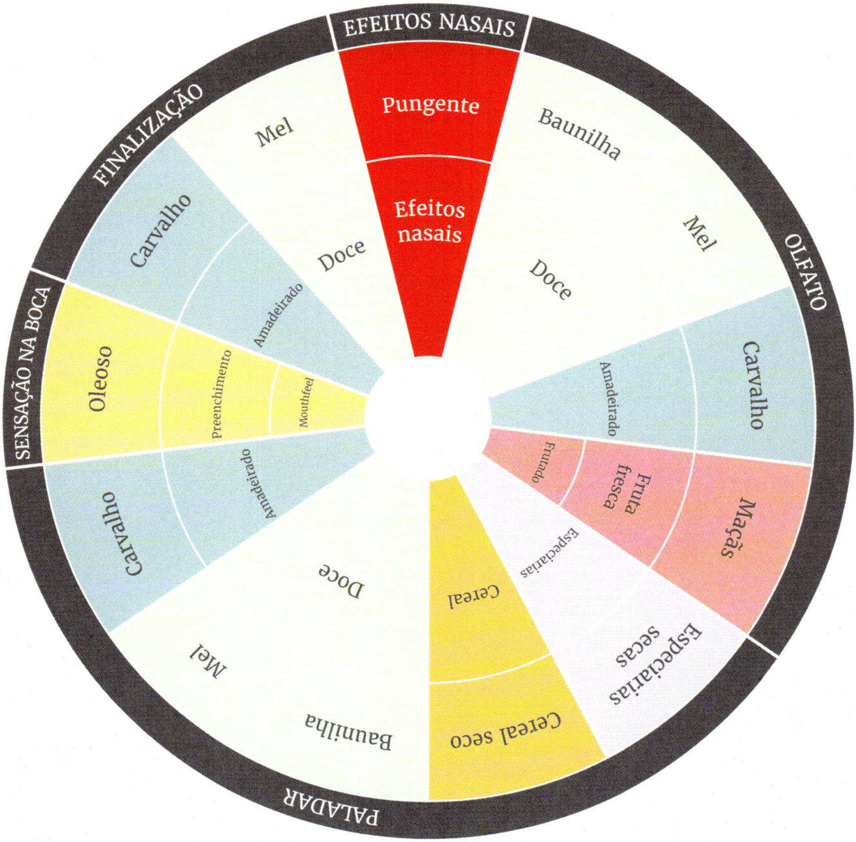
EFEITOS NASAIS
Pungente
Efeitos nasais
OLFATO
Baunilha
Mel
Doce
Carvalho
Amadeirado
Maçãs
Fruta fresca
Frutado
Especiarias secas
Especiarias
PALADAR
Cereal seco
Cereal
Baunilha
Mel
Doce
SENSAÇÃO NA BOCA
Oleoso
Preenchimento
Mouthfeel
Carvalho
Amadeirado
FINALIZAÇÃO
Mel
Doce
Carvalho
Amadeirado

EUA | **Centeio (rye)**

# High West Double Rye

O High West tem produção híbrida: parte do whisky é destilada na própria destilaria e a outra é adquirida de terceiros para criar blends exclusivos. Essa prática fez com que a destilaria ganhasse destaque internacional, culminando em sua aquisição pela Constellation Brands por US$ 160 milhões em 2016. Isso consolidou seu lugar no cenário mundial de whiskies premium.

**Teor alcoólico:** 46%

**Cor:** âmbar

| | |
|---|---|
| **Grupo** | Constellation Brands |
| **Destilaria** | High West Distillery |
| **Localização** | Park City |
| **Centro de visitas** | – |
| **Site** | highwest.com |
| **Preço** | R$ 150 – R$ 200 |

Nota: 9,0

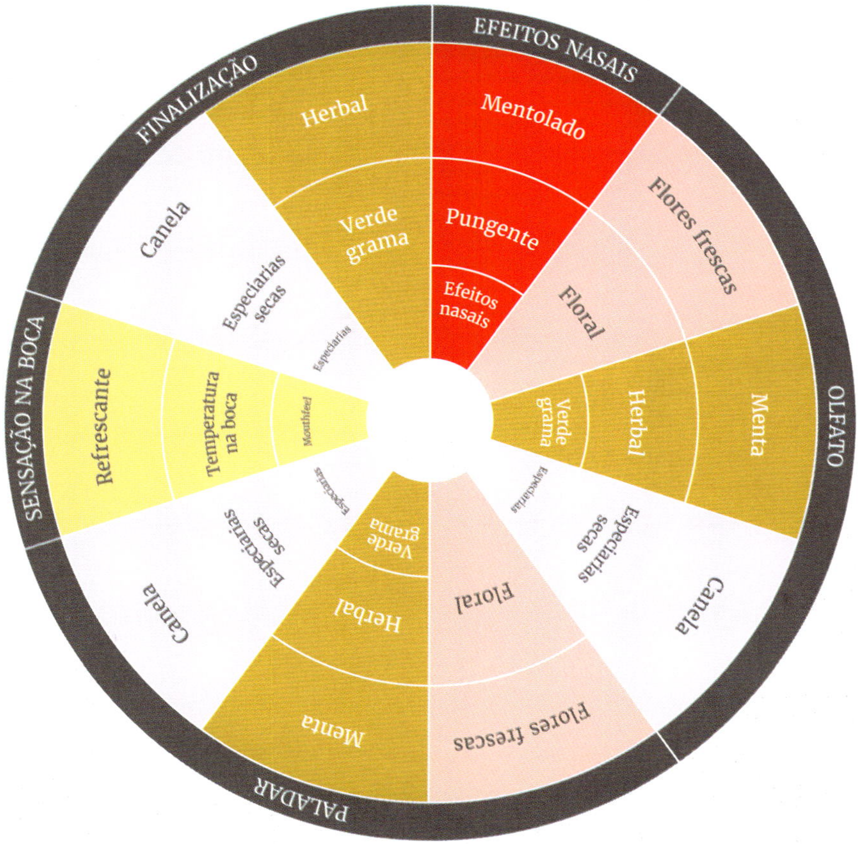
EFEITOS NASAIS
Mentolado
Pungente
Efeitos nasais
Flores frescas
Floral
OLFATO
Menta
Herbal
Verde grama
Especiarias
Especiarias secas
Canela
Floral
Flores frescas
Verde grama
Herbal
Menta
PALADAR
Especiarias
Especiarias secas
Canela
SENSAÇÃO NA BOCA
Refrescante
Temperatura na boca
Mouthfeel
Especiarias
Especiarias secas
Canela
FINALIZAÇÃO
Herbal
Verde grama

EUA | **Centeio (rye)**

# Jim Beam Rye

O Jim Beam Rye é um straight rye whiskey de perfil clássico e acessível, ideal para quem busca uma experiência tradicional com o rye whiskey americano. Um dos poucos whiskies de centeio disponíveis no Brasil.

**Teor alcoólico:** 40%

**Cor:** dourado

| **Grupo** | Suntory Global Spirits |
|---|---|
| **Destilaria** | High West Distillery |
| **Localização** | Clermont |
| **Centro de visitas** | Jim Beam American Stillhouse |
| **Site** | jimbeam.com |
| **Preço** | R$ 190 - R$ 250 |

Nota: 7,5

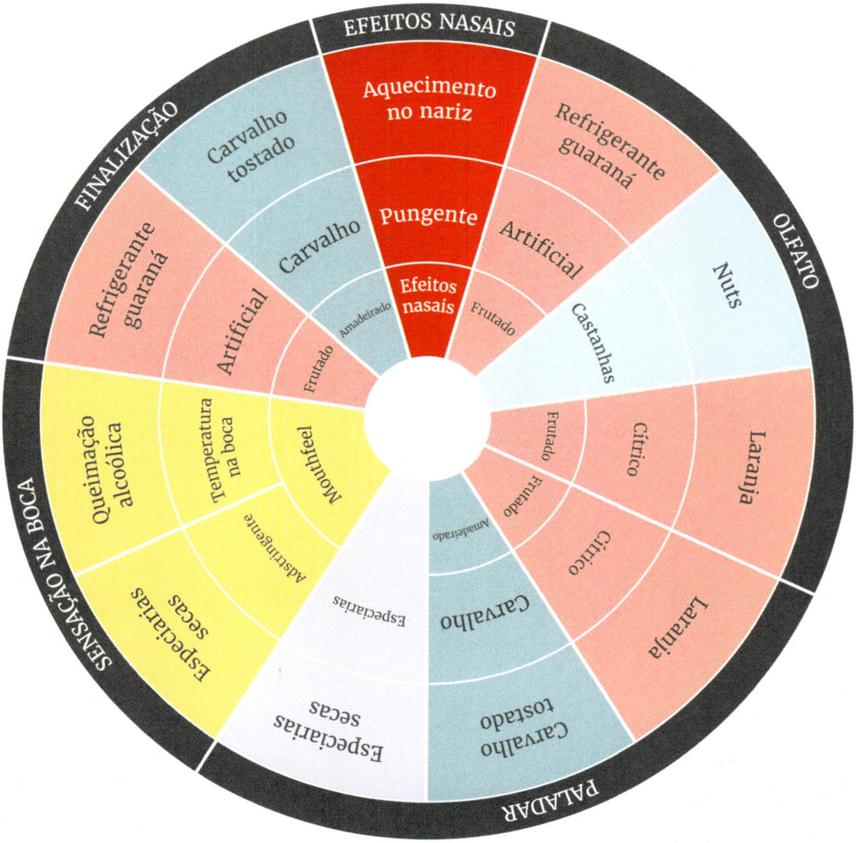
EFEITOS NASAIS
Aquecimento no nariz
Pungente
Efeitos nasais
OLFATO
Refrigerante guaraná
Artificial
Frutado
Nuts
Castanhas
Laranja
Cítrico
Frutado
PALADAR
Laranja
Cítrico
Frutado
Carvalho tostado
Carvalho
Amadeirado
Especiarias secas
Especiarias
SENSAÇÃO NA BOCA
Queimação alcoólica
Temperatura na boca
Mouthfeel
Especiarias secas
Adstringente
FINALIZAÇÃO
Refrigerante guaraná
Artificial
Frutado
Carvalho tostado
Carvalho
Amadeirado

Para oferecer uma visão mais completa e precisa sobre a rica história do whisky irlandês, recorri a fontes de renome e autoridade sobre o tema. Entre os principais materiais de pesquisa, destaca-se a obra *Whiskey lore's travel guide to experiencing irish whiskey*, que serviu como referência essencial para a construção desta linha do tempo e a contextualização dos principais eventos históricos.

## Linha do tempo: a história do whisky na Irlanda

# Irlanda

### Origens e primeiros registros (séculos XII a XV)

**Século XIII:** teorias apontam que monges franciscanos levaram técnicas de destilação da Península Ibérica para a Irlanda. Outra teoria sugere que a prática foi introduzida por comerciantes celtas pela Europa Central.

> *Ressalva:* não há consenso absoluto sobre a origem exata da destilação na Irlanda, mas a hipótese dos monges é amplamente aceita.

**1324:** o *Red book of Ossory* faz a primeira menção à *aqua vitae* (água da vida) na Irlanda, associada ao uso medicinal da destilação.

> *Ressalva:* a referência não especifica se a *aqua vitae* era feita de grãos ou outras fontes.

## Evolução da produção e consolidação (séculos XVI a XVIII)

**1608:** Thomas Phillips recebe a primeira licença oficial de destilação, frequentemente associada à Bushmills, no condado de Antrim.

**Ressalva:** embora a Bushmills use esse marco como referência de sua origem, a destilaria moderna foi oficialmente estabelecida em 1784.

**Década de 1600:** a produção de *poitín* *(destilação ilegal)* cresce em razão das restrições inglesas e da taxação da produção de whisky. A prática se espalha para áreas rurais e se torna uma tradição cultural.

**1757:** a destilaria de Kilbeggan é fundada e se torna uma das mais antigas destilarias licenciadas da Irlanda.

**Ressalva:** Apesar de ser considerada a mais antiga destilaria licenciada, Kilbeggan passou por períodos de inatividade antes de ser revitalizada.

**1784:** a destilaria Bushmills é formalmente estabelecida no condado de Antrim.

**1799:** a Lei de Tributação de Alambique (*Act of Still Licences*) impõe impostos elevados sobre a produção de whisky, levando muitos pequenos destiladores a operarem ilegalmente.

## Século XIX: expansão, inovações e desafios

**1805:** as Corn Laws incentivam o uso de grãos irlandeses na produção de whisky, facilitando o acesso dos produtores a insumos mais baratos.

**Ressalva:**
*embora Coffey fosse irlandês, os produtores irlandeses resistiram à adoção dessa tecnologia, optando por métodos tradicionais de destilação em alambiques pot still.*

**1830:** o irlandês Aeneas Coffey patenteia o alambique contínuo (Coffey Still), que aumenta a eficiência da destilação.

**Décadas de 1860 e 1870:** o whisky irlandês atinge seu auge de popularidade e passa a ser exportado globalmente. Dublin se torna o epicentro de produção de whisky de alta qualidade, liderado por marcas icônicas como Jameson, Powers e Roe.

Irlanda

## Século XX: declínio e consolidação

**1920-1933:** a Lei Seca nos Estados Unidos, principal mercado importador de whisky irlandês, afeta severamente a indústria.

**1922:** após a Guerra de Independência, a criação do Estado Livre Irlandês (Irish Free State) e a divisão da Irlanda criam desafios comerciais, especialmente quanto ao acesso ao mercado britânico.

**Década de 1930:** o marketing eficaz dos blends escoceses, mais baratos e promovidos globalmente, começa a eclipsar o whisky irlandês.

**Década de 1940:** durante a Segunda Guerra Mundial, a produção de whisky na Irlanda é severamente impactada, pois insumos como grãos são redirecionados para o esforço de guerra.

### 1960-1980: crise e reestruturação

**1966:** as destilarias Jameson, Powers e Cork fundem-se para formar a Irish Distillers Ltd. (IDL), com o objetivo de centralizar a produção e competir com o whisky escocês. A produção é concentrada na nova destilaria de Midleton, inaugurada em 1975.

**Década de 1970:** a maioria das destilarias independentes da Irlanda fecha, restando apenas duas operações principais: Bushmills e Midleton.

**1980:** a Irish Distillers Ltd. mantém o controle quase absoluto da produção de whisky irlandês.

### 1987-2000: renascimento e diversificação

**1987:** john Teeling funda a Cooley Distillery, quebrando o monopólio da Irish Distillers Ltd. Cooley se destaca por lançar whiskies independentes e reintroduzir a concorrência no mercado.

**Década de 1990:** o whisky irlandês começa a recuperar popularidade globalmente, especialmente com o aumento do turismo na Irlanda e o renascimento de coquetéis clássicos.

Irlanda

### 2000-2020: a nova era de ouro do whisky irlandês

**Década de 2000:** o número de destilarias na Irlanda cresce rapidamente, com a abertura de várias destilarias independentes, como Teeling, Dingle e Waterford.

**Década de 2010:** a diversificação dos produtos de whisky irlandês torna popular expressões mais exclusivas, incluindo whiskies single pot still e edições limitadas.

**2018:** o Irish Whiskey Act é implementado, definindo as categorias oficiais de whisky irlandês:

- *Single malt:* destilado de 100% cevada maltada em um único local.
- *Single pot still:* whisky produzido em alambique pot still, com uma mistura de cevada maltada e não maltada.
- *Single grain:* whisky feito de uma variedade de grãos (milho, trigo, cevada, centeio), destilado em alambique contínuo.
- *Blended whiskey:* combinação de dois ou mais dos tipos anteriores.

**2020:** o whisky irlandês é uma das categorias de destilados que mais cresce no mundo, impulsionado por novas destilarias, edições limitadas e pelo apelo do turismo de whisky.

## Ressalvas e notas

**Origens culturais:** a origem do whisky irlandês está entrelaçada com mitos e tradições. Muitas informações baseiam-se em relatos históricos limitados e interpretações de registros antigos.

**Licença de 1608:** é frequentemente associada à Bushmills, mas a destilaria moderna foi estabelecida oficialmente em 1784.

**Resistência ao alambique de Coffey:** embora Coffey tenha revolucionado a destilação, muitos produtores irlandeses se recusaram a adotar seu método, preferindo alambiques tradicionais pot still.

**Declínio no século XX:** o declínio do whisky irlandês foi resultado de múltiplos fatores: Lei Seca nos Estados Unidos, concorrência com o whisky escocês e a criação do Estado Livre Irlandês, que dificultou o acesso ao mercado britânico.

Algo que aprendi sobre o whisky irlandês é que sua história é tão grandiosa quanto a da Escócia. Eles ajudaram a moldar o whisky tal como conhecemos hoje, enfrentando desafios gigantes ao longo dos séculos. Do auge no século XIX ao quase desaparecimento no século XX, o whisky irlandês ressurgiu com força no século XXI, cheio de inovação e com um mercado em crescimento constante.

# Irlanda

Aqui no Brasil, porém, temos acesso bem limitado a toda essa riqueza. Enquanto temos uma infinidade de rótulos escoceses disponíveis, quando se fala de whisky irlandês a realidade é outra. Hoje, praticamente apenas o Jameson representa essa cultura incrível por aqui. E, convenhamos, ele faz um ótimo trabalho - não é à toa que eu sempre recomendo Jameson como o primeiro whisky para quem está começando a jornada do whisky no Brasil. Mas sozinho ele não consegue mostrar toda a diversidade e a grandiosidade que o whisky irlandês tem a oferecer. É uma pena, porque muita história e muito sabor ainda estão longe de chegar ao nosso copo.

Irlanda | **Blended**

# Jameson Irish Whiskey

O Jameson é um dos rótulos mais icônicos e populares do mundo, amplamente responsável pela internacionalização do whisky irlandês. Criada em 1780 por John Jameson, a bebida se destaca por seu processo de tripla destilação, que faz um whisky mais suave e fácil de beber. A produção ocorre na Midleton Distillery, em Cork, mas o principal centro de visitação está localizado na Jameson Distillery Bow St., em Dublin, onde a história da marca começou.

No Brasil, o Jameson é a minha principal recomendação de primeiro whisky para quem deseja entrar na jornada do whisky. O custo-benefício, a suavidade e ampla disponibilidade no mercado nacional fazem dele a escolha perfeita para ser o primeiro whisky de sua adega, bar ou coleção.

**Teor alcoólico:** 40%

**Cor:** dourado

| | |
|---|---|
| **Grupo** | Pernod Ricard |
| **Destilaria** | Midleton Distillery |
| **Localização** | Dublin |
| **Centro de visitas** | Jameson Distillery Bow St. |
| **Site** | jamesonwhiskey.com/pt-br/ |
| **Preço** | R$ 99 – R$ 150 |

Nota: 8,0

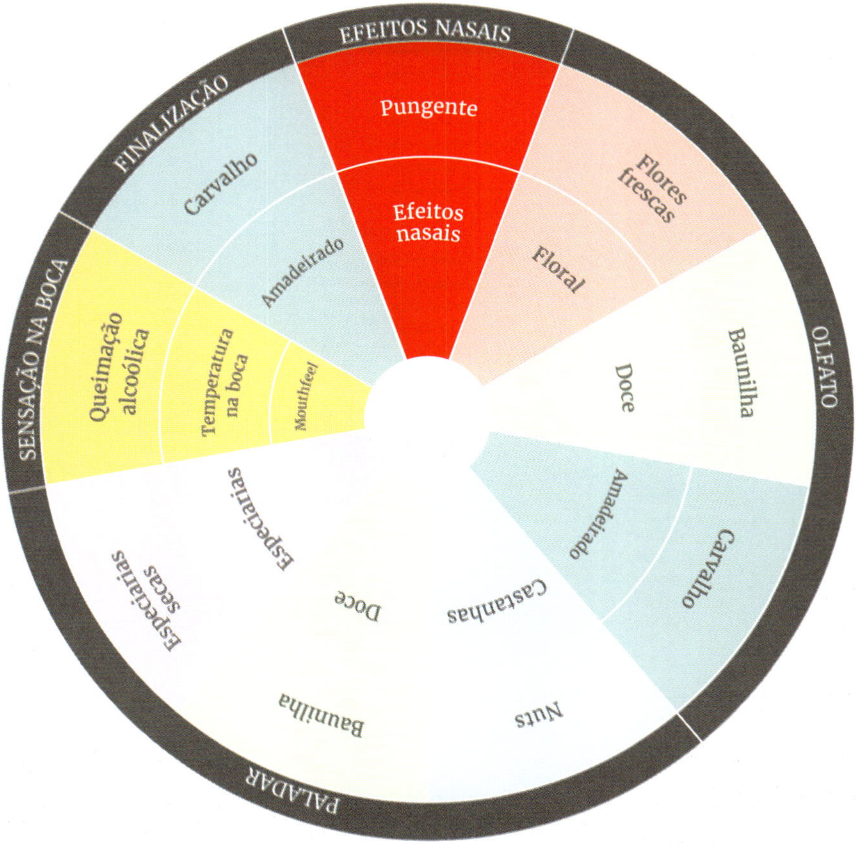
EFEITOS NASAIS
Pungente
Efeitos nasais
OLFATO
Flores frescas
Floral
Baunilha
Doce
Carvalho
Amadeirado
PALADAR
Castanhas
Nuts
Doce
Baunilha
Especiarias
Especiarias secas
SENSAÇÃO NA BOCA
Queimação alcoólica
Temperatura na boca
Mouthfeel
FINALIZAÇÃO
Carvalho
Amadeirado

# Japão

Encerrar este livro com a degustação de whisky japonês tem um significado especial para mim. É como um *cliffhanger* de anime - aquela sensação de que algo grandioso está por vir, mas você precisa esperar a próxima temporada. E, de certo modo, é exatamente isso. Minha jornada com o whisky ganhou uma virada decisiva no Japão, pois foi lá, na terra do sol nascente, que visitei pela primeira vez uma destilaria de whisky.

Como bom *otaku* de carteirinha, nunca imaginei que minha paixão por animes e mangás se conectaria de maneira tão forte com o universo do whisky. Assim como toda boa história, nada ocorreu de modo linear. Não consegui visitar logo "de cara" a minha destilaria favorita, a The Hakushu, mas o Japão me trouxe muito mais do que eu esperava. Caminhei por lojas especializadas em whiskies premium que nunca vi em nenhum outro lugar do mundo. Conheci pessoas apaixonadas por whisky, compartilhei histórias e descobri a cultura japonesa de consumo da bebida, especialmente com o icônico highball, drinque tão simples quanto surpreendente.

Antes de voltar ao Brasil, fiz uma promessa a mim mesmo: eu voltarei. E sei que, quando voltar, minha jornada terá um novo capítulo para ser escrito.

Nosso tempo é curto para contar a icônica história do whisky japonês, por isso para construir esta linha do tempo recorri a fontes de peso, como as obras *The complete whiskey course: a comprehensive tasting school in ten classes* e *Japanese whisky: the ultimate guide to the world's most desirable spirit with tasting notes from Japan' s leading whisky blogger*. Foram essas referências que me ajudaram a entender cada detalhe dessa jornada fascinante, que, para mim, está longe de acabar. O fim deste livro é apenas o começo de uma nova temporada.

## Linha do tempo: a história do whisky japonês

### 1853-1854: primeiros contatos com o whisky

**8 de julho de 1853:** quatro navios de guerra americanos, liderados pelo comodoro Matthew C. Perry, chegam à Baía de Tóquio. Conhecidos como kurofune (navios negros), os navios simbolizam algo externo que provoca grandes mudanças no Japão. Durante as negociações para abertura comercial do país, os americanos oferecem rum, conhaque e whisky aos oficiais japoneses.

**Março de 1854:** ocorre um banquete no navio USS Powhatan para os delegados japoneses. Bebidas alcoólicas, como whisky americano, whisky escocês e cerveja, são servidas, tornando os oficiais japoneses mais sociáveis. A expressão "John Barleycorn", associada a bebidas alcoólicas derivadas de cevada, é usada para descrever a situação. Após a festa, um samurai japonês abraça o comodoro Perry e diz "*Nichibei doushin*" (日米同心 – "Nippon e América, um só coração"). Durante o abraço, ele amassa as dragonas de Perry.

# Japão

### *1899-1920: os pioneiros do whisky japonês*

**1899:** Shinjiro Torii funda a Torii Shoten em Osaka. Inicialmente, a empresa se dedica à importação de vinhos espanhóis e outras bebidas alcoólicas. Insatisfeito com o sabor áspero dos whiskies importados, Torii decide criar um whisky adaptado ao paladar japonês, mais leve, frutado, delicado e equilibrado. Seu primeiro grande sucesso é o Akadama Port Wine, ainda vendido atualmente.

**Antes da Primeira Guerra Mundial:** na empresa Shettsu Shuzo, dois homens se destacam: Kiichiro Iwai e Masataka Taketsuru. Iwai, sócio majoritário, torna-se mentor de Taketsuru e propõe que alguém seja enviado à Escócia para aprender a arte do whisky. Formado em biologia e química, Taketsuru é o escolhido para a missão.

**1918:** Masataka Taketsuru viaja para a Escócia e se matricula na Universidade de Glasgow. Durante sua estada, ele faz estágios em destilarias renomadas, aprendendo sobre:

- *Longmorn:* processos de malte.
- *Bo'ness:* destilação de grãos no alambique Coffey.
- *Hazelburn:* técnicas de blending. Durante sua jornada, ele envia notas técnicas e desenhos de equipamentos de destilação para Kiichiro Iwai, seu mentor no Japão.

**1920:** Taketsuru se casa com a escocesa Jessie Roberta (Rita) em uma cerimônia civil. O casal retorna ao Japão no fim do ano. Rita assume o papel de esposa tradicional japonesa, vestindo roupas típicas e ensinando inglês para filhos de famílias abastadas.

### 1923-1934: início da produção de whisky no japão

**1920-1921:** após retornar ao Japão, Taketsuru descobre que a Shettsu Shuzo não tem mais interesse em produzir whisky. Nesse período, Shinjiro Torii, agora liderando a Kotobukiya, mantém seu sonho de produzir whisky e entra em contato com a Universidade de Glasgow para contratar um consultor escocês de whisky. A recomendação é Masataka Taketsuru, que já está no Japão.

**1921:** Torii contrata Taketsuru por 10 anos, oferecendo o mesmo salário que pagaria a um consultor escocês. Eles se comprometem a produzir whisky no Japão.

**1922-1923:** divergências surgem entre Torii e Taketsuru. Enquanto Taketsuru acredita que o whisky japonês deve ser produzido em um clima semelhante ao escocês, sugerindo Hokkaido, Torii prioriza proximidade com o mercado e acesso à logística, escolhendo Kyoto.

**1923:** Shinjiro Torii funda a destilaria Yamazaki, nas colinas próximas a Kyoto. O local, situado no delta de três rios, proporciona o microclima perfeito para a maturação do whisky, com umidade elevada e boa circulação de ar.

# Japão

**1929:** lançamento do primeiro whisky japonês, o Shirofuda, da destilaria Yamazaki. Encorpado e defumado, o whisky reflete a visão de Taketsuru. No entanto, o mercado japonês rejeita o produto, o que leva Shinjiro Toriia a assumir o controle da produção, desenvolvendo um whisky mais leve e floral.

**1934:** Masataka Taketsuru e sua esposa se mudam para a ilha de Hokkaido, onde fundam a empresa Dai Nippon Kaju, posteriormente renomeada como Nikka Whisky. Eles constroem a destilaria Yoichi, alinhada à visão de Taketsuru de criar whiskies robustos e encorpados no estilo escocês.

## 1950-1980: consolidação de duas grandes marcas

**1950-1970:** a produção de whisky no Japão se consolida por meio de duas grandes marcas:

- Suntory (antiga Kotobukiya): liderada por Shinjiro Torii, prioriza whiskies leves, florais e suaves.
- Nikka: de Masataka Taketsuru, produz whiskies robustos, encorpados e defumados.

As duas marcas se tornam rivais e cada uma representa um estilo distinto de whisky japonês.

### 1980-2000: reconhecimento internacional

**1984:** Suntory lança o whisky Yamazaki 12 anos, que chama a atenção do público ocidental.

**Década de 1990:** o whisky japonês começa a ganhar prêmios internacionais e reconhecimento global.

**2001:** o whisky Yoichi 10 anos, da Nikka, é eleito o melhor do mundo pela Whisky Magazine, destacando a qualidade do whisky japonês.

### 2000-2010: o boom do whisky japonês

**Década de 2000:** a popularidade dos whiskies japoneses explode no mercado internacional, levando a prêmios de prestígio e maior reconhecimento.

**2003:** o whisky Yoichi 10 anos é eleito o melhor single malt do mundo no World Whiskies Awards.

### 2010-2020: consagração do whisky japonês

**2010-2014:** a crescente demanda por whisky japonês resulta na escassez de rótulos e no aumento dos preços globais.

**2014:** o Yamazaki Single Malt Sherry Cask 2013 é eleito o melhor whisky do mundo pelo crítico Jim Murray em seu guia *Whisky bible*, catapultando a reputação global dos whiskies japoneses.

Japão

### 2020 em diante: expansão e inovação

**2020-2024:** o whisky japonês continua a expandir sua presença global. A escassez de rótulos envelhecidos leva as destilarias a lançar whiskies sem declaração de idade para atender à demanda crescente.

**Atualmente:** as destilarias japonesas continuam a inovar, criando novos estilos e linhas de produtos. Marcas como Suntory e Nikka lançam whiskies exclusivos e de edição limitada, consolidando o Japão como um dos principais produtores globais de whisky.

### Ressalvas e pontos importantes

**Primeiro contato com o whisky:** há menções de que o whisky foi introduzido no Japão durante a visita de Perry, mas não se sabe ao certo se era whisky americano, escocês ou outro destilado.

**Divergência de estilo:** a diferença de visão entre Taketsuru (estilo escocês, encorpado e defumado) e Torii (estilo japonês, floral e suave) influenciou toda a história do whisky no Japão.

**Reconhecimento tardio:** embora o whisky japonês tenha se consolidado no mercado interno desde o início, o reconhecimento internacional só veio a partir dos anos 2000.

**Demanda crescente:** o sucesso global levou à escassez de rótulos icônicos, como o Yamazaki 18 anos, forçando as marcas a lançarem expressões sem idade declarada para atender à demanda.

Japão | **Blended**

# Hibiki Japanese Harmony

O Hibiki Japanese Harmony foi lançado em 1989 e é amplamente reconhecido como um dos melhores blends de whisky do mundo. Produzido por meio de uma combinação de whiskies das destilarias Yamazaki, Hakushu e Chita, o Hibiki se destaca pela harmonia perfeita entre suavidade e complexidade.

Envelhece em diversos tipos de barris, incluindo o raro e prestigiado carvalho japonês Mizunara. Sua garrafa com 24 facetas simboliza as 24 estações do calendário tradicional japonês, reforçando o conceito de equilíbrio e passagem do tempo.

**Teor alcoólico:** 43%

**Cor:** âmbar

| **Grupo** | Suntory Global Spirits |
|---|---|
| **Destilaria** | – |
| **Localização** | – |
| **Centro de visitas** | – |
| **Site** | house.suntory.com/hibiki-whisky |
| **Preço** | R$ 600 – R$ 800 |

Nota: 8,0

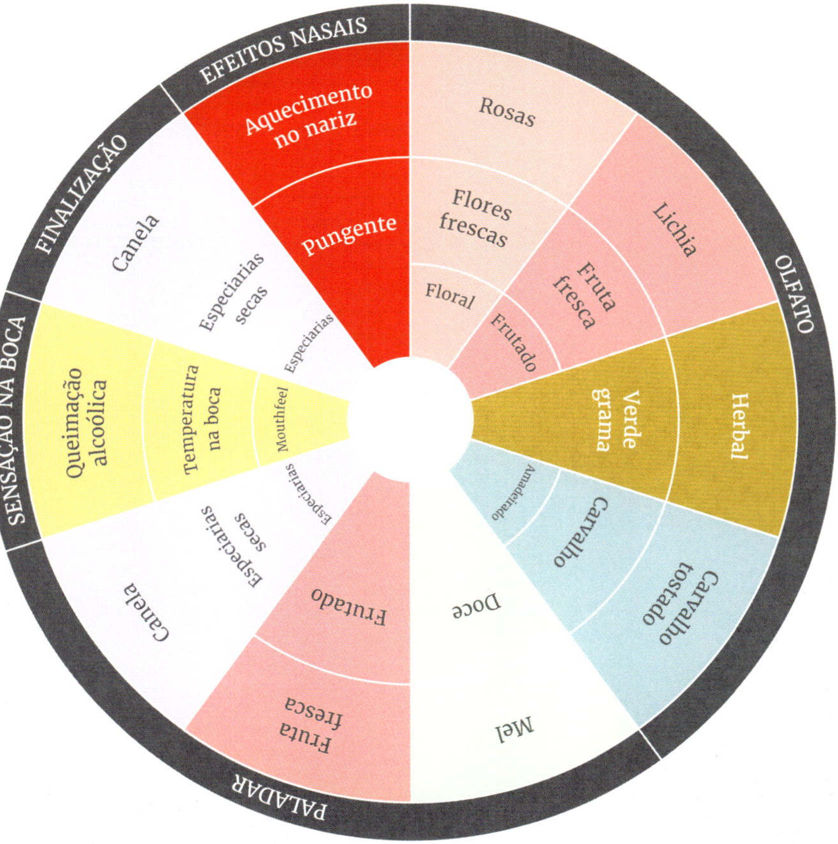
EFEITOS NASAIS
Aquecimento no nariz
Pungente
OLFATO
Rosas
Flores frescas
Floral
Lichia
Fruta fresca
Frutado
Herbal
Verde grama
Carvalho tostado
Carvalho
Amadeirado
PALADAR
Mel
Doce
Fruta fresca
Frutado
SENSAÇÃO NA BOCA
Queimação alcoólica
Temperatura na boca
Mouthfeel
FINALIZAÇÃO
Canela
Especiarias secas
Especiarias
Canela
Especiarias secas
Especiarias

Japão | **Single grain**

# The Chita

O The Chita foi meu primeiro whisky japonês e também meu primeiro single grain. Produzido na Chita Distillery, fundada em 1973, o rótulo só foi lançado oficialmente em 2015, de acordo com o site oficial da House of Suntory.

Em conversa com o time da Suntory Global Spirits Brasil, descobri que o whisky é feito de milho destilado em column still e maturado em uma combinação de barris de ex-bourbon, carvalho espanhol e barricas de vinho, resultando em um perfil suave e delicado.

**Teor alcoólico:** 43%

**Cor:** dourado

| | |
|---|---|
| **Grupo** | Suntory Global Spirits |
| **Destilaria** | Chita Distillery |
| **Localização** | Aichi |
| **Centro de visitas** | Chita Distillery (não aberto ao público) |
| **Site** | house.suntory.com/chita-whisky |
| **Preço** | R$ 400 - R$ 500 |

Nota: 7,5

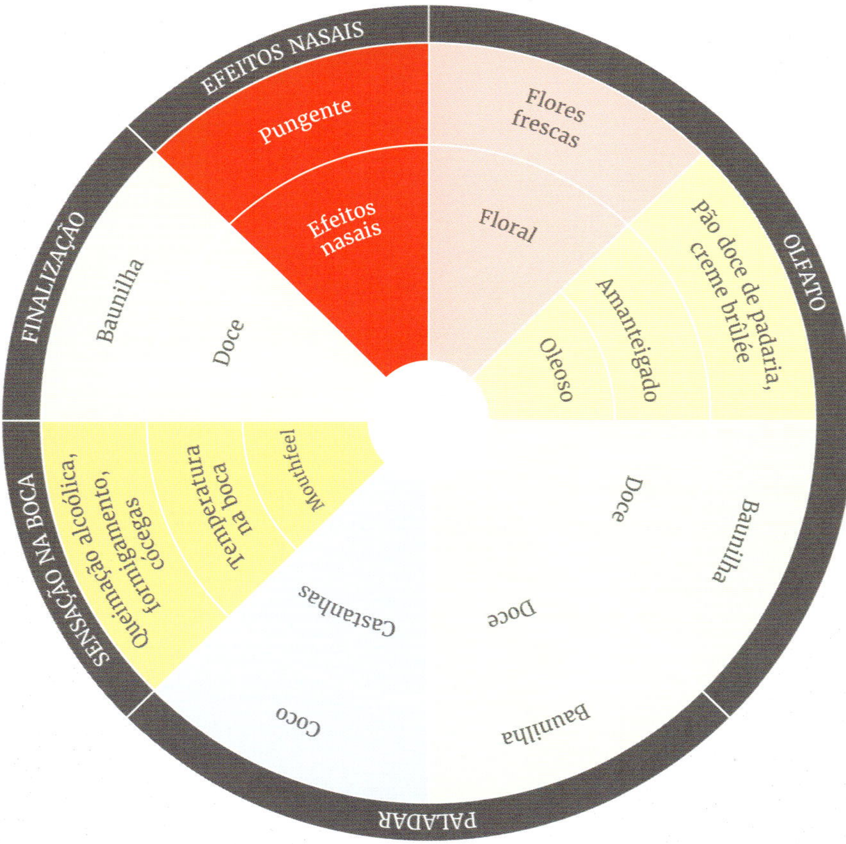
EFEITOS NASAIS
Pungente
Efeitos nasais
OLFATO
Flores frescas
Floral
Pão doce de padaria, creme brûlée
Amanteigado
Oleoso
PALADAR
Baunilha
Doce
Doce
Baunilha
Castanhas
Coco
SENSAÇÃO NA BOCA
Queimação alcoólica, formigamento, cócegas
Temperatura na boca
Mouthfeel
FINALIZAÇÃO
Baunilha
Doce

Japão | **Single malt**

# Hakushu 12

Fundada em 1973 pela Suntory Global Spirits, a Hakushu Distillery está localizada nas montanhas de Kaikomagatake, em meio à densa floresta de Yamanashi. Conhecida como "destilaria na floresta", ela conseguiu me conquistar e se tornou minha destilaria preferida. Cada expressão de Hakushu convida a uma degustação limpa, clara e leve, com a sensação de estar imerso em uma floresta aromatizada com incensos de templos budistas.

O Hakushu 12 foi lançado em 1994, ano do Tetra, e desde então conquistou o mercado internacional. Seu perfil sensorial é marcado por notas doces e suaves, combinando fumaça leve, toques herbais e frutas frescas.

**Teor alcoólico:** 43%

**Cor:** champagne dourado

| **Grupo** | Suntory Global Spirits |
|---|---|
| **Destilaria** | Hakushu Distillery |
| **Localização** | Hokuto |
| **Centro de visitas** | Hakushu Distillery |
| **Site** | house.suntory.com |
| **Preço** | R$ 400 - R$ 500 |

Nota: 8,8

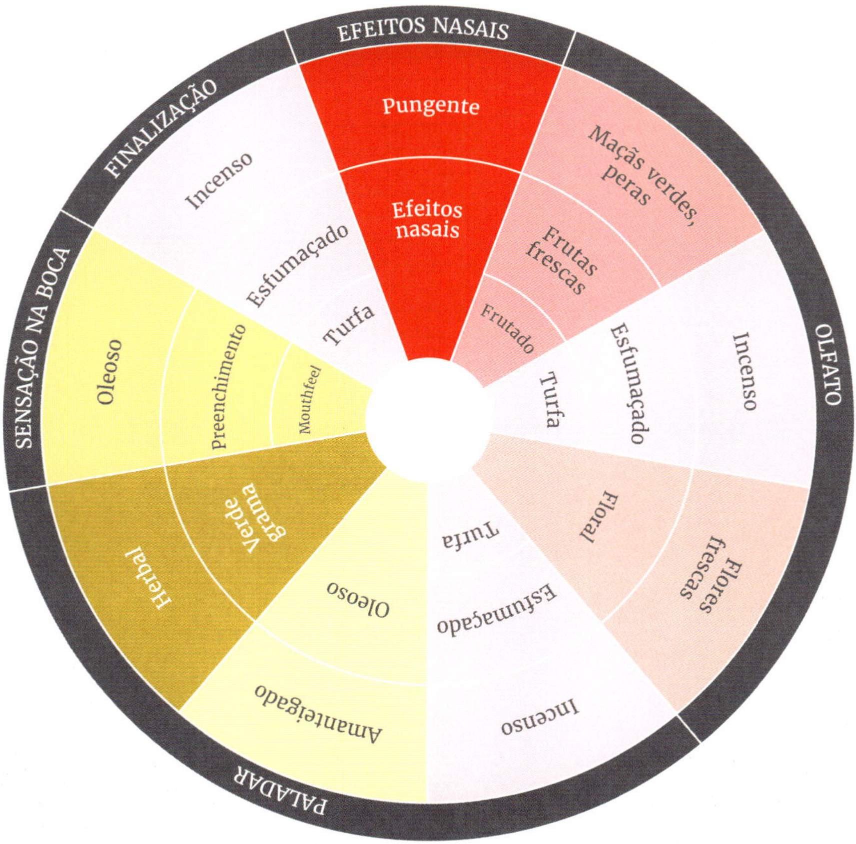
EFEITOS NASAIS
Pungente
Efeitos nasais
OLFATO
Maçãs verdes, peras
Frutas frescas
Frutado
Incenso
Esfumaçado
Turfa
Flores frescas
Floral
PALADAR
Incenso
Esfumaçado
Turfa
Amanteigado
Oleoso
SENSAÇÃO NA BOCA
Herbal
Verde grama
Oleoso
Preenchimento
Mouthfeel
FINALIZAÇÃO
Incenso
Esfumaçado
Turfa

Japão | **Single malt**

# Hakushu 18

O Hakushu 18 foi lançado em 2006 e, para mim, ocupa um lugar especial na memória. Tive o privilégio de prová-lo pela primeira vez no Japão, em um bar secreto dedicado exclusivamente a whiskies premium. Foi ali que vivi uma das experiências mais marcantes da minha jornada como apreciador de whisky: pela primeira vez, consegui identificar claramente o sabor de frutas tropicais em um whisky. As notas de melão e manga se destacaram de maneira tão viva e inesperada que essa lembrança se tornou uma das mais valiosas, a qual levarei comigo por muitos anos. A versão que provei no Japão não está à venda no Brasil, por isso o teor alcoólico é diferente da versão existente por aqui.

**Teor alcoólico:** 43%

**Cor:** ouro

| **Grupo** | Suntory Global Spirits |
|---|---|
| **Destilaria** | Hakushu Distillery |
| **Localização** | Hokuto |
| **Centro de visitas** | Hakushu Distillery |
| **Site** | house.suntory.com |
| **Preço** | – |

Nota: 9,8

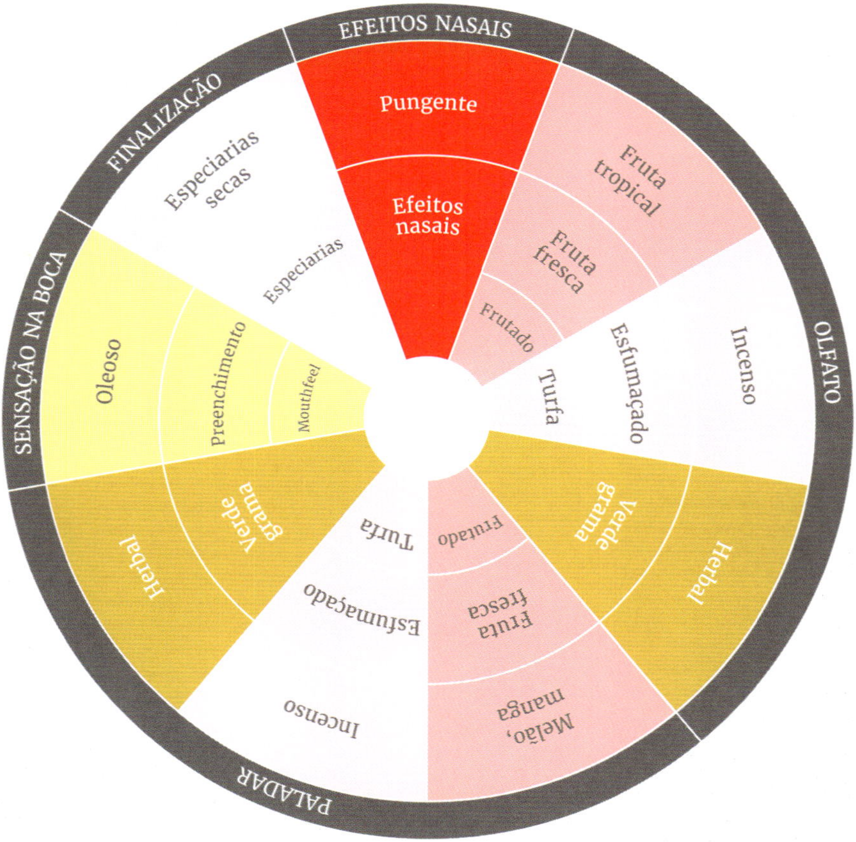
EFEITOS NASAIS
Pungente
Efeitos nasais
OLFATO
Fruta tropical
Fruta fresca
Frutado
Incenso
Esfumaçado
Turfa
Herbal
Verde grama
PALADAR
Melão, manga
Fruta fresca
Frutado
Incenso
Esfumaçado
Turfa
Herbal
Verde grama
SENSAÇÃO NA BOCA
Oleoso
Preenchimento
Mouthfeel
FINALIZAÇÃO
Especiarias secas
Especiarias

Japão | **Single malt**

# Hakushu Edição Limitada 18 Peated Malt

Para comemorar os 100 anos da Suntory, foi lançada uma versão especial do Hakushu 18 anos Peated (turfado). Com lançamento exclusivo em poucos países no mundo, o Brasil foi um dos escolhidos. Tive a oportunidade de me encontrar com meu whisky preferido em sua nova e mais potente versão.

**Teor alcoólico:** 48%

**Cor:** ouro

| | |
|---|---|
| **Grupo** | Suntory Global Spirits |
| **Destilaria** | Hakushu Distillery |
| **Localização** | Hokuto |
| **Centro de visitas** | Hakushu Distillery |
| **Site** | house.suntory.com |
| **Preço** | R$ 8.000 – R$ 10.000 |

Nota: 9,8

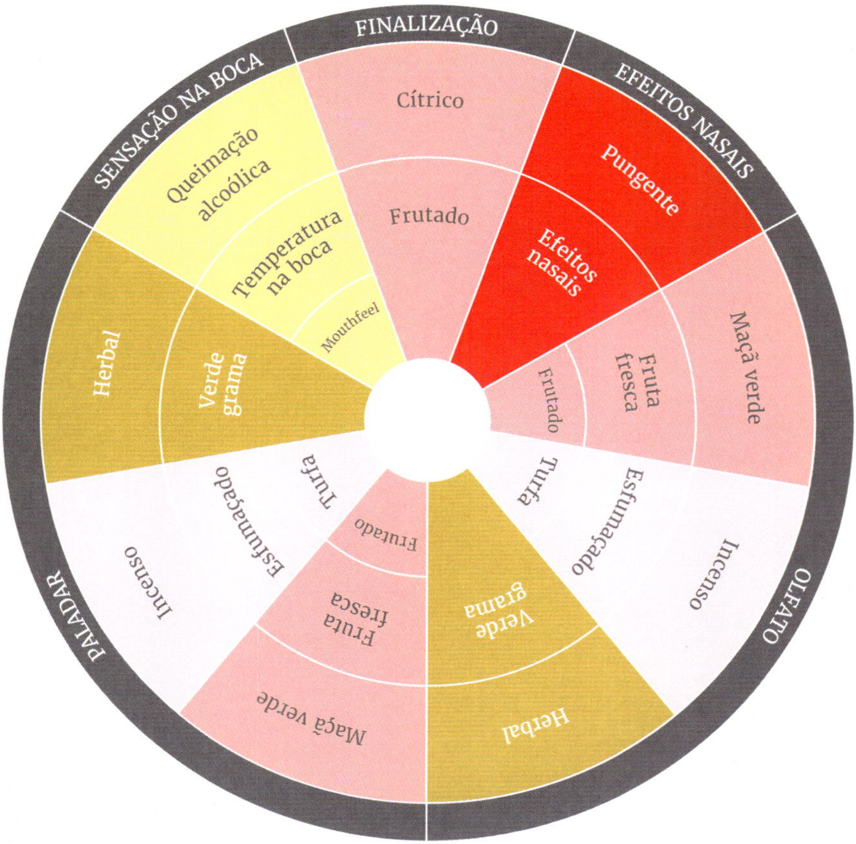
FINALIZAÇÃO
Cítrico
Frutado
EFEITOS NASAIS
Pungente
Efeitos nasais
OLFATO
Maçã verde
Fruta fresca
Frutado
Incenso
Esfumaçado
Turfa
Herbal
Verde grama
PALADAR
Maçã verde
Fruta fresca
Frutado
Incenso
Esfumaçado
Turfa
Herbal
Verde grama
SENSAÇÃO NA BOCA
Queimação alcoólica
Temperatura na boca
Mouthfeel

Japão | **Single malt**

# Hakushu Distiller's Reserve

A versão sem idade declarada do Hakushu Distiller's Reserve veio a ser lançada apenas em 2012 e foi o primeiro Hakushu da minha vida.

**Teor alcoólico:** 43%

**Cor:** dourado

| | |
|---|---|
| **Grupo** | Suntory Global Spirits |
| **Destilaria** | Hakushu Distillery |
| **Localização** | Hokuto |
| **Centro de visitas** | Hakushu Distillery |
| **Site** | house.suntory.com |
| **Preço** | R$ 600 |

Nota: 8,5

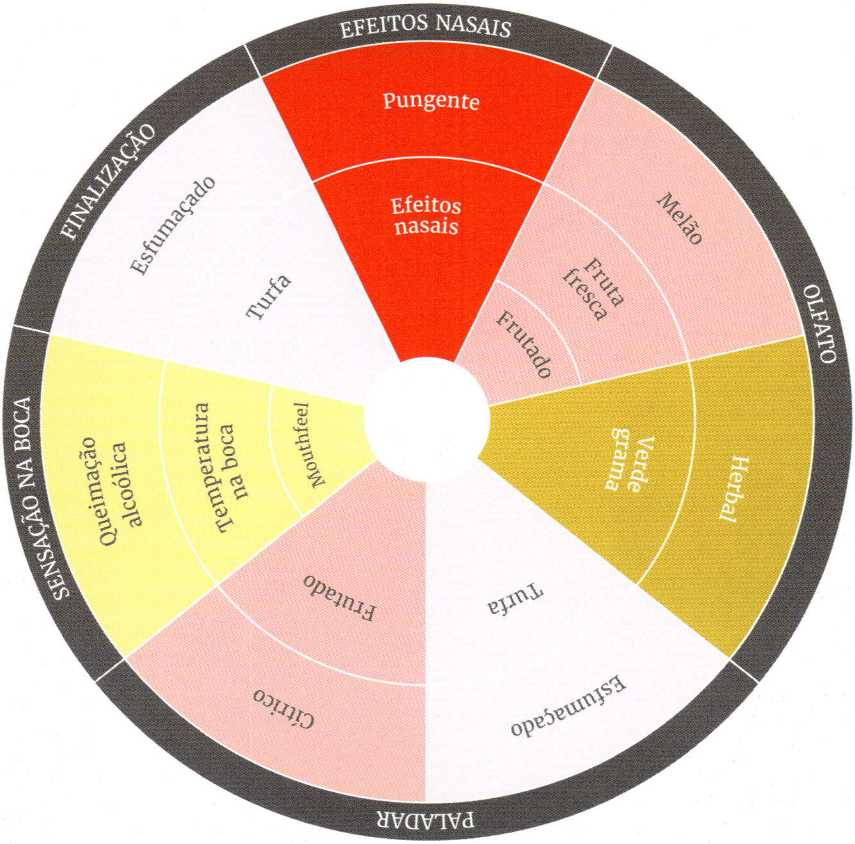
EFEITOS NASAIS
Pungente
Efeitos nasais
OLFATO
Melão
Fruta fresca
Frutado
Herbal
Verde grama
PALADAR
Turfa
Esfumaçado
Frutado
Cítrico
SENSAÇÃO NA BOCA
Queimação alcoólica
Temperatura na boca
Mouthfeel
FINALIZAÇÃO
Esfumaçado
Turfa

Japão | **Single malt**

# Yamazaki 12

O Yamazaki 12 é o whisky que apresentou o Japão ao mundo. Lançado em 1984, ele foi um dos primeiros single malts japoneses a ganhar reconhecimento internacional. Produzido na Yamazaki Distillery, fundada em 1923 por Shinjiro Torii, a primeira destilaria de whisky do Japão está localizada em Shimamoto.

**Teor alcoólico:** 43%

**Cor:** âmbar

| | |
|---|---|
| **Grupo** | Suntory Global Spirits |
| **Destilaria** | Yamazaki Distillery |
| **Localização** | Shimamoto |
| **Centro de visitas** | Yamazaki Distillery |
| **Site** | house.suntory.com |
| **Preço** | R$ 900 – R$ 1.200 |

Nota: 8,5

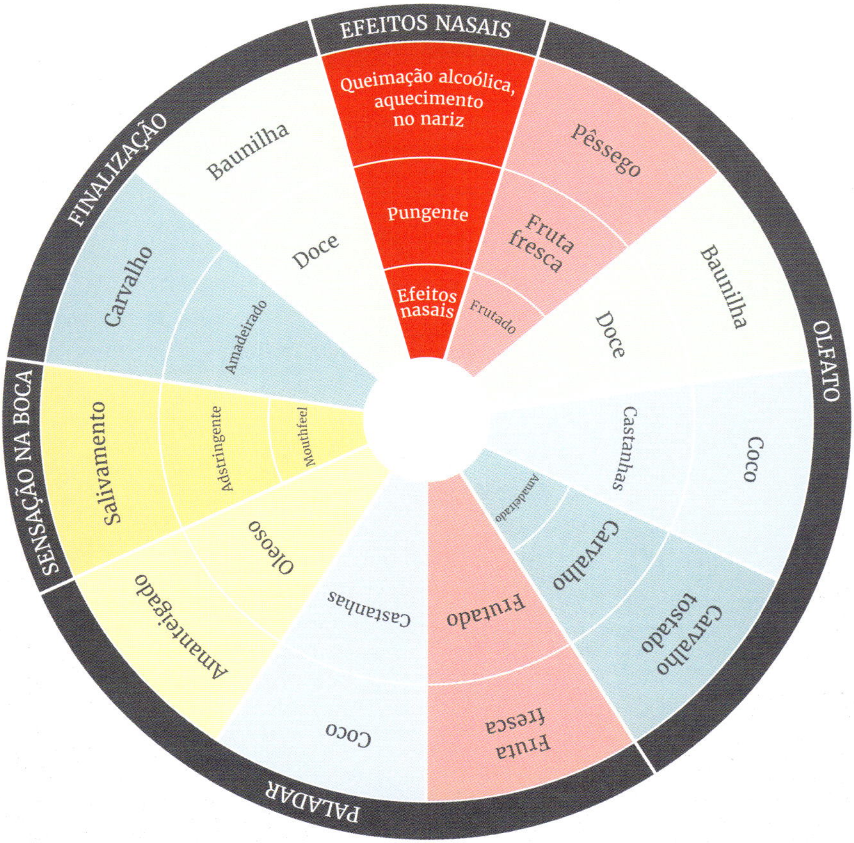
EFEITOS NASAIS
Queimação alcoólica, aquecimento no nariz
Pungente
Efeitos nasais
OLFATO
Pêssego
Fruta fresca
Frutado
Baunilha
Doce
Coco
Castanhas
Carvalho tostado
Carvalho
Amadeirado
PALADAR
Fruta fresca
Frutado
Coco
Castanhas
SENSAÇÃO NA BOCA
Amanteigado
Oleoso
Salivamento
Adstringente
Mouthfeel
FINALIZAÇÃO
Carvalho
Amadeirado
Baunilha
Doce

Japão | **Single malt**

# Yamazaki 18 Mizunara

O Yamazaki 18 Mizunara é uma edição comemorativa criada em homenagem ao centenário da Suntory Whisky. Esta expressão especial é composta exclusivamente de maltes envelhecidos por, pelo menos, 18 anos em barris de carvalho Mizunara, madeira rara e icônica do Japão. Conhecido como "realçador" do caráter japonês nos whiskies Yamazaki, o Mizunara traz notas únicas de sândalo, incenso e especiarias orientais, o que resulta em uma experiência sensorial distinta e sofisticada.

**Teor alcoólico:** 48%

**Cor:** âmbar

| | |
|---|---|
| **Grupo** | Suntory Global Spirits |
| **Destilaria** | Yamazaki Distillery |
| **Localização** | Shimamoto |
| **Centro de visitas** | Yamazaki Distillery |
| **Site** | house.suntory.com |
| **Preço** | R$ 15.000 – R$ 20.000 |

# Nota: 10

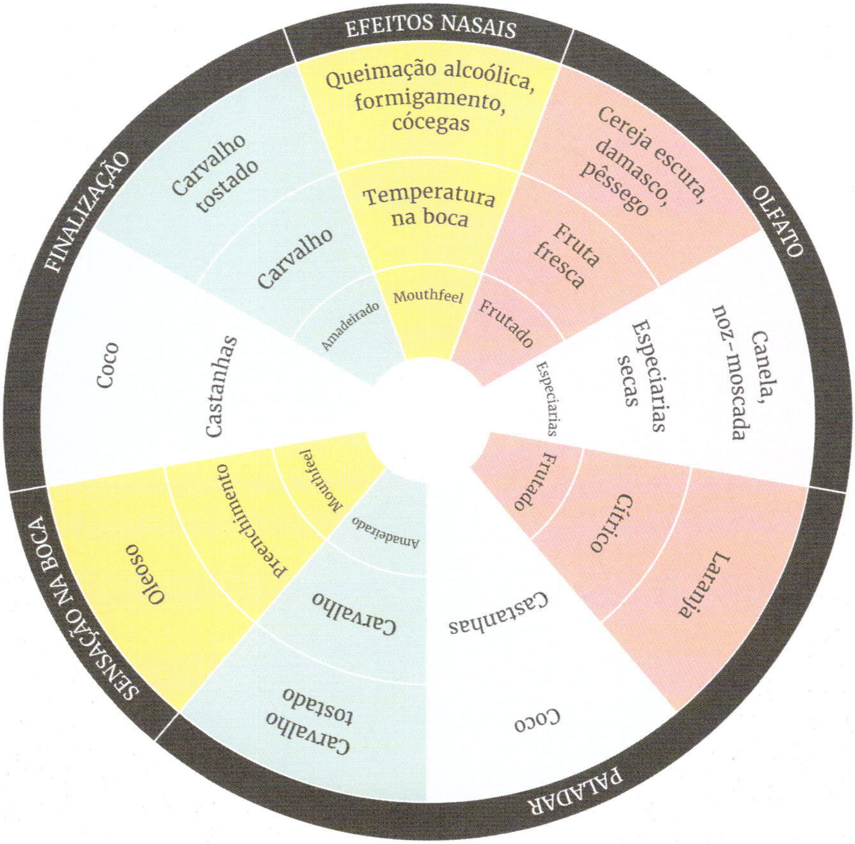
EFEITOS NASAIS
OLFATO
PALADAR
SENSAÇÃO NA BOCA
FINALIZAÇÃO
Queimação alcoólica, formigamento, cócegas
Temperatura na boca
Mouthfeel
Cereja escura, damasco, pêssego
Fruta fresca
Frutado
Canela, noz-moscada
Especiarias secas
Especiarias
Laranja
Cítrico
Frutado
Coco
Castanhas
Carvalho tostado
Carvalho
Amadeirado
Oleoso
Preenchimento
Mouthfeel
Coco
Castanhas
Carvalho tostado
Carvalho
Amadeirado

Japão | **Single malt**

# Yamazaki Distiller's Reserve

O Yamazaki Distiller's Reserve foi lançado em 2012 em celebração da Yamazaki Distillery. Fundada em 1923 por Shinjiro Torii, a Yamazaki Distillery é reconhecida como o berço do whisky japonês, desempenhando um papel crucial na apresentação do whisky japonês para o mundo.

**Teor alcoólico:** 43%

**Cor:** âmbar

| | |
|---|---|
| **Grupo** | Suntory Global Spirits |
| **Destilaria** | Yamazaki Distillery |
| **Localização** | Shimamoto |
| **Centro de visitas** | Yamazaki Distillery |
| **Site** | house.suntory.com |
| **Preço** | R$ 600 - R$ 900 |

Nota: 8,5

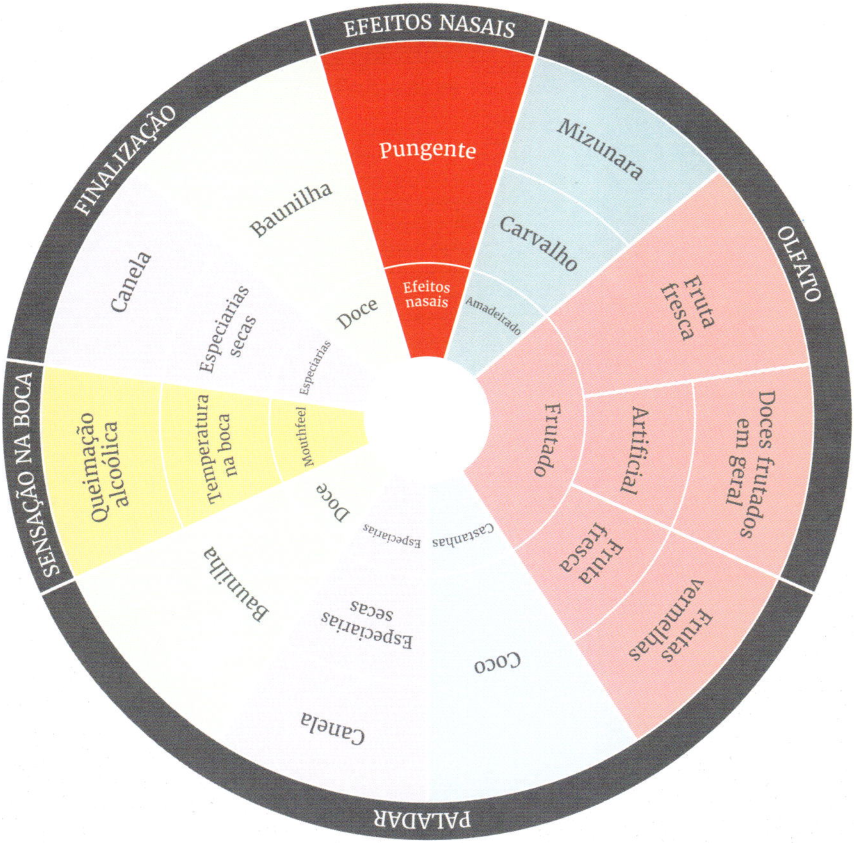
EFEITOS NASAIS
Pungente
Efeitos nasais
OLFATO
Mizunara
Carvalho
Amadeirado
Fruta fresca
Frutado
Artificial
Doces frutados em geral
Fruta fresca
Frutas vermelhas
PALADAR
Castanhas
Coco
Especiarias
Especiarias secas
Doce
Baunilha
Canela
SENSAÇÃO NA BOCA
Queimação alcoólica
Temperatura na boca
Mouthfeel
FINALIZAÇÃO
Especiarias
Especiarias secas
Doce
Baunilha
Canela

# Referências

ASHCRAFT, Brian. ***Japanese whisky: the ultimate guide to the world's most desirable spirit.*** Vermont: Tuttle Publishing, 2018.

BROOM, Dave. ***The world atlas of whisky: more than 200 distilleries explored and 750 expressions tasted***. Londres: Mitchell Beazley, 2014.

BUXTON, Ian. ***101 uísques para beber antes de morrer***. São Paulo: Hunter Books, 2017.

DK Publishing. ***Great whiskeys: 500 of the best from around the world.*** [S.l.]: DK Publishing, 2018.

GREENE, Heather. ***Whiskey distilled: a populist guide to the water of life.*** Nova York: Viking Studio, 2014.

HANNUSH, Drew. ***Whiskey lore's travel guide to experiencing irish whiskey: learn, plan, taste, tour.*** [S.l.]: Travel Fuels Life LLC, 2022.

JACKSON, Michael. ***O guia do malt whisky.*** São Paulo: Publifolha, 2012.

JACKSON, Michael. ***Whisky: o guia mundial definitivo.*** São Paulo: Editora Senac São Paulo, 2011.

LUDLOW, Eddie. ***Whisky: a tasting course - a new way to think and drink whiskey.*** Londres: DK Publishing, 2019.

MACLEAN, Charles (Org.). ***O livro do whisky: guia dos melhores whiskies do mundo – mais de 700 marcas, destilarias, roteiros.*** São Paulo: Globo, 2010.

MACLEAN, Charles. ***Whiskypedia: A compendium of scotch whisky.*** Nova York: Skyhorse Publishing, 2016.

MURRAY, Jim. ***Jim Murray's whiskey bible 2022.*** [S.l.]: Dram Good Books Ltd, 2022.

OFFRINGA, Hans. ***A field guide to whisky: an expert compendium to take your passion and knowledge to the next level.*** Nova York: Artisan Books, 2017.

RISEN, Clay. ***American rye: a guide to the nation's original spirit.*** Nova York: Scott & Nix, 2022.

ROBINSON, Robin. ***The complete whiskey course: a comprehensive tasting school in ten classes.*** Nova York: Union Square & Co., 2019.

RONDE, Ingvar (Ed.). ***Malt whisky yearbook 2023.*** [S.l.]: MagDig Media, 2022.

RONDE, Ingvar (Ed.). ***Malt whisky yearbook 2024.*** [S.l.]: MagDig Media, 2023.

VAN EYCKEN, Stefan. ***Whisky rising: the definitive guide to the finest whiskies and distillers of Japan.*** Nova York: Cider Mill Press, 2017.

WISHART, David. ***Whisky classified: choosing single malts by flavour.*** Londres: Pavilion Books, 2018.

ZANDONA, Eric. ***The bourbon bible.*** Londres: Mitchell Beazley, 2018.

17

A Editora Senac Rio publica livros nas áreas de Beleza e Estética, Ciências Humanas, Comunicação e Artes, Desenvolvimento Social, Design e Arquitetura, Educação, Gastronomia e Enologia, Gestão e Negócios, Informática, Meio Ambiente, Moda, Saúde, Turismo e Hotelaria.

Visite o site www.rj.senac.br/editora,
escolha os títulos de sua preferência e boa leitura.

Fique atento aos nossos próximos lançamentos!
À venda nas melhores livrarias do país.

Editora Senac Rio
Tel.: (21) 2018-9020 Ramal: 8516 (Comercial)
comercial.editora@rj.senac.br
Fale conosco: faleconosco@rj.senac.br

Este livro foi composto nas tipografias Merriweather e Caveat, e impresso pela Imos Gráfica e Editora Ltda., em papel *couché matte* 120 g/m², para a Editora Senac Rio, em agosto de 2025.